옥한흠 전집 강해 04

요한복음 1 요한이 전한 복음

Romans   John   Acts   Sermon on the Mount

요한복음 1

요한이 전한 복음

옥한흠 지음

국제제자훈련원

서문

예수님을 처음 믿게 된 형제들 가운데 나를 찾아와 성경 중에서 무엇을 먼저 읽는 게 좋겠냐고 묻는 분들이 종종 있다. 그때마다 나는 주저하지 않고 요한복음을 권한다. 내가 요한복음을 사랑하는 탓도 있지만 더 큰 이유는 요한복음을 펼 때마다 살아 계신 하나님의 아들, 예수 그리스도의 생생한 음성을 들을 수 있기 때문이다. 요한복음에는 예수님의 육성이 어느 복음서보다 풍성하게 기록되어 있다. 그분의 음성을 듣고 영광을 보면 믿지 않을 수 없다. 이것이 '믿는다'는 말을 백여 번이나 반복하고 있는 이유가 아닌가 싶다.

오래전부터 나는 요한복음을 체계적으로 강해하고 싶다는 생각을 가지고 있었다. 그러나 이상하게도 마음대로 되지 않았다. 요한복음처럼 간결하고 단순하게 표현된 진리일수록 설교하기가 훨씬 어렵다는 것을 경험적으로 잘 알고 있었기 때문이다. 그래서 그런지 막상 강해를 시작한 다음에도, 설교자의 미련함과 무지함으로 하나님 아들의 영광을 가리지 않을까 하는 두려움을 떨쳐버리지 못한 것이 사실이다.

요한복음을 펼치면 예수님을 개인적으로 만난 사람들의 이야기가 우리의 심금을 울린다. 니고데모, 수가성의 여인, 베데스다의 병자, 간음하다 잡힌 여인 등. 이들은 오늘을 사는 우리 자신을 투영하는 거울이다. 지금도 우리 주변에는 이들처럼 예수님을 만남으로써 절망과 죽음에서 소망과 생명의 세계로 나아가야 할 자들이 얼마나 많은가?

요한복음은 예수님이 십자가의 죽음을 불과 일주일 남짓 앞두고 제자들과 나누신 은혜로운 말씀을 가득 담고 있다. 세상 죄를 지고 가는 어린양으로서 잔혹하고 수치스러운 십자가의 죽음을 예견하고 계시던 처지라 마지막이 가까워올수록 날마다 무거운 침묵으로 일관하셨을 것 같은데, 도리어 예수님은 더 많은 말씀을 하셨다는 놀라운 사실을 보게 된다. 이는 무엇을 의미하는 것일까? "세상에 있는 자기 사람들을 사랑하시되 끝까지 사랑하시니라"(요 13:1). 이것이 가장 확실한 답이라고 생각한다. 생명이 다할 때까지 말씀하시는 하나님의 아들, 그분의 놀라운 사랑을 요한복음이 아니고서는 어디에서 만날 수 있겠는가?

요한복음을 2년 넘게 강해하면서 성도들이 은혜 받을 때의 반응을 여러 가지 면으로 읽을 수 있었지만, 그중에서도 가장 기억에 남는 것은 부활하신 예수 그리스도의 인간적인 면을 부각시킨 21장 설교였던 것 같다. 디베랴 바다에서 밤새 고기를 잡던 제자들을 새벽녘에 찾으신 예수님은 이미 죽음을 이기고 승리하신 영광의 하나님이셨다. 그러나 그분은 영광의 빛으로 제자들을 혼비백산하게 만들지 않으셨다. 떠오르는 햇살을 받아 빨갛게 물들어가는 갈릴리 바닷가에서 실패와 좌절로 기가 죽어 있던 제자들을 다루시는 주님의 모습은, '너무나 인간적'이라는 말 외에 무슨 말로도 설명이 되지 않을 것 같았다. 우리를 무척 부끄럽게 만드는 모습이다. 우리는 조금만 믿음이 좋아져도, 조금만 더 경건하게 보여도 마치 하나님이나 된 것처럼 행동하는 경우가 자주 있기에 예수님을 보면서 더욱더 부끄러움을 느끼는지도 모른다.

나는 예수님의 제자 가운데 요한을 사랑한다. 그래서 나의 영어 이름도 요한(John)이라고 지었다. 내가 평생 섬기고 있는 교회의 이름도 사랑의교회라고 했다. 요한이 시도 때도 없이 말한 하나님의 아가페 사랑에 매료되었기 때문이다.

누구든지 인생길이 험하고 마음이 지쳐 살아갈 용기를 잃어버릴 때마다 요한복음 안에서 우리를 만나주시는 사랑의 하나님 앞으로 나아가라는 말을 다시 한번 하고 싶다.

그동안 본서를 출판하기까지 많은 수고를 해준 형제들이 여러 명 있다. 그들 가운데 누구보다 나의 설교를 인내하면서 들어준 사랑의교회 성도들에게 감사한다. 그리고 내 곁에서 기쁨으로 주님을 섬기고 있는 오정일 집사와 정호선, 박정은 자매에게 따뜻한 사랑을 보낸다. 이 책을 읽는 모든 분들이 하나님 되신 예수 그리스도의 영광과 사랑에 몰(沒)하고 취(醉)하는 은혜를 누리길 기도한다.

2000년 12월
옥한흠

차례

01

독생자의 영광을 보라 I

요한복음 1장 1-18절

1 태초에 말씀이 계시니라 이 말씀이 하나님과 함께 계셨으니 이 말씀은 곧 하나님이
시니라 2 그가 태초에 하나님과 함께 계셨고 3 만물이 그로 말미암아 지은 바 되었으
니 지은 것이 하나도 그가 없이는 된 것이 없느니라 4 그 안에 생명이 있었으니 이 생
명은 사람들의 빛이라 5 빛이 어둠에 비치되 어둠이 깨닫지 못하더라 6 하나님께로부
터 보내심을 받은 사람이 있으니 그의 이름은 요한이라 7 그가 증언하러 왔으니 곧 빛
에 대하여 증언하고 모든 사람이 자기로 말미암아 믿게 하려 함이라 8 그는 이 빛이 아
니요 이 빛에 대하여 증언하러 온 자라 9 참빛 곧 세상에 와서 각 사람에게 비추는 빛
이 있었나니 10 그가 세상에 계셨으며 세상은 그로 말미암아 지은 바 되었으되 세상이
그를 알지 못하였고 11 자기 땅에 오매 자기 백성이 영접하지 아니하였으나 12 영접하
는 자 곧 그 이름을 믿는 자들에게는 하나님의 자녀가 되는 권세를 주셨으니 13 이는
혈통으로나 육정으로나 사람의 뜻으로 나지 아니하고 오직 하나님께로부터 난 자들이
니라 14 말씀이 육신이 되어 우리 가운데 거하시매 우리가 그의 영광을 보니 아버지의
독생자의 영광이요 은혜와 진리가 충만하더라 15 요한이 그에 대하여 증언하여 외쳐
이르되 내가 전에 말하기를 내 뒤에 오시는 이가 나보다 앞선 것은 나보다 먼저 계심이
라 한 것이 이 사람을 가리킴이라 하니라 16 우리가 다 그의 충만한 데서 받으니 은혜
위에 은혜러라 17 율법은 모세로 말미암아 주어진 것이요 은혜와 진리는 예수 그리스
도로 말미암아 온 것이라 18 본래 하나님을 본 사람이 없으되 아버지 품속에 있는 독
생하신 하나님이 나타내셨느니라

얼마 전부터 제 마음속에는 한 가지 간절한 소망이 싹텄습니다. '주님, 제 눈을 열어 주의 영광을 보게 해주시옵소서.' 이상하게 들릴지 모르지만 제게는 굉장히 진지한 기도요 소망입니다.

구약성경에도 비슷한 기도를 한 사람이 등장합니다. 바로 모세입니다. 출애굽기 33장 18절을 보면 위대한 지도자 모세는 매우 어려운 상황에 처했을 때 "원하건대 주의 영광을 내게 보이소서" 하며 하나님께 매달렸습니다. 우상숭배에 빠진 이스라엘 백성이 하나님께 등을 돌리자 하나님은 크게 노하셔서 다시는 그들과 동행하지 않겠노라고 말씀하셨습니다. 지도자 모세는 이러지도 저러지도 못하고 하나님 앞에 울며 매달릴 수밖에 없었습니다. 그래서 "주여, 주의 영광을 보여주옵소서" 하고 기도했던 것입니다.

저는 출애굽기를 읽을 때마다 모세가 왜 갑자기 주의 영광을 보여달라고 했는지 이해하지 못했습니다. 그러나 영광을 보여달라는 기도가 저의 소원이 되고 나자, 모세가 왜 그렇게 이상한 요구를 했는지 조금이나마 감을 잡게 되었습니다.

하나님은 제 기도를 들으시고 마음속으로 이런 답을 주셨습니다.

"나의 영광을 보길 원하느냐? 요한복음을 읽어라."

저는 속으로 이렇게 되물었습니다.

"주님, 요한복음은 예수님을 믿지 않는 사람들을 위해 기록된 것이 아닙니까? 20장 31절에서 분명히 '오직 이것을 기록함은 너희로 예수께서 하나님의 아들 그리스도이심을 믿게 하려 함이요 또 너희로 믿고 그 이름을 힘입어 생명을 얻게 하려 함이니라' 말씀하시지 않았습니까? 영광을 보여달라고 하는 저에게 왜 안 믿는 사람을 위해서 기록된 이 책을 읽으라고 하십니까? 저는 이미 예수님을 믿지 않습니까? 저는 이미 하나님의 자녀가 아닙니까?"

그러자 주님은 다시금 이런 깨달음을 주셨습니다.

"너, 아직도 요한복음 1장 14절을 잘 모르는가 보구나. 그러니까 그런 소리나 하고 앉았지."

그래서 저는 요한복음 1장 14절을 다시 읽어보았습니다.

> 말씀이 육신이 되어 우리 가운데 거하시매 우리가 그의 영광을 보니 아버지의 독생자의 영광이요 은혜와 진리가 충만하더라.

이 구절에는 하나님의 영광을 보는 사람들이 등장합니다. "우리가 그의 영광을 보니"에서 "우리"입니다. 저는 그때 깨달았습니다. '아, 그렇구나! 요한복음에는 하나님의 영광을 본 성도들과 그들이 받은 은혜가 기록되어 있는데 내가 이제까지 요한복음을 잘못 이해했구나. 하나님의 영광을 보기 원하면 요한복음을 읽어보라고 하시는 이유가 바로 여기에 있었어.'

사실 성경을 너무 많이 아는 것도 문제입니다. 무식해도 탈이지만 너무 똑똑해도 탈입니다. 목사가 요한복음을 오죽 잘 알겠습니

요한복음 1 요한이 전한 복음

까? 그럼에도 등잔 밑이 어두운 것처럼 진짜 중요한 내용은 놓치고 있었음을 뒤늦게야 깨달은 것입니다.

저는 요한복음을 다시 읽기 시작했습니다. 읽다 보니 주님의 영광을 보고 환희에 차서 하나님의 이름을 높이는 성도들이 군데군데 눈에 띄었습니다. 그리고 주님의 영광을 보는 자들을 위해 하나님이 마련해주신 은혜가 얼마나 풍성한지도 볼 수 있었습니다. 그들의 마음에는 생수의 강이 흘렀습니다. 그들은 진리가 자유롭게 하는 은혜를 맛보았습니다. 또 예수님 안에서 풍성한 과실을 맺어 하나님께 영광을 돌리는 은혜도 경험했습니다. 그들은 하나님의 영광을 보면서 기도하는 자에게 주어진 풍성한 복을 누렸습니다. 내가 주님 안에 거하고 주님이 내 안에 거하는 신비를 체험했습니다. 이 내용을 살펴보면서, 저는 주님의 영광을 보기 원하면 요한복음을 읽어야 한다는 말씀이 사실임을 다시 한번 확인할 수 있었습니다.

이제 왜 제가 요한복음을 들고 성도들 앞에 섰는지 이해할 것입니다. 하나님의 영광을 보아야 하기 때문입니다. 그 영광을 보기만 하면 은혜와 진리가 충만하신 주님으로부터 임하는 놀라운 복을 받아 누릴 수 있기 때문입니다.

독생자의 영광

14절의 "독생자의 영광"에 주목하기 바랍니다. '영광'이라고 하면, 정확하게 설명은 못해도 어떤 것을 말하는지 대충 짐작할 수 있을 것입니다. 대통령의 영광을 보기 원합니까? 청와대로 가야 합니다. 한 세기에 한 사람 날까 말까 한 천재 음악가의 영광을 보기 원합니까? 연주회장에 가면 됩니다. 위대한 학자의 영광을 보기 원합니까? 그의 강의를 들어보면 그 영광이 얼마나 대단한지 금세 알 수 있습니다.

그렇다면 독생자의 영광이란 무엇입니까? 14절에서 이야기하는 것처럼 '말씀이 육신이 된 영광'입니다. 말씀을 원어로 '로고스'라고 합니다. 사실 사도 요한이 요한복음을 기록할 당시에는 '로고스'라는 단어에 말씀이라는 뜻만 담겨 있었던 것은 아닙니다. 주전 6세기부터 1세기에 이르기까지 헬라 문화권에 속한 사람들의 사상을 지배하던 철학이 있었고 로고스는 바로 그 철학의 골자였습니다. 모든 사람들은 신이 로고스요, 로고스가 신이라고 믿었습니다. 그래서 그 의미를 알든 모르든 '로고스' 하면 '아, 신을 이야기하는구나'라고 생각할 만큼 로고스는 누구에게나 익숙한 개념이었습니다. 심지어 위대한 철학자 플라톤은 이런 말까지 했습니다. "어느 날 신으로부터 로고스가 우리를 찾아올 것이다." 그들은 로고스를 온 우주를 통제하는 하나의 능력이자 사람들의 생각을 지배하는 초월적인 존재로 믿고 있었던 것입니다.

그럼에도 그들은 로고스가 구체적으로 누구인지는 알지 못했습니다. 바울이 아덴에서 전도할 때 "알지 못하는 신에게"(행 17:23)라고 새긴 단을 보지 않았습니까? 사람들은 그 신이 누군지도 모르면서 섬겼던 것입니다. 요한이 예수님을 가리켜 로고스라고 말한 데는 다분히 이런 의도가 담겨 있었습니다. "너희들이 날마다 로고스, 로고스 하는데 그 로고스가 누구인지 내가 구체적으로 이야기해주마. 나사렛 예수 그리스도가 바로 너희들이 말하는 로고스다."

따라서 요한이 로고스라는 용어를 사용한 배후에는 진리를 용이하게 전달하려는 의도가 담겨 있었다고 할 수 있습니다. 당시 사람들에게 "예수님이 곧 하나님"이라는 진리를 설명하기 위해서는 로고스라는 말을 빌리는 것이 가장 효과적인 방법이었을 것입니다.

요한복음 1 요한이 전한 복음

저는 비교적 일본에 자주 가는 편입니다. 일본 목사님들의 설교나 기도를 듣다 보면 귀에 거슬리는 말이 있습니다. '신'(神)을 뜻하는 '카미사마'입니다. 우리가 일본의 식민지였을 때 그들은 천황을 카미사마라고 불렀습니다. '일본의 신'이라는 말입니다. 그들이 섬기는 수백만의 잡신도 카미사마라고 부릅니다. 우리 믿음의 선조들이 그 카미사마 때문에 얼마나 많은 고난을 당하고 어려움을 겪었습니까? 그래서 카미사마라는 말만 들으면 진저리를 치게 됩니다.

그런데 일본 목사님들은 만나면 연신 카미사마 어쩌고저쩌고 합니다. 우리 입장에서는 정말 듣기 싫은 말이지만 일본에서는 하나님을 카미사마라고 불러야 사람들이 이해할 수 있습니다. 그러니 어쩔 수 없습니다. 요한이 예수님을 가리켜 로고스라고 표현한 것도 이와 같은 맥락이라고 볼 수 있습니다. 그러면 요한이 소개하는 말씀, 즉 로고스는 어떤 분입니까?

> 태초에 말씀이 계시니라 이 말씀이 하나님과 함께 계셨으니 이 말씀은 곧 하나님이시니라(1절).

성경에서 '태초'는 두 가지 의미로 사용됩니다. 창세기 1장 1절, "태초에 하나님이 천지를 창조하시니라"(창 1:1)의 태초는 시간의 시작을 말합니다. 반면에 요한복음 1장 1절의 태초는 영원한 과거를 의미합니다. 시작도 없고 끝도 없는 영원한 과거가 바로 요한이 말하는 태초입니다. 로고스는 영원부터 계신 분입니다. 영원히 자존하시는 분입니다. 시작도 없고 끝도 없는 알파와 오메가입니다. 이처럼 태초부터 계신 말씀은 하나님과 함께하신 분입니다. 하나님과 함께 계셨기 때문에 "이 말씀은 곧 하나님"이라고 합니다. 하나님이시기 때문에 그분은 태초에 천지를 창조하셨습니다.

> 만물이 그로 말미암아 지은 바 되었으니 지은 것이 하나도 그가 없이
> 는 된 것이 없느니라(3절).

더 나아가 말씀은 천지 만물을 창조하신 분인 동시에 모든 존재
를 실재하게 하시는 분입니다.

> 그 안에 생명이 있었으니…(4절).

그분은 생명의 원천입니다. 그 생명 때문에 모든 만물이 살아가
고 있습니다. 우리 육신이 생명을 지탱하는 것도, 우리 영혼이 영원
토록 살 수 있게 된 것도 생명의 원천인 말씀을 통해 흘러나오는 생
명 때문입니다.

그러나 이 생명은 우리 눈에 보이지 않습니다. 그래서 4절 하반
절은 이 생명을 우리가 볼 수 있는 말로 바꾸어 설명하고 있습니다.

> 이 생명은 사람들의 빛이라.

생명은 눈에 안 보이지만 빛은 눈에 보입니다. 그리고 이 빛은 생
명을 싹트게 하는 신비로운 힘을 가지고 있습니다. 큰 빌딩에 가려
곰팡이가 피어 있던 음지도 햇살이 비치기만 하면 1, 2년 내로 잡초
가 우거지고 야생화가 울긋불긋 피어나는 아름다운 뜰이 됩니다. 벌
과 나비가 쉴 새 없이 날아들며 생명의 환희가 넘치는 동산으로 바
뀌는 것입니다. 햇살이 비치는 곳에는 이와 같은 생명의 역사가 일

어납니다.

이처럼 말씀은 보이지 않는 하나님의 생명을 보이게 하시는 분입니다. 그분이 가시는 곳에는 생명이 태어납니다. 그분이 가시는 곳에는 어둠이 물러갑니다. 그분이 말씀하시는 곳에는 거짓이 거짓으로 드러나고, 참된 것이 참된 것으로 드러납니다. 이런 의미에서 말씀은 빛입니다.

육신이 되신 하나님

참으로 놀랍고 신비로운 사실이 있습니다. 태초부터 계신 하나님이요, 창조자요, 생명이요, 빛이신 그 말씀이 육신이 되어 우리 가운데 거하셨다는 것입니다.

말씀이 육신이 되어 우리 가운데 거하시매…(14절).

여기서 "육신이 되어"는 어떤 면에서 '사람이 되어'보다 더 강한 표현이라 할 수 있습니다. 육신은 하찮은 흙으로 빚어졌습니다. 에덴동산에서 아담과 하와를 유혹한 뱀을 향해서 하나님은 이렇게 저주하셨습니다. "살아 있는 동안 흙을 먹을지니라"(창 3:14). 흙은 저주받은 뱀에게 먹이로 줄 만큼 천한 것입니다. 욥도 자식이 하루아침에 다 죽고, 재산이 날아가고, 아내가 도망가고, 무서운 병마저 걸리자 자신의 비참함을 이야기하면서 스무 번 이상이나 자신을 흙에 비유했습니다. 흙은 그만큼 천한 것입니다.

그럼에도 태초부터 계신 하나님이 흙으로 빚어진 육신을 입고 세상에 오셔서 우리 가운데 거하셨습니다. 여기서 '거한다'는 말은 헬라어로 '스케노오'인데, '장막을 친다, 천막을 친다'라는 뜻입니다.

예수께서 죄인들이 사는 곳에 오셔서 우리와 함께 천막을 치고 사셨다는 말입니다. 버림받은 창녀 같은 인간들의 틈바구니에서 함께 주무셨다는 말입니다. 얼마나 놀라운 이야기입니까?

그러면 이 말씀, 로고스는 누구를 가리키는 것입니까? 우리는 이미 그 답을 알고 있습니다. 예수 그리스도입니다. 그분 외에 하나님으로서 육신을 입고 세상에 오신 분이 없기 때문입니다. 18절은 이 사실을 좀 더 명확하게 설명합니다.

> 본래 하나님을 본 사람이 없으되 아버지 품속에 있는 독생하신 하나님이 나타내셨느니라(18절).

아버지 품속에 있는 독생하신 하나님은 곧 이 세상에 오신 예수님입니다. 그러나 목수의 모습으로 세상에 오신 예수님을 사람들이 영원부터 자존하신 하나님으로 믿기란 결코 쉬운 일이 아니었습니다. 나사렛이라는 시골에 묻혀 날마다 목수 일만 하시던 예수님은 권세 있는 가르침과 여러 이적 및 기사를 행하심으로 하루아침에 온 이스라엘 사람들의 입에 오르내리는 유명 인사가 되셨지만, 하나님이라고 인정하기에는 너무나 비천해 보였습니다.

어느 날 예수님은 회당에서 말씀을 가르치시는 가운데 유대인들이 말꼬리를 물고 늘어질 소지가 다분히 있는 말씀을 하셨습니다. "너희 조상 아브라함은 나의 때 볼 것을 즐거워하다가 보고 기뻐하였느니라"(요 8:56). 쉽게 말해 아브라함이 자기를 보고자 무척 애쓰고 사모하다가 드디어 자기를 보고 기뻐했다는 것입니다. 참 이해하기 힘든 말씀입니다. 아브라함은 예수님보다 2,600여 년 전에 세상을 살다 간 사람이 아닙니까? 그런 그가 어떻게 예수님을 볼 수 있었다는 말입니까? 유대인들로서는 도무지 이해할 수 없었습니다.

그들은 이렇게 따지고 들었습니다. "네가 아직 오십 세도 못 되었는데 아브라함을 보았느냐"(요 8:57). 그러자 예수님은 기가 막힌 대답을 하셨습니다. "진실로 진실로 너희에게 이르노니 아브라함이 나기 전부터 내가 있느니라"(요 8:58). 그러자 유대인들은 격분해서 돌을 들어 치려고 달려들었습니다. 그들은 눈이 가려져, 흙으로 된 육신을 입고 그들 가운데 거하시는 하나님을 보지 못했던 것입니다.

당시에 유대에서 자기를 하나님의 아들이라고 주장하는 행위는 신성모독죄로 간주되었습니다. 자기가 하나님과 똑같다고 말하는 것이나 다름없기 때문에 사형을 당해 마땅했습니다. 그래서 유대인들은 자주 예수님을 돌로 치려고 했습니다. 요한복음을 주의해서 읽으면 죽인다는 말이 얼마나 자주 나오는지 모릅니다. 그만큼 육신을 입고 오신 하나님과 유대인들 사이에는 살벌한 긴장감이 감돌았던 것입니다. 그럼에도 주님은 끝까지 자기가 하나님의 아들이요, 하나님은 자기의 아버지라는 주장을 거두지 않으셨습니다. 만약 그분이 조금이라도 양보했더라면 십자가에서 죽지 않으셨을 것입니다.

이제 우리는 둘 중 하나를 선택해야 합니다. 예수님을 진짜 하나님의 아들이요 하나님 자체로 받아들이든지, 아니면 과대망상증에 걸린 정신병자나 사기꾼으로 취급해야 합니다. 중간은 없습니다.

C. S. 루이스가 한 유명한 말이 있습니다. "이제 당신 스스로 선택해야 합니다. 예수님이 과거와 현재에 하나님의 아들이라고 믿든지, 아니면 미친 사람이나 그보다 더 상태가 나쁜 어떤 존재로 보든지 둘 중 하나입니다. 여러분은 그를 바보라고 몰아칠 수도 있습니다. 귀신 들렸다고 하면서 그에게 침을 뱉을 수도 있고 돌을 던질 수도 있습니다. 그러나 그렇게 하지 못하겠다면 그의 발 앞에 엎드려 '주

님, 주님이야말로 나의 하나님입니다'라고 고백해야 합니다. 위대한 스승이니, 성자니 하는 허튼 생각에 빠져서 그분께 어울리지도 않는 말을 붙여서는 안 된다는 말입니다."

예수님은 육신을 입고 오셔서 죄인들 가운데 거하셨지만, 그분은 태초부터 계신 하나님이요, 천지를 창조하신 하나님이요, 생명의 근원이신 하나님입니다. 누구든지 그분의 영광을 보길 원한다면 그분이 하나님임을 고백해야 합니다. 중간은 있을 수 없습니다.

하나님께로서 난 자라야

그렇다면 누가 예수님에게서 하나님의 영광을 볼 수 있습니까? 14절은 '우리'가 보았다고 말합니다. '우리'는 일차적으로는 사도 요한을 비롯하여 예수님을 목격하고 직접 예수님과 동행했던 제자들을 가리킵니다. 그러나 이 말이 제자들에게만 해당하는 것은 아닙니다.

> 영접하는 자 곧 그 이름을 믿는 자들에게는 하나님의 자녀가 되는 권세를 주셨으니 이는 혈통으로나 육정으로나 사람의 뜻으로 나지 아니하고 오직 하나님께로부터 난 자들이니라(12-13절).

누구든지 믿기만 하면 '우리'에 포함될 수 있습니다. 그러므로 믿는 자는 그분이 하나님이라는 사실을 알 수 있습니다. 하나님의 자녀이기 때문입니다. 자식은 부모를 압니다. 아들은 군중 속에서 자기 아버지가 어디 있는지 금세 알아냅니다. 본능적으로 아버지를 아는 것입니다. 마찬가지로 하나님께로부터 난 자, 곧 중생을 얻은 자는 예수님이 하나님이신 것을 곧바로 압니다. 그분에게서 하나님의 영광을 발견합니다.

요한복음에 등장하는 사람들은 두 부류로 나뉩니다. 먼저 3년을 따라다녔음에도 예수님을 초라한 목수 이상으로 보지 못하는 자들이 있습니다. 얼마 동안은 예수님이 행하신 이적과 기사에 고무되어 관심을 가지고 따라다녔지만, 예수님의 말씀이 마음에 들지 않자 불평하고 미워하기 시작했습니다. 그 미움이 점점 도를 더하면서 예수님을 배척하게 되었고, 결국에는 "저놈을 십자가에 못 박아 죽여라. 자기를 하나님이라고 하는 자는 없애버려야 한다"라고 소리치는 사탄의 무리가 되었습니다. 왜 이 지경까지 이른 것일까요? 육신을 입고 오신 예수님에게서 하나님의 영광을 보지 못했기 때문입니다.

한편 비록 소수이기는 했지만 어떤 자들은 예수님을 만나자마자 그분에게서 하나님을 보았습니다. "우리가 그의 영광을 보니 아버지의 독생자의 영광이요"(14절). 그들은 메마른 땅에서 나온 줄기처럼 초라한 그분의 모습 뒤에 감추어진 하나님의 영광을 보았던 것입니다. 그들은 그분 앞에 엎드렸습니다. "주는 나의 하나님이십니다." 그들이 이렇게 경배할 수 있었던 이유가 무엇이었을까요? 그들이 하나님께로부터 난 자들이었기 때문입니다.

영국의 《브리태니커 백과사전》에 '유니우스'라는 사람이 나옵니다. 우리에게는 생소하지만, 세계적인 백과사전에서 상당한 지면을 할애하며 다루는 것을 보면 대단한 인물이었던 것 같습니다. 그는 17세기에 살았던 사람인데, 목사이자 탁월한 고전학자로 인정받으며 옥스퍼드 대학교 교수를 지냈습니다. 그의 아버지 역시 《브리태니커 백과사전》에 등재될 정도는 아니었지만, 《기독교 백과사전》에서는 이름을 찾을 수 있을 만큼 탁월한 목사였습니다.

우리는 이렇게 훌륭한 목사 아버지 밑에서 자란 자녀라면 어려서부터 믿음이 남달랐을 것이라고 생각합니다. 그러나 유니우스는 그렇지 않았습니다. 어릴 때는 아버지 밑에서 신앙생활을 했지만, 머리가 커지고 고등 학문을 배우면서 점점 신앙에서 멀어졌고 급기야 신앙생활을 포기하는 지경에까지 이르고 말았습니다.

그의 아버지는 아들을 위해 늘 마음속으로 기도했습니다. 그러나 강압적으로 신앙생활을 잘하라고 다그친 적은 없었습니다. 목사 집에서 자녀를 신앙으로 양육하기가 더 어려울 수 있습니다. 목사인 아버지가 예수님을 잘 믿으라고 윽박지르면 오히려 자녀가 빗나갈 확률이 높습니다. 장로 집안도 비슷할 것입니다. 유니우스의 아버지는 상당히 총명한 사람이었던 것 같습니다. 아들이 신앙에서 멀어지는 것을 보고 애가 탔지만, 강요하기보다 인내하면서 꾸준히 기도했습니다.

그러던 어느 날, 기도하던 중에 한 가지 묘안을 생각해냈습니다. 아들이 가끔 자기 서재에 들를 때면 늘 찾아가는 곳이 있었는데, 거기에 신약성경을 놓아두기로 한 것입니다. 그는 '언젠가 하나님께서 내 아들의 눈을 열어주시면 아이가 이 성경책을 보게 될 거야'라는 믿음을 가지고 꾸준히 기다렸습니다.

어느 날 아버지가 없을 때 유니우스가 서재에 들어갔습니다. 그는 어떤 생각에 골몰하면서 늘 가던 자리로 갔습니다. 그런데 그곳에 책이 한 권 놓여 있었습니다. 그는 무심코 책을 펼쳐 보았습니다. 마침 요한복음 1장이 나왔습니다. 그는 눈으로 성경을 슬쩍 훑어보았습니다.

> 태초에 말씀이 계시니라 이 말씀이 하나님과 함께 계셨으니 이 말씀은 곧 하나님이시니라(1절).

이 구절을 읽자마자 무언가 그의 가슴을 내리쳤습니다. 그는 이미 대학에서 철학과 논리학을 배웠기 때문에 논증의 구조를 예리하게 파악할 수 있었습니다. 그런 그의 눈에 요한복음 1장 1절의 논증 구조가 매력적으로 보였던 것입니다. '야, 이거 대단한데. 간결하면서도 힘이 있고, 군더더기도 없이 핵심을 때리는 3단계 논증을 하고 있구나!' 그는 자기도 모르게 감탄했습니다.

내친김에 그는 1장을 내리 읽어 내려갔습니다. '뭐? 태초에 말씀이 계셨는데, 이 말씀이 하나님과 함께 계셨다고? 이 말씀이 하나님이라고?' 자꾸만 이상한 마음이 들자 그는 성경을 덮어버렸습니다. 그러고는 황급히 서재를 나왔는데, 이상하게 마음이 진정되지 않았습니다. 흥분했다고 할까, 충격을 받았다고 할까, 아니면 불안하다고 할까, 무엇인가에 쫓긴다고 할까, 도무지 말로 표현하기 힘든 감정에 붙들려 헤어나지 못했습니다. 하루가 지나고 심지어 밤을 새도 마음이 진정되지 않았습니다.

그러다가 견딜 수 없게 된 나머지 그는 자기도 모르는 사이에 무릎을 꿇고 기도했습니다. "예수님, 예수님이야말로 하나님이심을 제가 이제 믿겠습니다! 예수님이 하나님이심을 제가 이제 고백합니다!" 그 순간, 말로 표현할 수 없는 평안이 그의 마음을 지배하기 시작했습니다. 불안하고 초조했던 마음이 마치 폭풍이 지나간 바다처럼 잔잔해진 것입니다.

이 체험을 계기로 유니우스는 신학 공부를 시작하여 목사가 되었고, 옥스퍼드 대학교에서 학생들을 가르쳤습니다. 또한 그는 성경 원문 연구에 대단한 업적을 남겼습니다. 성경 원문을 필사한 사본들이 참 많은데 그 가운데 어느 것이 하나님으로부터 영감을 받은 계시인지 가려내는 것은 고도의 전문 지식이 필요한 작업입니다. 그런데 유니우스가 이 일에 큰 역할을 담당한 것입니다. 성경을 손에 들고 읽을 때마다 우리가 모르는 수많은 학자들에게 은혜를 입고 있다는 사실을 잊어서는 안 될 것입니다.

하나님께로부터 난 사람은 예수님의 초라한 모습에서도 하나님을 봅니다. 나사렛 예수 안에 하나님의 영광이 있는 것을 봅니다.

다시 한번 이렇게 기도합시다. "주여, 주님의 영광을 보여주옵소서. 내 눈을 열어 하나님의 영광을 다시 보여주옵소서." 그 영광을 보기만 하면 영혼의 질병은 모두 사라질 것입니다. 그 영광을 볼 때마다 세상의 헛된 영광에 취해 있던 마음이 하늘의 영광으로 가득 찰 것입니다. 예수 그리스도가 하나님이신 것을 보는 눈만 열리면 마음을 짓누르던 모든 근심과 걱정이 사라질 것입니다. 주의 영광을 보는 사람은 그분 앞에 무릎 꿇고 생을 주님 앞에 기쁨으로 드릴 것입니다. 주님의 영광을 보는 사람은 자신의 직업이나 가정도 주님께 속했다고 고백할 것입니다. 주님의 영광을 보는 사람은 세상의 어떤 기쁨이나 행복에 마음을 쉽게 빼앗기지 않을 것입니다.

다시 묻습니다. 당신은 주님의 영광을 보고 있습니까?

요한복음 1 요한이 전한 복음

02

독생자의 영광을 보라 II

요한복음 1장 14-18절

14 말씀이 육신이 되어 우리 가운데 거하시매 우리가 그의 영광을 보니 아버지의 독생자의 영광이요 은혜와 진리가 충만하더라 15 요한이 그에 대하여 증언하여 외쳐 이르되 내가 전에 말하기를 내 뒤에 오시는 이가 나보다 앞선 것은 나보다 먼저 계심이라 한 것이 이 사람을 가리킴이라 하니라 16 우리가 다 그의 충만한 데서 받으니 은혜 위에 은혜러라 17 율법은 모세로 말미암아 주어진 것이요 은혜와 진리는 예수 그리스도로 말미암아 온 것이라 18 본래 하나님을 본 사람이 없으되 아버지 품속에 있는 독생하신 하나님이 나타내셨느니라

겉모습은 초라한 목수에 지나지 않았지만 예수님은 하나님의 아들이며 그에 합당한 영광을 지니고 계셨다는 사실을 우리는 앞에서 배웠습니다. 하나님께로부터 난 자, 다시 말해 예수님을 구주로 영접한 자는 이 영광을 볼 수 있습니다.

데아오마이(theaomai)의 의미

'하나님의 영광을 본다'고 할 때 '보다'는 무엇을 의미할까요? 흔히 '보다'라고 하면 '두 눈을 가지고 살피는 것'을 먼저 떠올립니다. 보통 시공의 세계에서 눈으로 어떤 형상이나 차원을 확인하는 것을 '보다'라고 표현하며, 우리 눈에 아무것도 들어오지 않는 상태를 가리켜 '못 보다'라고 말합니다. 이런 의미에서 하나님의 영광을 본다는 말도 우리 눈에 들어오는 무엇으로 이해하기 쉽습니다.

어떤 사람은 이렇게 말하기도 합니다. "예수님의 제자들이야 당시에 하나님의 아들이 육신의 몸을 입고 눈앞에 나타났으니까 분명히 보았지만, 우리는 그분을 눈으로 볼 수 없다. 그런데 왜 자꾸만 보라고 하는가?" 자칫하면 성경에서 말하는 '보다'를 육신의 눈을 통해 보는 것으로 이해하는 함정에 빠지기 쉽습니다. 우리의 눈은 육신 뒤에 감추어진 하나님의 영광을 보는 데 아무런 도움이 되지 않을 뿐 아니라 오히려 치명적인 장애물이 될 수 있습니다. 우리 생각에는, 눈에 보이면 곧바로 믿고 무릎을 꿇을 것 같지만 사실은 그렇지 않습니다.

'보다'는 독특한 단어입니다. 우리말 성경에는 전부 '보다'로 번역되어 있지만, 요한복음에는 '보다'라는 뜻의 헬라어 단어가 다섯 개정도 나옵니다. 14절의 '보다'는 데아오마이(theaomai)인데, 32절과 연관 지어 생각해보면 의미를 조금이나마 이해할 수 있습니다.

세례 요한은 요단강에서 예수님을 만났습니다. 그는 예수님을 처음 만났을 때 자기 앞에 계신 분이 하나님의 아들임을 알아채지 못했던 것 같습니다. 단지 안면이 있는 청년이 와서 세례를 받으려고 하는 줄로만 알았을지도 모릅니다. 물론 다른 복음서에는 예수님이 오시는 것을 보고 이미 그분이 누구인지 알고 있었던 것처럼 기록되어 있기도 합니다. 그러나 정말 그분이 하나님의 아들이라는 확실한 증거는 아직 잡지 못했던 것이 사실입니다.

아무튼 예수님께서 물에 들어가시자 요한은 그분께 세례를 베풀었습니다. 그 순간 요한은 성령이 비둘기같이 예수님의 머리 위에 내려앉는 것을 보았습니다.

> 요한이 또 증언하여 이르되 내가 보매 성령이 비둘기같이 하늘로부터 내려와서 그의 위에 머물렀더라(요 1:32).

이 구절에 사용된 '보다'가 14절의 '보다'와 같다는 사실에 주목해야 합니다. 요한은 성령이 예수님의 머리 위에 비둘기처럼 임하는 것을 보았습니다. 그곳에 수많은 사람이 있었지만 요한 외에는 아무도 그 모습을 보지 못했습니다. 육신의 눈으로 볼 수 있는 현상이 아니었기 때문입니다. 요한은 성령이 영의 눈을 열어주셨기에 볼 수 있었습니다. 동시에 그는 예수님이 하나님의 아들임을 분명히 깨달았습니다. 그러므로 '보다'를 평범한 단어로 생각하면 안 됩니다.

분명한 것은, 육신의 눈은 하나님의 영광을 볼 수 없을 뿐 아니라 도리어 장애가 된다는 사실입니다. 예수님은 세상에서 3년 가까운 기간 동안 자기가 하나님이라는 사실을 알려주셨습니다. 권세 있는 말씀을 통해, 그 누구도 행할 수 없는 이적과 기사를 통해 하나님으로서의 영광을 드러내셨습니다. 그러나 요한복음 7장 5절을 보면 예수님의 형제들조차 그분이 하나님이신 것을 알지 못했습니다. 왜 그랬을까요? 그들은 예수님을 가장 가까이에서 보며 자란 사람들 아닙니까? 한 이부자리에서 자고, 같은 상에서 먹고, 눈만 뜨면 얼굴을 보며 살았을 텐데 왜 예수님에게서 하나님의 영광을 보지 못했을까요? 육신의 눈으로 예수님을 보는 것은 그분이 지닌 하나님으로서의 영광을 보는 것과 별로 관계가 없기 때문입니다.

믿지 않기는 예수님의 고향 사람들 역시 마찬가지였습니다. 그들은 예수님의 성장 과정을 가까이에서 지켜보았을 만큼 예수님을 잘 알았습니다. 그러나 마지막까지 예수님에게서 하나님의 영광을 보지 못했습니다. 누가복음 10장 13-15절을 보면, 예수님은 크게 섭섭해하시며 이런 말씀을 하셨습니다.

화 있을진저 고라신아, 화 있을진저 벳새다야, 너희에게 행한 모든 권능을 두로와 시돈에서 행하였더라면 그들이 벌써 베옷을 입고 재에 앉아 회개하였으리라 심판 때에 두로와 시돈이 너희보다 견디기 쉬우리라 가버나움아 네가 하늘에까지 높아지겠느냐 음부에까지 낮아지리라.

고라신과 가버나움은 예수님이 어린 시절부터 살았던 고향의 주변 동네였습니다. 그런데 놀랍게도 이 동네 사람들은 예수님을 하나님의 아들로 믿지 않았습니다. 육신의 눈으로 익히 보아왔기 때문에 인정하기가 그만큼 힘들었던 것입니다.

더욱 놀라운 것은 예수님을 하나님의 아들이라고 고백하면서 가족도 내버리고, 직업도 내버리고 3년 동안 예수님과 함께 동거했던 제자들마저 십자가 죽음을 앞둔 예수님께 참으로 어처구니없는 말을 했다는 사실입니다. 빌립의 말을 들어보겠습니다. "주여 아버지를 우리에게 보여주옵소서 그리하면 족하겠나이다"(요 14:8). 예수님을 그토록 가까이 모셨음에도 아직 예수님에게서 하나님의 영광을 보지 못했다니, 이 얼마나 한심한 일입니까?

예수님은 빌립에게 책망 섞인 말씀을 하셨습니다. "빌립아 내가 이렇게 오래 너희와 함께 있으되 네가 나를 알지 못하느냐 나를 본 자는 아버지를 보았거늘 어찌하여 아버지를 보이라 하느냐"(요 14:9).

하나님의 영광을 본다고 하는 것은 눈으로 보는 것을 말하는 게 아닙니다. 이 내용을 올바로 이해해야 합니다.

믿는 것이 보는 것이다

하나님의 영광을 본다는 것은 구체적으로 무엇을 말합니까? 세 가지로 정리하겠습니다. 그러나 사실은 하나입니다. 하나의 주제를 가지고 각도를 바꿔가면서 살피는 것이기 때문입니다.

첫째, 믿는 것이 보는 것입니다. '아니, 이거 너무 시시하잖아! 무언가 굉장한 말이 나올 줄 알았는데 겨우 믿는 것이 보는 것이라고?' 이렇게 생각할지도 모르지만 진리는 원래 단순합니다. 히브리서 11장 1절은 "믿음은 바라는 것들의 실상이요 보이지 않는 것들의 증거니"라고 했습니다. 보이지 않는 것을 믿을 때 우리는 그것을 영으로 본다고 말합니다. 빌립이 아버지를 보여달라고 했을 때 예수님께서 똑같은 대답을 하셨습니다. "내가 아버지 안에 거하고 아버지는 내 안에 계신 것을 네가 믿지 아니하느냐 … 내가 아버지 안에 거하고 아버지께서 내 안에 계심을 믿으라…"(요 14:10-11). 보여달라는 사람에게 믿으라고 말씀하신 것입니다. 믿는 것이 곧 하나님을 보는 것이기 때문입니다.

믿음은 하나님에 대한 인격적 반응입니다. 단지 머리로 예수님이 하나님이심을 인정하는 것이 아닙니다. 전인격이 담긴 반응으로 나타나야 합니다.

지위가 높은 사람이 우리 집 문 앞에서 초인종을 눌렀다고 생각해봅시다. 어떤 반응을 보이겠습니까? 정성과 예의를 갖춰 맞이하려고 할 것입니다. 믿음이 바로 이와 같습니다. 믿음은 문을 두드리시는 하나님을 맞이하는 우리의 인격적인 반응입니다.

이런 의미에서 저는 우리 모두가 보는 자들임을 분명히 믿습니다. 예수님을 나의 구주로 영접하고 주님을 하나님으로 믿기 때문에, 모여서 하나님께 예배를 드리는 것입니다. 혹시라도 아직 예수님이 하나님이라는 사실을 믿지 못한다면, 즉시 마음을 열어 "주님은 나의 하나님이십니다"라고 고백하기 바랍니다. 이렇게 고백하고 믿으면 틀림없이 예수님이 하나님이심을 보게 될 것입니다. 이 과정은 무척 중요합니다. 가장 기본적인 이 단계를 거치지 않으면 누구도 하나님의 영광 앞에 나아갈 수 없습니다. 더 이상 머뭇거리지 마십시오. 더 이상 씨름하지 마십시오. 믿으십시오. 믿으면 하나님의 영광을 보게 됩니다. 믿는 그 자체가 보는 것이기 때문입니다.

아는 것이 보는 것이다

둘째, 아는 것이 보는 것입니다. 무엇을 아는 것입니까? 예수님 안에 있는 충만한 은혜와 진리입니다. 14절을 다시 보겠습니다.

> 말씀이 육신이 되어 우리 가운데 거하시매 우리가 그의 영광을 보니 아버지의 독생자의 영광이요 은혜와 진리가 충만하더라.

진리란 예수님을 아는 것입니다. 예수님을 하나하나 알아가다 보면 진리에 접근할 수 있습니다. 은혜가 무엇입니까? 예수님을 알면 알수록 임하는 하나님의 선물을 말합니다. 그러므로 진리를 알면 은혜가 선물로 따라오게 되어 있습니다. 알면 알수록 하나님의 선물인 은혜가 더욱 넘쳐날 것입니다.

진리와 은혜는 오직 예수님을 통해 알 수 있고 체험할 수 있습니다. 하나님은 예수님 외에 다른 길을 주지 않으셨습니다. 그러므로 하나님의 영광을 보고 싶다면 먼저 예수님을 알아야 합니다. 그분을 더 깊이 알아가야 합니다. 예수님에 대한 진리는 너무나 차원이 높고, 깊고, 넓어서 우리의 지성으로는 헤아릴 수 없습니다. 우리의 좁은 마음에 다 담을 수 없습니다.

예수님 안에 있는 은혜와 진리의 충만은 저울로 달 수 있는 분량이 아닙니다. 무한한 충만입니다. 그러므로 예수님을 알아가는 일은 끝이 없습니다. 예수님을 아는 진리가 쌓이면 쌓일수록, 진리에서 솟는 은혜의 샘이 강을 이루며 흐르게 됩니다.

예수님 안에 있는 은혜와 진리의 충만은 하나님의 무한하심과 광대하심을 가리킵니다. 이런 이유로 우리는 예수님을 알면 알수록 더 알기를 바라고 사모하게 됩니다. 그분의 진리와 은혜는 다함이 없기 때문에 절대로 질리거나 권태를 느끼지 않습니다. 언제나 새롭고 보배롭습니다.

은혜와 진리의 충만을 설명할 수 있는 가장 좋은 예는 사죄의 은총에서 찾을 수 있습니다. 바울은 자기를 죄인 중에 괴수(딤전 1:15)라고 했습니다. 이는 수사학적인 표현이 아닙니다. 바울은 자기가 과거에 지은 죄를 떠올리면서, 가장 큰 죄인일 수밖에 없다고 생각했던 것 같습니다. 우리가 잘 아는 대로 그는 스데반을 죽였습니다. 교회를 핍박하는 데 앞장섰습니다. 예수님을 향해 주먹을 휘둘렀습니다. 이런 까닭에 바울은 자신을 세상에서 구원받을 가능성이 가장 희박한 죄인으로 보았습니다. 그러나 하나님은 죄인의 괴수를 불러 용서하실 뿐 아니라 영광스러운 복음의 사도로 삼으시고 세상을 구원하게 하셨습니다. 얼마나 넘치는 은혜입니까? 얼마나 신비한 진리입니까?

바울은 이런 죄 의식과 감격을 가지고 살았기 때문에 로마서 5장 20절의 고백처럼 '죄가 더한 곳에 은혜가 더욱 넘친다'는 진리를 날마다 체험할 수 있었습니다. 예수님을 만난 지 거의 30년이 되어가던 때에도 그는 자기의 과거를 떠올리며 여전히 이런 말을 했습니다. "우리 주의 은혜가 그리스도 예수 안에 있는 믿음과 사랑과 함께 넘치도록 풍성하였도다"(딤전 1:14). 하나님이 그에게 얼마나 많은 은혜를 부어주셨는지, 구원의 감격과 기쁨이 끝없이 이어졌습니다. 주의 은혜가 주체할 수 없을 만큼 넘친 것입니다.

더 알고 싶은 갈증

그러므로 당신이 예수님에게서 하나님의 영광을 보길 원한다면, 당신에게 이 충만한 진리와 은혜를 알고자 하는 간절함이 있어야 합니다. 예수님은 죽은 지식의 대상이 아닙니다. 화석이 된 과거의 인물이 아닙니다. 그분은 살아 계신 하나님의 인격이요 형상입니다.

우리는 사회생활을 하면서 많은 사람을 만납니다. 사람을 알고 만난다는 것은 돼지나 소를 알고 보는 것과는 차원이 다릅니다. 돼지나 소는 겉모습만 보면 됩니다. 자를 가지고 머리부터 꼬리까지 몸길이를 잰 다음 저울에 무게를 달아보면 끝입니다. 그 이상 알 필요가 없습니다. 그것들은 인격이 아니기 때문입니다. 그러나 사람과 사람의 만남은 다릅니다. 누군가를 한 번 만난 것만으로는 그를 진정으로 안다고 말할 수 없습니다. 사기꾼이라면 어쩌다 공석에서 만난 고위층 인사를 들먹이며 잘 안다고 떠벌릴 수도 있겠지만, 인격적인 교제를 진심으로 원하는 자라면 그런 엉터리 같은 소리는 절대로 하지 못합니다.

사람과 사람은 자주 만날수록 서로를 아는 깊이가 더해집니다. 그러다가 어느 날부터인가 속 깊은 이야기를 나누는 관계가 되지 않습니까? 나중에는 너나 나나 똑같다고 할 만큼 일체감을 느끼는 정도까지 발전합니다. 이 정도는 되어야 누구를 조금 안다고 말할 수 있습니다. 이것이 바로 인격적 앎이요, 교제입니다.

하나님은 사람의 모습으로 오신 예수님을 통해 자기를 보여주셨습니다. 그러므로 누구든지 예수님을 알길 원한다면 인격적으로 알아야 합니다. 인격적 지식은 조금 아는 것으로 머물면 안 됩니다. 사람 사이도 진지한 교제를 하다 보면 더 알고 싶은 갈증이 생겨납니다. 하물며 은혜와 진리가 충만하신 독생자 예수님을 알고 교제하는 것이라면 말해 무엇하겠습니까? 찬송가 453장 가사는 다음과 같습니다. "내 평생의 소원 내 평생의 소원 대속해주신 사랑을 간절히 알기 원하네." 이와 같은 갈증이 있습니까? 만약 그렇다면 당신은 예수님을 인격적으로 알고 교제하는 사람입니다.

어린 자녀를 키우는 분들은 잘 알 것입니다. 아이의 강한 본능이 무엇입니까? 가급적이면 엄마와 같이 있는 것입니다. 사랑하면 할수록 아빠 엄마한테 더 찰싹 달라붙습니다. 돌보아주면 돌보아줄수록, 위해주면 위해줄수록 아이는 엄마한테서 안 떨어지려고 합니다. 그것이 바로 아이의 본능입니다.

우리는 하나님께로서 난 자입니까? 중생을 받았습니까? 그렇다면 예수님을 통해 하나님 아버지를 더 알고 싶은 마음이 불 일 듯 일어나게 되어 있습니다. 누구든지 자기 눈에 커 보이는 사람에게는 지대한 관심을 기울입니다. 그리고 어떻게든지 그와 가까운 사이가 되고 싶어 합니다. 한 번 만나는 것으로는 너무 아쉬워합니다. 그만큼 관심이 있고 매력을 느끼기 때문입니다.

얼마 전 제가 시무하는 교회 교역자들이 수련회를 가졌습니다. 일 년에 한두 번 갖는 이 수련회가 우리 교역자들에게는 참 중요합니다. 모든 교역자가 저를 가까이서 만날 수 있는 절호의 기회이기 때문입니다. 사실 교역자가 팔십 명을 넘다 보니 저를 개인적으로 만나기란 쉽지 않습니다. 제 사무실 문을 거침없이 두드리고 들어올 수 있는 사람은 몇몇에 불과하며, 그렇다고 전화를 함부로 걸 수도 없습니다. 제가 너무 바쁘기 때문입니다.

모든 교역자가 한자리에 앉아 여러 가지 대화를 나눌 때, 별별 자질구레한 질문이 다 나왔습니다. "목사님, 어떻게 결혼하셨어요? 연애입니까 중매입니까?" "목사님은 왜 목사가 되겠다고 생각하셨나요?" "목사님은 성경을 어떻게 공부하고 계세요?" 심지어는 이런 질문도 있었습니다. "목사님, 아이디어가 번쩍번쩍 떠오를 때는 언제인가요?" 사실 곰곰 생각해보면 안 해도 될 질문 같은데 왜 이런 질문들을 할까요? 저에게 관심이 많기 때문입니다. 그래서 뭔가 자꾸 알고 싶어 하는 것입니다.

만약 제가 우리 교역자들을 특별히 배려한다고 "날마다 저하고 한 번씩 만납시다. 오전 9시에 사무실에서 기다릴 테니 꼭 찾아오십시오. 우리 30분만 같이 이야기합시다"라고 말하면 아마 한 반년은 들떠서 정신을 못 차릴지도 모릅니다. 알면 알수록 좋으니까 그런 것입니다. 이것이 인격끼리의 만남입니다. 그러므로 우리 안에는 은혜와 진리가 충만하신 하나님의 독생자 예수님에 대해 알고자 하는 훨씬 강하고 진한 욕구가 살아 있어야 합니다.

종착역이 없는
거룩한 여행

14절 "우리가 그의 영광을 보니"에서 '보다'라는 말은 원어로 현재 완료형입니다. 헬라어의 현재 완료는 한 번 보아서 끝나는 행동을 의미하지 않습니다. 반복적으로 이어지는 일련의 행동을 가리키는 동사형입니다. 그러므로 그리스도를 아는 것이 보는 것이라면, 그것은 계속 발전하는 경험이 되어야 합니다. 제자훈련 한 번 받았다고 끝나는 것이 아닙니다. 예수님을 아는 진리는 너무나 충만해서 그 정도로는 졸업할 수 없습니다. 30년을 예수 믿으며, 매주 설교를 들었다고 해서 예수님을 다 아는 것이 아니라는 말입니다. 우리가 예수님을 더욱 알기 원하고, 그 은혜를 더욱 풍성히 받기를 원하여 시작한 이 여행은 종착역이 없습니다. 예수님은 하나님이기 때문입니다.

안타깝게도 우리 주변에는 예수님을 믿는다고 하면서 그분에 대해 흥미가 없는 사람이 너무 많습니다. 이신득의(以信得義)는 믿음으로 의롭다 함을 받는다는 말입니다. 그런데 요즈음 성도들 가운데는 이 말을 오해하는 이들이 적지 않습니다. 믿으면 의롭다 함을 받고 구원 얻는다고 하니까 한마디의 신앙고백이면 만사가 다 된 것처럼 생각합니다. 얼마나 예수님을 모르는 사람입니까?

진정한 믿음은 하나님에 대한 인격적인 반응입니다. 그 반응이란 예수님을 더 알고 싶어 하고, 은혜를 더 받고 싶어 하는 욕구를 가지고 주님 앞으로 달려가는 것을 말합니다. 믿음으로 구원 얻는 것은 사실입니다. 그러나 진정 우리가 예수님을 하나님으로 믿는다면 이제부터는 허리띠를 매고, 등불을 들고 예수님을 알기 위한 새로운 여행을 시작해야 합니다.

그렇다면 어디로 여행을 떠날 것입니까? 성경으로 돌아가야 합니다. 주님께서 친히 이렇게 말씀하셨습니다. "이 성경이 곧 내게 대하여 증언하는 것이니라"(요 5:39). 우리는 예수님이 누구신지를 알고, 또 그분에게서 하나님의 영광을 보길 갈망하는 마음으로 성경을 부지런히 읽고, 공부하며, 묵상해야 합니다.

이 시간 저는 진지하게 도전하고 싶습니다. 당신은 예수님을 얼마나 깊이 알고 있습니까? 예수님을 아는 일에 얼마나 관심을 두고 있습니까? 당신이 진정 예수님을 아는 사람이라면 왜 그분에게 매력을 느끼지 못합니까? 예수님이 그 정도로 하찮은 존재입니까? 성경을 서가를 채우는 양서 정도로 취급하는 이유가 무엇입니까? 진정 예수님에 대해 알고 싶고, 은혜와 진리가 충만하신 그분과 더 가까이 사귀기를 원한다면 성경을 그런 태도로 대할 수 없습니다.

우리는 관심이 있는 사람과 만날 때면 시간이 없다는 말을 절대 하지 않습니다. 가령 제가 당신의 집을 잠시 방문했다고 합시다. 제가 이렇게 말합니다. "아니, 벌써 10분이나 지났네요. 너무 바쁘신 것 같은데 이제 그만 가보겠습니다." 그러면 당신은 이렇게 대답하지 않겠습니까? "목사님, 무슨 말씀이세요? 좀 더 계세요. 사실 약속이 있긴 하지만 괜찮습니다." 관심이 가고, 마음이 끌리는 사람과는 시간을 재면서 만나지 않습니다.

그런데 예수님을 믿는다고 하는 사람들 중에는 성경을 펴놓고 주님의 영광을 보는 시간을 너무 재는 사람들이 많습니다. 바쁘다는 핑계로 하나님의 말씀 앞에 앉는 시간을 인색하게 할당하는 것 같습니다. 그러나 솔직하게 이야기해 봅시다. 진짜 바쁩니까? 얼마나 바쁩니까? 한 가지 속일 수 없는 사실이 있습니다. 마음이 가는 일에는 아무도 시간을 재지 않는다는 것입니다. 골프에 미친 사람은 골프 칠 시간이 없다는 말을 절대로 하지 않습니다. 쇼핑을 좋아하는 부인들은 백화점에 한번 들어가면 시간을 잊어버립니다. 1층에서부터 2층, 3층으로 오르내리다 보면 세 시간 정도는 훌쩍 지나가 버립니다.

성경을 펴놓고, 공부하고, 묵상하는 데도 이와 같은 자세가 필요합니다. 자꾸만 시간을 재다 보면 결국은 우리 영혼에 병이 들기 마련입니다. 어린아이들은 사흘만 엄마 얼굴을 안 보면 병이 납니다. 어머니의 아들이요, 딸이기 때문입니다. 하나님의 자녀 된 우리도 마찬가지입니다. 말씀을 듣고 하나님의 얼굴을 사흘만 보지 않으면 우리 영혼은 금세 병들어버립니다. 세상에 짓밟힙니다. 그렇게 사는데도 병이 들지 않는다면 그는 하나님의 자녀가 아닐지도 모릅니다.

라오디게아 성도들이 왜 주님께 책망을 받았습니까? 그들은 예수님을 오래 믿었고, 잘 믿었던 사람들입니다. 그런데 그들은 훗날 예수님을 문밖에 세웠습니다. 믿기는 하지만 더 이상 예수님께 매력을 느끼지 못했기 때문입니다. 그 결과 그들은 믿음의 눈을 가지고 있으면서도 하나님의 영광을 보지 못하는 소경이 되고 말았습니다.

주님은 그들에게 권고하셨습니다. "무릇 내가 사랑하는 자를 책망하여 징계하노니 그러므로 네가 열심을 내라 회개하라"(계 3:19). 예수님을 모르면서 아는 체한 모든 죄를 회개하라는 말입니다. 이 경고를 우리도 받아야 하지 않을까요? 몇 년 믿었다고 해서 벌써 예수님에 대한 흥미를 잃어버리지 않았습니까? 안수집사가 되고 장로가 되고 순장이 된 것으로 마치 예수님을 다 안 것처럼 거들먹거리는 것은 아닌지요. 주님은 지금 문안에 계십니까, 문밖에 계십니까?

교회 안을 한번 살펴보십시오. 성경대학이나 다락방, 제자훈련, 새가족 모임, 교사훈련원 등 마음만 먹으면 하나님의 말씀을 배울 수 있는 기회가 얼마나 많습니까? 많은 사람이 조금이라도 예수님을 더 알고 싶다는 마음으로 열심히 참여하고 있습니다. 그러나 배우는 일에 전혀 관심을 기울이지 않는 사람들도 적지 않습니다. 자기 딴에는 오래 믿어서 많이 안다고 생각하여 그러는 것 같은데, 다 안다는 생각에 벌써 마음의 문이 닫힌 것입니다. 주님은 관심의 대상에서 밀려나 문밖에 서 계시는데 말입니다. 만일 당신이 그런 사람이라면 주님의 경고를 진지하게 받아야 합니다. "열심을 내라. 회개하라."

받는 것이 보는 것이다

셋째, 받는 것이 보는 것입니다. 16절을 주목하기 바랍니다.

우리가 다 그의 충만한 데서 받으니 은혜 위에 은혜러라.

여기서 '받는다'는 말은 쉽게 말해 '체험'을 의미한다고 볼 수 있습니다. 우리는 손에 뭔가 들고 있어야 얻었다고 말합니다. 손이 비었는데 가졌다고 말한다면 그는 정신 나간 사람일 것입니다. 마찬가지로 예수님의 영광을 보는 자는 위로부터 임하는 은혜를 체험해야 합니다.

체험이라는 말은 '성령의 터치'로 바꾸어 말할 수 있습니다. 성령이 강하게 감동시킬 때 우리에게 체험이 있기 때문입니다. 우리가 성경을 펴놓고 조용히 읽을 때 성령께서 우리 마음을 만지시면 벌써 읽는 자세가 달라집니다. 자기도 모르게 하나님의 말씀 속으로 빨려 들어가는 느낌을 받습니다. 말씀에 감동되어 무릎 꿇고 기도하는 사람이 됩니다. 불안하던 마음에 평안이 찾아옵니다. '그래 맞아. 예수님이 오늘도 나와 함께 계시는구나. 그분이 나의 하나님이시구나'라고 고백하며 감격에 겨워 찬송을 부르게 됩니다. 이와 같은 성령의 터치를 경험할 때 우리는 은혜를 받는다고 말합니다. 다시 말해 충만한 데서 받은 자가 됩니다.

기도를 하다 보면 입이 열리지 않아 답답하게 씨름만 하다가 자리에서 일어나는 날도 있지만 그렇지 않은 날도 많습니다. 그럴 때 우리는 주님이 바로 내 앞에 서서 내 말을 한 마디 한 마디 듣고 계심을 직감적으로 느낍니다. 그런 순간에는 말을 많이 할 필요가 없

요한복음 1 요한이 전한 복음

습니다. 주님과 온전히 하나 되는 황홀감과 만족, 평안을 맛보기 때문에 시간마저 잊어버립니다. 5분을 기도하든 1시간을 기도하든 시간에 얽매이지 않고 주님과 깊은 교제를 체험하게 됩니다. 이처럼 깨닫고, 느끼고, 충만함을 체험하는 자리는 은혜를 받는 자리요, 동시에 하나님의 영광을 보는 자리입니다.

얼마 전부터 미국의 기독교 대학에서 부흥의 조짐이 보이고 있습니다. 휘튼 대학과 에모리 대학을 비롯한 몇몇 유수한 학교의 학생들 사이에서 회개 운동이 일어난 것입니다.

기독교 대학에는 매일 30분 정도 예배를 드리는 채플 시간이 있습니다. 하지만 출석을 부르니까 억지 춘향 격으로 할 수 없이 나와 앉아 있는 학생들이 참 많습니다. 그런데 제가 얼마 전에 참석했던 어떤 모임에서 휘튼 대학의 총장이 나와 자기 학교에서 일어나고 있는 부흥에 대해 간증을 했습니다. 어느 날 채플 시간에 예배를 드리고 있는데 갑자기 한 학생에게 성령의 역사가 강하게 임했다고 합니다. 성령께서 터치하신 것입니다. 그 학생은 순간 자기의 죄를 깨닫기 시작했습니다. 건방지고, 하나님을 다 아는 것처럼 거드름을 피우고, 기독교 대학에 다니면서 기독교를 비판하고, 성경을 불신하던 그 모든 죄를 생각하니 감정이 왈칵 솟구쳐 견딜 수 없었던 것입니다. 자기도 모르게 그는 앞으로 나와 학우들 앞에서 자기가 얼마나 나쁜 사람인가를 고백했습니다.

그가 눈물을 흘리며 고백하고 들어가자 이번에는 한 여학생이 나와서 자기의 죄를 고백했습니다. 이렇게 시작된 회개의 역사는 장장 7시간이나 계속되었습니다. 그럼에도 밖으로 뛰쳐나가거나 왜 빨리 마치지 않느냐고 항의하는 학생이 없었습니다. 모두 거룩하신 예수 그리스도와 하나님의 영광이 임재하고 계시는 것을 느끼며 경외감에 사로잡혀 있었기 때문입니다. 그 거룩하신 영광 앞에 자신의 추악함을 숨길 수 있는 사람이 어디 있겠습니까?

본다는 말이 무슨 뜻입니까? 믿는 것입니다. 믿음은 사람이 되어 나를 찾아오신 하나님에 대한 인격적 반응입니다. 그리고 아는 것입니다. 예수님 안에 있는 은혜와 진리를 알기 원하는 것입니다. 하나님의 말씀을 통해 인격적인 예수님을 더 많이 만나면 그것이 바로 보는 것입니다. 끝으로, 받는 것입니다. 은혜를 체험하는 경지를 말합니다. 16절의 "은혜 위에 은혜러라"에 주목하시기 바랍니다. 한 가지 은혜를 받았을 때 그것이 평생 내게 머물러 있을 거라 생각해서는 안 됩니다. 우리가 받은 은혜는 얼마든지 소모될 수 있습니다. 그래서 하나의 은혜가 지나가면 그다음 은혜가 찾아오고, 그것이 지나가면 또 다른 은혜가 찾아오는 것입니다. 이것이 바로 은혜 위에 은혜라는 말의 의미입니다.

마음속에 주님으로부터 오는 평안이 넘치고 있습니까? 주님으로부터 오는 자유를 누리고 있습니까? 주님이 주시는 놀라운 만족과 담대함이 있습니까? 예수님을 통해 하나님의 영광을 보는 사람만이 이와 같은 은혜를 누리며 이 세상을 살 수 있습니다. 하나님은 우리가 이런 사람이 되기를 원하십니다. 우리 모두 주의 영광을 바라봅시다. 은혜 위에 은혜를 받아 누리는 자들이 됩시다.

03

충성된 증인 세례 요한

요한복음 1장 19-34절

19 유대인들이 예루살렘에서 제사장들과 레위인들을 요한에게 보내어 네가 누구냐 물을 때에 요한의 증언이 이러하니라 20 요한이 드러내어 말하고 숨기지 아니하니 드러내어 하는 말이 나는 그리스도가 아니라 한대 21 또 묻되 그러면 누구냐 네가 엘리야냐 이르되 나는 아니라 또 묻되 네가 그 선지자냐 대답하되 아니라 22 또 말하되 누구냐 우리를 보낸 이들에게 대답하게 하라 너는 네게 대하여 무엇이라 하느냐 23 이르되 나는 선지자 이사야의 말과 같이 주의 길을 곧게 하라고 광야에서 외치는 자의 소리로라 하니라 24 그들은 바리새인들이 보낸 자라 25 또 물어 이르되 네가 만일 그리스도도 아니요 엘리야도 아니요 그 선지자도 아닐진대 어찌하여 세례를 베푸느냐 26 요한이 대답하되 나는 물로 세례를 베풀거니와 너희 가운데 너희가 알지 못하는 한 사람이 섰으니 27 곧 내 뒤에 오시는 그이라 나는 그의 신발끈을 풀기도 감당하지 못하겠노라 하더라 28 이 일은 요한이 세례 베풀던 곳 요단강 건너편 베다니에서 일어난 일이니라 29 이튿날 요한이 예수께서 자기에게 나아오심을 보고 이르되 보라 세상 죄를 지고 가는 하나님의 어린양이로다 30 내가 전에 말하기를 내 뒤에 오는 사람이 있는데 나보다 앞선 것은 그가 나보다 먼저 계심이라 한 것이 이 사람을 가리킴이라 31 나도 그를 알지 못하였으나 내가 와서 물로 세례를 베푸는 것은 그를 이스라엘에 나타내려 함이라 하니라 32 요한이 또 증언하여 이르되 내가 보매 성령이 비둘기같이 하늘로부터 내려와서 그의 위에 머물렀더라 33 나도 그를 알지 못하였으나 나를 보내어 물로 세례를 베풀라 하신 그이가 나에게 말씀하시되 성령이 내려서 누구 위에든지 머무는 것을 보거든 그가 곧 성령으로 세례를 베푸는 이인 줄 알라 하셨기에 34 내가 보고 그가 하나님의 아들이심을 증언하였노라 하니라

'세례 요한' 하면, 머리가 소반에 얹힌 채로 헤로디아의 철없는 십대 딸의 손에 들려 연회에 모인 수많은 사람의 구경거리가 된 비극적인 선지자의 모습이 떠오릅니다. 이 사건이 얼마나 충격적이었던지 어떤 작가는 〈살로메〉라는 제목의 희곡을 쓰기도 했습니다. 예수님은 세례 요한을 '여자가 낳은 자 중에서 가장 큰 이'(마 11:11)라고 극찬하셨지만, 그는 예수님의 등장 직후 모든 인기를 예수님께 송두리째 뺏겨버리고 삼십 대의 젊은 나이로 감옥에 갇힌 뒤 비참하게 죽었습니다. 세례 요한은 그야말로 비운의 선지자였습니다.

만일 세례 요한이 100년만 더 일찍 태어나서 활동했더라면 구약에 등장하는 몇몇 선지자들처럼 그의 후광이 오랫동안 사그라들지 않고 사람들에게 비쳤을지도 모릅니다. 그러나 그가 세상에 등장한 때는 하나님의 아들 예수 그리스도가 사역을 시작하시기 바로 직전이었습니다. 예수님은 세례 요한을 작은 등불에 비유하셨습니다. 등불은 비록 크기가 작은 것이라도 초저녁이나 한밤중에는 오랜 시간 사람들의 사랑을 받을 수 있습니다. 그러나 찬란한 태양이 떠오르기 시작하는 이른 아침이면 단명할 수밖에 없는 운명입니다. 태양이 떠오르는데 등불이 무슨 소용 있겠습니까? 이와 같이 세례 요한은 해가 뜨기 바로 직전의 등불과 같았습니다.

인간적인 눈으로 보면 세례 요한은 사람들의 동정을 받을 만한 인물입니다. 그러나 하나님의 눈에는 예수님이 말씀하신 것처럼 역사에 등장한 그 누구보다 위대한 인물이었습니다. 하나님이 위대하다고 하시면 정말 위대한 인물이지 않겠습니까? 세례 요한을 통해 하나님이 말씀하시는 위대함이 어떤 것인지를 배울 수 있도록, 성령의 인도하심을 간구합시다.

나는 그리스도가 아니라

세례 요한은 하나님의 말씀을 능력 있게 전하는 은사와 권세를 받았습니다. 하지만 표적과 기사를 행하는 능력은 받지 못했습니다. 어떻게 생각하면 그는 사람들에게 인기를 얻을 만한 구석이 별로 없어 보입니다. 그럼에도 그의 외침이 워낙 능력 있다 보니 이스라엘 사방에서 경건한 사람들이 그의 주변으로 몰려들었습니다. 그의 인기는 하루가 다르게 치솟았습니다. 그러자 사람들은 마음속으로 '저분이 우리가 지금까지 기다리던 메시아가 아닐까?'라는 생각을 하기 시작했습니다.

유대 지도자들은 사람들을 보내어 당신이 메시아가 아니냐고 떠보았습니다. 그러나 그는 주저 없이 아니라고 답했습니다. 누구나 인기가 절정에 이르고 사람들의 기대가 높아지면 자신도 모르는 사이에 분수를 벗어나기 쉽습니다. 모두가 그렇게 본다면 마치 자기가 메시아처럼 행동할 수도 있을 것입니다. 세례 요한은 유혹에 넘어가지 않고 자기 분수를 지켰습니다. 어떻게 그럴 수 있었을까요? 답은 하나뿐입니다. 예수 그리스도에게서 하나님의 영광을 보았기 때문입니다. 이것 말고는 그의 태도를 설명할 길이 없습니다.

> 요한이 또 증언하여 이르되 내가 보매 성령이 비둘기같이 하늘로부터 내려와서 그의 위에 머물렀더라 나도 그를 알지 못하였으나 나를 보내어 물로 세례를 베풀라 하신 그이가 나에게 말씀하시되 성령이 내려서 누구 위에든지 머무는 것을 보거든 그가 곧 성령으로 세례를 베푸는 이인 줄 알라 하셨기에 내가 보고 그가 하나님의 아들이심을 증언하였노라 하니라(32-34절).

예수님에게서 하나님의 영광을 보았으니 어찌 그분을 높이지 않겠습니까? 어찌 감히 자기를 자랑할 수 있겠습니까?

여기서 우리는 소중한 진리를 배울 수 있습니다. 예수님에게서 하나님의 영광을 본 사람은 절대로 자기를 자랑하거나 높이지 않는다는 것입니다. 세례 요한의 언동을 통해서 우리는 이 진리를 주의 깊게 살펴보아야 합니다. 우리 주변에는 예수님의 이름을 팔아 자기를 추켜세우는 자들이 하도 많기 때문입니다.

사람들이 요한을 향해 "네가 누구냐? 네가 그리스도냐?" 하고 물었을 때 그는 주저하지 않고 대답했습니다. "나는 그리스도가 아니라"(20절).

'나는 ~이 아니라'는 강조의 표현입니다. 헬라어에서는 주어로 사용되는 인칭 대명사를 생략할 때가 많은데, 내용을 강조하려는 목적이 있을 때 의도적으로 '나는'(ego)이라는 주어를 씁니다. 따라서 이 구절은 '나는 절대 그리스도가 아니다'라는 말과 같습니다.

사람들은 또 질문했습니다. "그러면 누구냐 네가 엘리야냐"(21절).

이 질문은 성경적 근거를 가지고 있었습니다. 말라기 4장 5절을 봅시다. "보라 여호와의 크고 두려운 날이 이르기 전에 내가 선지자 엘리야를 너희에게 보내리니." 하나님은 자기 아들 예수 그리스도를 세상에 보내시기 전에 선지자 엘리야를 보낸다고 약속하셨습니다. 그러므로 메시아가 오시려면 반드시 선지자 엘리야가 먼저 와야 합니다. 이스라엘 사람들은 메시아를 기다림과 동시에 엘리야를 간절히 사모하고 있었습니다. 그래서 세례 요한이 자기는 그리스도가 아니라고 하자 "그러면 엘리야냐"라고 재차 질문했던 것입니다.

세례 요한은 이번에도 아니라고 딱 잘라 말했습니다. 그러나 사실이 아닙니다. 그가 바로 말라기 선지자가 예언한 엘리야였기 때문입니다. 이 사실을 예수님께서 확인해주셨습니다. 마태복음 11장 14절을 보십시오. "만일 너희가 즐겨 받을진대 오리라 한 엘리야가 곧 이 사람이니라." 여기서 "이 사람"은 세례 요한을 가리킵니다. 그러면 그는 왜 자신이 엘리야가 아니라고 대답했을까요?

이에 대해 학자들은 여러 가지로 추측합니다. 어떤 사람은 세례 요한이 자기 자신을 엘리야처럼 대단한 인물로 생각하지 않았기 때문이라고 설명합니다. 당시 이스라엘 백성이 기다리던 엘리야는 일종의 환상적인 존재였다고 해석하기도 합니다. 우리가 알다시피 구약에서 죽지 않고 승천한 사람이 둘 있는데, 하나는 에녹이고 다른하나는 엘리야입니다. 그래서 사람들이 이런 기대를 품고 있었다는 것입니다. '엘리야는 죽음을 보지 않고 하나님 나라로 올라간 사람이니까 그가 세상에 올 때는 틀림없이 하늘에서 재림하듯이 찬란하게 임할 것이다. 그는 와서 메시아를 맞이할 백성을 준비시키고, 메시아가 오시면 그에게 기름을 부을 것이다.' 이처럼 유대 사람들이 기다리는 엘리야는 환상적인 인물이었습니다. 이 사실을 잘 알고 있었던 세례 요한은 자기처럼 낙타털 옷을 입고 메뚜기를 먹으며 사는 초라한 존재가 그들이 기다리는 환상적인 엘리야일 수 없다는 식으로 대답했다는 것입니다.

저는 개인적으로 후자의 해석에 동의합니다. 하나님의 종이 함부로 거짓말을 할 수 없지 않습니까? 한 가지 분명한 사실은 세례 요한이 지닌 엘리야로서의 영광이 사람들의 눈에 가려져 있었다는 것입니다. 마치 예수님 안에 있는 메시아로서의 영광이 베일에 가려 있듯이 말입니다. 세례 요한을 잉태하기 전에 천사가 그의 아버지 사가랴에게 찾아와서 이런 예언을 했습니다. "그가 또 엘리야의 심령과 능력으로 주 앞에 먼저 와서 아버지의 마음을 자식에게, 거스르는 자를 의인의 슬기에 돌아오게 하고 주를 위하여 세운 백성을 준비하리라"(눅 1:17). 이 말씀대로 그는 엘리야 선지자가 가졌던 뜨거운 심정과 그가 행사했던 막강한 능력을 가지고 있었습니다. 그럼에도 그는 마치 엘리야가 아닌 것처럼 말하면서 시종일관 사람들이 예수님만 주목하게 만들었습니다.

그러자 그들은 또 다시 질문했습니다. "네가 그 선지자냐"(21절).

이것 역시 성경적인 근거가 있는 질문입니다. "그 선지자" 하면 유대인들은 누구를 말하는지 잘 알고 있었습니다. 신명기 18장 15절을 보십시오. "네 하나님 여호와께서 너의 중 네 형제 중에서 나와 같은 선지자 하나를 너를 위하여 일으키시리니 너희는 그를 들을지니라." 이 예언에 의하면 장차 세상에 모세와 같은 선지자가 출현할 텐데 그분이 바로 메시아입니다. 이 사실을 염두에 둔 사람들은 행여 요한이 그 선지자가 아닌가 물어본 것입니다.

자기들이 원했던 답을 듣지 못하자 사람들은 본색을 드러내면서 세례 요한을 비난하기 시작했습니다. "네가 만일 그리스도도 아니요 엘리야도 아니요 그 선지자도 아닐진대 어찌하여 세례를 베푸느냐"(25절).

이 말은 그의 영적 권위에 도전하는 무례한 질문이었습니다. 그러나 세례 요한은 얼굴 표정 하나 바꾸지 않고 이렇게 대답합니다. "나도 그를 알지 못하였으나 내가 와서 물로 세례를 베푸는 것은 그를 이스라엘에 나타내려 함이라 하니라"(31절).

예수님이 세상에 오셨다는 것을 모든 사람에게 선포하기 위해서 자신이 물로 세례를 준다는 것입니다. 이번에도 그는 철저히 사람들로 하여금 예수님만 바라보게 만들었습니다.

오직 예수만을 증거한 선지자

이와 같은 세례 요한의 말과 태도를 보면 그의 중심이 어디에 있는지 알 수 있습니다. 그는 오직 하나님 되신 예수님을 모든 사람들에게 보여주고 알려주길 원했습니다. 그리고 자신은 어떻게든 낮아져서 사람들 앞에 아무것도 아닌 존재로 비치려 했습니다.

세례 요한이 자신을 예수님과 비교하며 한 말을 보면 그의 소원을 가늠해볼 수 있습니다. 15절에서 그는 예수님을 자기보다 앞선 분, 자기보다 먼저 계신 분으로 묘사했습니다. 30절에서도 똑같은 말을 했습니다.

> 내가 전에 말하기를 내 뒤에 오는 사람이 있는데 나보다 앞선 것은 그가 나보다 먼저 계심이라 한 것이 이 사람을 가리킴이라.

인간적으로 볼 때 예수님이 세례 요한보다 앞섰다는 말은 좀 이상하게 들릴 수 있습니다. 생일을 따져보면 세례 요한이 예수님보다

6개월 먼저 태어났습니다. 사역을 시작한 것도 세례 요한이 먼저였습니다. 그는 이미 인기 절정에 오른 사람이었습니다. 어느 모로 보나 그는 예수님보다 선배요 앞선 자입니다. 그럼에도 예수님을 가리켜 자기보다 앞선 분이라고 합니다. 자기보다 먼저 계신 분이라는 뜻입니다. 예수님에게서 하나님의 영광을 보았기 때문에, 하나님이라면 태초부터 계시는 분임에 틀림없다고 믿었던 것입니다. 그래서 그는 심지어 자신을 이렇게까지 묘사했습니다.

> … 나는 그의 신발 끈을 풀기도 감당하지 못하겠노라 하더라(27절).

당시 유대에서는 주인의 신발을 묶고 푸는 일을 천한 노예가 했습니다. 랍비들은 스승과 제자 관계에 대해 이런 말을 했습니다. "아무리 제자가 스승을 존경한다 해도, 스승의 신발을 묶고 푸는 일만큼은 해서는 안 된다." 왜냐하면 천한 종이나 하는 일이었기 때문입니다. 그러므로 세례 요한이 자신을 가리켜 예수님의 신발 끈을 풀만한 자격도 없는 사람이라고 한 말에는, 자기가 종보다 못하다는 자기 비하의 의미가 담겨 있습니다.

23절에서 세례 요한은 더욱 기가 막힌 말을 했습니다.

> 이르되 나는 선지자 이사야의 말과 같이 주의 길을 곧게 하라고 광야에서 외치는 자의 소리로라 하니라.

소리는 잠깐 들리다가 없어집니다. 나팔이 울리면서 왕이 나타나면 아무도 나팔을 부는 신하를 주목하지 않습니다. 모두들 왕만을 환영하면서 무릎을 꿇습니다. 이처럼 세례 요한은 하나님 되신 예수님 앞에서 자신을 한 번 울리고 사라지는 나팔 소리처럼 여겼습니다. 예수님 앞에서 자신은 될 수 있으면 보이지 않아야 하고, 될 수 있으면 작아져서 나중에는 기억조차 나지 말아야 한다고 생각했던 것입니다.

세례 요한은 어떻게 이토록 겸손할 수 있었을까요? 예수님에게서 하나님의 영광을 보았기 때문입니다. 인간이 어찌 감히 하나님과 자기를 비교할 수 있겠습니까? 세례 요한은 철저하게 인간이었습니다. 창조자와 피조물을 어찌 서로 비교할 수 있겠습니까? 세례 요한은 철저하게 피조물이었습니다. 거룩한 자와 죄인을 어찌 나란히 놓고 말할 수 있겠습니까? 세례 요한은 철저하게 죄인이었습니다. 그 야말로 한줌의 흙에 지나지 않는 존재였습니다. 자기와 나이가 같은 청년 예수를 아무것도 모르고 보았을 때는 막연히 같은 입장이라고 생각했지만, 그에게서 하나님 아들의 영광을 보자 무릎을 꿇고 아무것도 아닌 존재로 돌아간 것입니다. 그가 자기를 종보다 못한 존재로 여길 만큼 겸손할 수 있었던 이유가 바로 여기에 있었습니다.

더 나아가 세례 요한은 주님을 위해서 생명을 걸고 마지막까지 충성했습니다. 주님을 위해서라면 죽어서 머리가 소반에 담기는 모욕과 수치를 당할지라도 그는 조금도 부끄러워하거나 주저하지 않았습니다. 예수님에게서 하나님의 영광을 보았고, 자기는 그 영광 앞에서 한 줌의 흙에 지나지 않는 죄인임을 알았기 때문에 서슴없이 그렇게 했던 것입니다.

철저히 낮아지려면

당신은 세례 요한처럼 예수님에게서 하나님의 영광을 봅니까? 그렇다면 당신도 세례 요한처럼 작아질 것입니다. 예수님만 크게 되기를 원할 것입니다. 자신을 통해 사람들이 크신 예수님을 보게 하려고 애쓸 것입니다. 철저하게 낮아지고 겸손해질 것입니다. 주님을 위해 죽도록 충성하길 원할 것입니다.

언더우드 박사는 한국교회사에서 빼놓을 수 없을 만큼 위대한 분입니다. 만약 1885년 4월, 그가 이 땅에 발을 들여놓지 않았더라면, 우리는 지금처럼 풍성한 하나님의 은혜를 맛보는 행복을 누리지 못했을 수도 있습니다. 그는 20대의 젊은 나이에 개화되지 않은 우리나라를 찾아왔습니다. 당시는 한미수호통상조약이 체결되었고, 김옥균을 비롯한 개화파가 일으킨 갑신정변이 실패로 끝나면서 나라의 운명이 풍전등화와 같이 위태롭던 때였습니다. 그런 시기에 언더우드 박사가 한국에 첫발을 내디딘 것입니다.

그는 열심히 한국말을 공부했습니다. 그리고 어느 정도 의사 소통이 가능해지자 한국 사람처럼 입고 한국 사람처럼 먹고 마시면서 벽촌 이곳저곳을 다니며 복음을 전했습니다. 때로는 나귀를 타기도 했지만 수십 리를 걷는 날도 있었습니다. 그는 입에 맞지 않는 된장찌개나 김치를 먹어가면서 열심히 복음을 전했습니다. 오늘날에도 중동에 가서 양고기를 먹으라고 하면 한참을 주저하고 멕시코에 가서는 매운 음식 때문에 쩔쩔매는데, 미국인인 그가 냄새 나는 시골 오두막에서 함께 음식을 먹고 잔다는 것은 그야말로 순교적 정신이 없으면 못하는 일이었을 것입니다. 그러나 언더우드는 그러한 어려움을 극복하면서 복음을 전했습니다.

어느 날 그가 어떤 시골 주막에서 저녁을 먹고 있었습니다. 이상하게 생긴 서양 사람이 밥을 먹고 있으니까 얼마나 신기한 구경거리였겠습니까? 마을 사람들이 거의 다 몰려들어 구경을 하고 있었습니다. 마침 어떤 버릇없는 청년이 옆 사람을 보고 이렇게 말했다고 합니다. "하, 그것이 밥을 다 먹을 줄 아네." 그 말을 들은 언더우드 박사가 웃으면서 이렇게 대꾸했습니다. "예, 국도 먹을 줄 압니다." 그러자 그 청년이 놀란 표정을 지으면서 말했습니다. "야, 이것 봐라. 그것이 말도 할 줄 아네." 언더우드 박사는 여전히 미소를 잃지 않고 "예, 글도 쓸 줄 압니다"라며 그 말을 받았다고 합니다.

그때나 지금이나 사람을 가리켜 '그것'이라고 한다면 얼마나 모욕적인 말이겠습니까? 짐승이나 물건을 가리켜 그것이라고 하지 사람에게 누가 그런 말을 씁니까? 그럼에도 언더우드 선교사는 모욕을 달게 받으면서 복음을 위하여 낮아지기를 마다하지 않았습니다. 이처럼 겸손한 모습에 감동을 받은 청년은 예수님을 믿게 되었다고 합니다. 어떻게 언더우드가 이와 같이 낮아지고 겸손해질 수 있었을까요? 예수님에게서 하나님 아들의 영광을 보았기 때문입니다.

이제 우리 자신을 한번 돌아봅시다. 이상하게 예수님을 오래 믿은 사람들 가운데는 교만한 자들이 많습니다. 자기를 너무 추켜세워 사람들이 크신 예수님을 볼 수 없도록 그 앞을 가리고 있는 것 같습니다. 이것은 그들이 예수님에게서 하나님의 영광을 희미하게 보고 있든지, 아니면 전혀 보지 못하고 있다는 증거가 아닐 수 없습니다. 예수님을 하나님으로 고백하는 자가 어찌 그럴 수 있겠습니까?

세상에서 가장 위대한 발견이 무엇입니까? 우리가 죽도록 충성해도 좋을 어떤 대상을 찾아내는 것입니다. 이 이상 더 위대한 발견이 어디 있습니까? 많은 사람이 이 위대한 발견을 하지 못한 것같이 보입니다. 짧은 한생을 돼지처럼 먹고 마시다가 가는 것을 보면 그렇습니다. 만일 누구든지 세례 요한처럼 하나님이신 예수님을 발견했더라면 오직 예수만을 높이고 자랑하는 일에 자기 인생을 걸려고 했을 것입니다.

당신은 어떻습니까? 예수님이 진정 하나님의 아들이심을 믿습니까? 그렇다면 언더우드 박사처럼 주님을 증거 하고 높이는 일에 최선을 다할 것입니다. 그러나 실상 우리의 모습을 보면 그렇지 않은 것 같습니다. 많은 성도들이 예수님을 자기 신발 끈을 풀어주고 매 주는 사람으로 착각하고 있습니다. 그러면서도 그것이 얼마나 큰 잘 못인지 모릅니다. 참으로 한심한 일이 아닐 수 없습니다. 만일 당신이 이런 사람이라면 땅을 치고 주님 앞에 엎드리길 바랍니다. 주님의 영광을 보게 해달라고 간절히 매달리기 바랍니다.

성령으로 세례를 주시는 예수

세례 요한은 예수님이 우리에게 주시는 은혜가 얼마나 놀라운 것인가를 계속 증거 합니다. 그는 은혜를 두 가지로 요약합니다. 그중 첫 번째가 29절에 나옵니다.

> 이튿날 요한이 예수께서 자기에게 나아오심을 보고 이르되 보라 세상 죄를 지고 가는 하나님의 어린양이로다.

이 구절은 다음처럼 바꿀 수 있습니다. "보라! 세상 모든 사람들아. 하나님이 너희들의 죄를 짊어지기 위해서 저기 와 계신다! 저분을 보라!" 예수님이 우리에게 주신 은혜 중 가장 큰 은혜는 우리의 죄를 속해주신 것입니다. 그분의 피로 우리의 죄와 허물을 덮어주신 것입니다. 이 은혜를 주시려고 하나님이 육신을 입고 세상에 오셨습니다. 세례 요한은 바로 이 놀라운 은혜를 증거 하고 있습니다.

한번 곰곰이 생각하면서 자문해보십시오. "내가 무엇이길래 하나님이신 예수님이 내 죄를 대신 짊어져야 하는가? 나는 이 사실 앞에 얼마나 황송해하고 있는가? 이 놀라운 은혜에 얼마나 감격하고 있는가?" 요한은 바로 우리에게 그런 은혜를 주시는 예수님을 보라고 말합니다. 주님께서 주시는 그 대속의 은혜에 주목하라고 외치고 있습니다.

또 요한은 예수님을 성령으로 세례를 주시는 분이라고 증거 합니다. 33절을 봅시다.

> … 성령이 내려서 누구 위에든지 머무는 것을 보거든 그가 곧 성령으로 세례를 베푸는 이인 줄 알라 하셨기에.

마가복음은 예수님이 우리에게 성령으로 세례를 베푸시는 분이라고 증거 합니다(막 1:8). 성령은 예수님이 주시는 선물입니다. "내가 아버지께 구하겠으니 그가 또 다른 보혜사를 너희에게 주사 영원토록 너희와 함께 있게 하리니"(요 14:16). 성령은 예수님의 요청에 따라 하나님이 보내시는 영입니다. 이런 의미에서 성부와 성자께서 성령을 우리에게 보내주셨다고 말할 수 있습니다. 성령의 선물이 얼마나 대단한지요!

> 그러나 내가 너희에게 실상을 말하노니 내가 떠나가는 것이 너희에게 유익이라 내가 떠나가지 아니하면 보혜사가 너희에게로 오시지 아니할 것이요 가면 내가 그를 너희에게로 보내리니(요 16:7).

쉽게 말해 이런 뜻입니다. "내가 차라리 죽어서 너희를 떠나는 것이 낫다. 내가 너희와 함께 있는 것보다 내가 없어지는 것이 너희에게 훨씬 유익하다. 내가 가지 않으면 성령이 너희에게 오실 수 없다.

내가 죽어서 떠나면 성령을 너희에게 보낼 것이다. 성령이 오시면 내가 너희와 함께 있을 때보다 훨씬 더 좋다. 그러므로 슬퍼하지 말아라." 주님은 이 놀라운 선물을 우리에게 주셨습니다. 그래서 우리가 성령으로 기름 부음을 받게 된 것입니다.

요즈음 성령 세례를 둘러싼 토론이 과열 양상을 보이고 있습니다. 그것 때문에 교파가 갈리고 교회도 갈리는 가슴 아픈 일이 종종 일어납니다. 그러나 성령 세례는 주님이 믿는 자 모두에게 주시는 선물임을 분명히 알아야 합니다. 특정한 몇 사람에게 주시는 선물이 아니라는 말입니다. 사도행전 2장 17절대로 주님이 말세에 모든 육체에게 부어주시는 선물입니다. 그러므로 예수님을 믿는 사람은 한 사람도 예외 없이 그 선물을 받음으로써 하나님의 백성이 됩니다. 만약 특정한 사람들만 받는 것이라면 세례 요한이 예수님을 가리켜 "보라. 저분이 바로 우리에게 성령으로 세례를 주시는 분이시다"라고 외친 말은 거짓이 되고 말 것입니다.

그러면 성령 세례가 무엇입니까? 예수 그리스도를 믿을 때 받는 성령의 은혜가 바로 성령 세례입니다. 이것은 체험일 수도 있고 그렇지 않을 수도 있습니다. 고린도전서 12장 13절을 봅시다. "우리가 유대인이나 헬라인이나 종이나 자유인이나 다 한 성령으로 세례를 받아 한 몸이 되었고 또 다 한 성령을 마시게 하셨느니라." 주님이 우리에게 성령을 주시는 이유가 무엇입니까? 우리를 자신과 하나 되게 하기 위해서입니다. 여자와 남자가 결혼하면 한 몸이 된다고 말하지 않습니까? 마찬가지로 성령을 받으면 우리가 예수님과 한 몸이 됩니다. 그래서 우리에게 성령을 주시는 것입니다.

주님이 우리에게 성령을 주시는 또 한 가지 이유가 있습니다. 우리가 그분의 소유임을 분명히 하기 위해서입니다. "그 안에서 너희가 구원의 날까지 인치심을 받았느니라"(엡 4:30). 우리는 이미 하나님의 소유가 된 자들입니다. 하나님은 성령으로 우리 위에 도장을 찍어서 아무도 손대지 못하게 하셨습니다.

만약 성령 세례가 특별한 체험을 가리키는 것이라면, 이것은 대단히 심각한 문제가 아닐 수 없습니다. 우리 중에 방언을 하거나, 가슴에 불이 떨어지거나, 이상한 환상을 보거나, 자꾸 웃거나, 입신을 하거나, 병을 고치는 등의 특별한 체험을 한 사람이 과연 얼마나 될까요? 아마 열의 하나도 안 될지 모릅니다. 그렇다면 나머지 다수는 무엇입니까? 아직 성령 세례를 받지 못한 자요, 예수님과 아직 한 몸이 되지 못한 자라는 이야기가 됩니다. 또한 하나님의 것이라고 인치심을 받지 못해 사탄이 언제든지 끌고 갈 수 있는 사람이 될 것입니다. 누가 감히 이런 끔찍한 일을 상상이나 할 수 있습니까? 우리는 체험이 있든 없든 성령으로 세례를 받은 하나님의 소유임을 믿기 바랍니다.

체험은 어디까지나 체험입니다. 충만은 어디까지나 충만입니다. 능력은 어디까지나 능력입니다. 우리는 성령 충만이나 성령의 능력을 열 번이고 백 번이고 체험할 수 있습니다. 그와 같은 은혜는 필요하면 얼마든지 사모할 수 있고 또 얻을 수 있습니다.

만약 예수님이 우리에게 성령을 주시지 않았다면 우리 중에 예수님을 믿을 자가 한 명도 없었을 것입니다. 주님이 십자가에서 닦아 놓으신, 천국 가는 고속도로는 텅텅 비어 있을 것입니다. 아무리 예수님이 십자가에서 죽으시고 사흘 만에 부활하셨다고 해도 성령이 우리에게 임하시지 않았다면 우리는 구속 사건과 아무런 관련이 없는 사람이 되고 말았을 것입니다.

얼마 전에 북한을 다녀온 어느 목사님이 저에게 이런 이야기를

요한복음 1 요한이 전한 복음

들려주었습니다. 황해도인지 어딘지, 고속도로라고 닦아놓은 도로를 승용차로 달리는데 1시간을 달려도 차 한 대 보이지 않더랍니다. 하도 신기해서 중간에 차를 멈추고 내려서 카메라로 그 텅텅 빈 고속도로를 찍었다는 것입니다. 세상에 그런 곳이 있다니 믿어지지 않습니다. 만약 예수님께서 우리에게 성령을 주시지 않았다면 천국 가는 길도 이와 같이 텅텅 비어 있을 것입니다.

세상을 살다 보면 마음으로 죄를 범하기도 하고 어떤 때는 본의 아니게 잘못을 범할 수도 있습니다. 그러면 마귀가 금세 쫓아와서 우리를 낚아채 아예 예수님을 못 믿게 만들 것 같은데, 그런 끔찍한 일이 일어나지 않는 이유가 무엇일까요? 우리가 성령으로 인침을 받았기 때문입니다. 마귀는 우리를 유혹하고 괴롭힐 수는 있지만 성령을 모신 우리를 함부로 끌고 가지는 못합니다.

이제 세례 요한처럼 다시 한번 주의 영광을 바라봅시다. 그분이 얼마나 크신가를 봅시다. 그 대신 나는 작아집시다. 다른 사람들이 나를 볼 때 오직 크신 주님만 볼 수 있도록 합시다. 그리고 주님이 주시는 성령으로 만족합시다. 이 세상의 영광을 거들떠보지 않는 배짱을 가집시다. 예수님이 이 세상에 오셔서 내게 베풀어주신 구속의 은혜와 성령의 선물만 가지고 있으면 돈을 많이 벌지 못해도, 명예가 없어도, 멸시를 당해도 우리는 기뻐하고 찬송할 수 있을 것입니다. 다시 기도합시다. "주여, 세례 요한처럼 주의 영광을 보게 하옵소서."

04

와서 보라

요한복음 1장 35-39절

35 또 이튿날 요한이 자기 제자 중 두 사람과 함께 섰다가 36 예수께서 거니심을 보고 말하되 보라 하나님의 어린양이로다 37 두 제자가 그의 말을 듣고 예수를 따르거늘 38 예수께서 돌이켜 그 따르는 것을 보시고 물어 이르시되 무엇을 구하느냐 이르되 랍비여 어디 계시오니이까 하니(랍비는 번역하면 선생이라) 39 예수께서 이르시되 와서 보라 그러므로 그들이 가서 계신 데를 보고 그날 함께 거하니 때가 열 시쯤 되었더라

사람의 됨됨이를 보려면 그가 물러나는 때를 보라는 말이 있습니다. 일리가 있다고 생각합니다. 우리 주변에서 영웅처럼 나타났다가 졸 장부처럼 사라지는 사람들을 왕왕 봅니다. 그들 대부분은 물러가야 할 때를 정확히 읽지 못하고 머뭇거리거나 사리사욕에 빠져 추태를 부리다가 만인에게 손가락질을 받으면서 무대 뒤로 사라집니다. 보기에 얼마나 민망한지 모릅니다.

이런 면에서 볼 때 세례 요한은 정말 훌륭한 인격자라고 할 수 있습니다. 그는 예수 그리스도를 위해서 자신의 명예를 완전히 주님께 드렸습니다. 본문을 보면 그는 그것으로도 부족해서 자기가 사랑하는 제자들까지 전부 예수님께 양보했습니다. 그리고 자신은 사람들의 주목을 받지 않는 조용한 곳으로 물러났습니다. 심지어 그는 사람들에게 이런 말을 하기도 했습니다. "그는 흥하여야 하겠고 나는 쇠하여야 하리라"(요 3:30). 복음서에 나타난 요한의 짧은 생을 연구해보면, 그가 절대 빈말을 하지 않았음을 분명히 알 수 있습니다. 그는 자신이 물러날 때를 알았을 뿐만 아니라 물러나면서도 철저하게 예수님 중심으로 행동했습니다. 이런 의미에서 세례 요한은 탁월한 인격자라고 할 수 있습니다.

젊은이들에게 특별히 부탁합니다. 앞으로 인생을 살면서 발을 들여놓을 때와 물러날 때를 정확하게 분별하여, 사리사욕에 연연하지 말고 때가 되었다 판단되면 미련 없이 물러나는 사람이 되기 바랍니다. 이 말을 들으면서 속으로 이렇게 생각할지도 모르겠습니다. '옥 목사는 나중에 물러날 때 어떻게 하나 어디 두고 보자.' 지금 같아서는 잘 물러날 것 같지만 나이가 들면 또 무슨 짓을 할지 모르는 일입니다. 그래서 자주 이런 다짐을 하곤 합니다. '그래, 나도 세례 요한처럼 해야 된다. 물러날 때는 깨끗하게 물러나자.'

세례 요한의 제자들과 당시의 갈릴리

세례 요한이 제자를 몇 명이나 두었는지 우리는 잘 모릅니다. 요한복음 1장 40절 외에는 성경에 이름이 구체적으로 나와 있지 않기 때문입니다.

요한의 말을 듣고 예수를 따르는 두 사람 중의 하나는 시몬 베드로의 형제 안드레라.

안드레와 익명의 한 사람만 구체적으로 언급되고 있을 따름입니다. 익명의 제자는 다름 아닌 요한복음의 저자 요한입니다. 따라서 우리가 알 수 있는 세례 요한의 제자는 안드레와 요한뿐입니다.

저는 안드레와 요한을 위시하여 그 수를 알지 못하는 세례 요한의 제자들이 평범한 젊은이들은 아니었다고 봅니다. 한창 꿈 많고 혈기 왕성하고 의분에 불타는 나이에 세례 요한에게 가서 세례를 받고, 그와 함께 이스라엘 백성을 향하여 회개를 외친 그들이 어떻게 평범한 젊은이들일 수 있겠습니까? 더욱이 그들은 다혈질적인 갈릴리 출신이었습니다. 그들이 어떻게 해서 세례 요한에게 마음이 끌렸는지는 갈릴리의 정치·경제적 상황이나 사회적인 여건들을 살펴보면 어느 정도 이해할 수 있습니다.

가나안 곧 팔레스타인 땅에 살던 유대인들은 예수님이 오시기까지 거의 600여 년 동안이나 외세의 억압과 지배를 받았습니다. 그들은 앗수르를 비롯하여 바빌로니아, 페르시아, 마케도니아, 이집트, 시리아, 로마로 이어지는 강대국들의 계속된 지배 아래서 신음하고 있었습니다. 특별히 북부에 위치한 갈릴리 지방은 비옥한 토지가 펼쳐진 농경 지대였습니다. 풍부한 농산물에다 육로와 수로가 잘 갖추어진 교통의 요지였습니다. 그래서 가나안 땅을 정복한 모든 강대국들은 갈릴리에 눈독을 들였습니다. 그러다 보니 이곳에 사는 사람들은 다른 지역보다 더 많은 착취를 당했습니다.

이스라엘의 유명한 역사학자인 요세푸스에 따르면 세례 요한이 활동하던 당시 갈릴리 지역에는 204개의 촌락이 있었으며, 각 촌락에는 약 15,000명 정도의 주민이 살고 있었다고 합니다. 이 수치가 얼마나 정확한지 모르겠지만 적어도 300만 명 이상이 그 지역에 살고 있었던 것 같습니다. 게다가 많은 잡족들이 그곳으로 모여들었습니다. 그러니 갈릴리의 사회구조가 얼마나 복잡했겠습니까? 비록 사마리아 사람들처럼 이방인과 피를 섞는 최악의 상태까지 간 것은 아니지만 사방에서 유입된 온갖 문화들로 인해 순수한 혈통과 전통을 지키기가 극히 어려웠습니다.

무엇보다 그들의 삶을 가장 고달프게 했던 것은 무거운 세금이었습니다. 그들은 두 가지 세금을 내야 했는데, 바로 종교세와 조세입니다. 종교세가 예루살렘 성전의 대제사장이나 부패한 집권자들이 맘대로 부과한 세금이라면, 조세는 로마 정부가 부과하는 세금입니다. 불행한 일은 두 가지 세금이 제각기 부과되고 있었다는 것입니다. 종교세를 부과하는 쪽도 제 맘대로요, 조세를 부과하는 쪽도 삭개오와 같은 세리들을 앞세워 임의로 세금을 무겁게 매겼습니다. 그러니 사람들이 얼마나 불만을 안고 살았을까 충분히 짐작할 수 있습니다.

아무리 비옥한 땅이라지만 이러한 상황에서 별로 넓지 않은 농토를 경작하며 빠듯하게 살아가는 농민들의 입장을 생각해보십시오. 갈릴리 바다에서 고기 몇 마리 잡아서 생계를 유지하는 어부들의 입장을 생각해보십시오. 100만 원의 수입 중 60만 원 이상이 세금으로 나간다고 상상해보라는 말입니다. 어쩌다 세금을 내지 못하고 밀리기 시작하면 땅도 배도 모조리 빼앗기고 말았습니다.

농사짓던 사람이 땅을 빼앗기면 절대 빈곤으로 떨어집니다. 절대 빈곤으로 떨어진 사람들은 일당을 받는 품팔이꾼으로 전락해버립니다. 그리고 한번 이렇게 추락하면 다시는 원래의 위치를 회복하기 어려운 것이 당시 사회구조였습니다. 사람이 이렇게 극단적인 상황으로 몰리면 가는 데가 뻔하지 않겠습니까? 사방에 우글거리는 도적 떼에 가담하거나 무력으로 세상을 뒤집어놓고자 저항하는 세력에 몸담게 됩니다.

더욱이 갈릴리 사람들은 기질상 환상적인 민족주의자들이었습니다. 그들은 돈보다 명예를 더 중요하게 여겼습니다. 옳은 일에는 앞뒤 가리지 않고 덤벼드는 다혈질적인 기질이 매우 강했습니다. 따라서 착취를 당하면 당할수록 그들은 자생적인 저항 세력들이 되어가고 있었습니다.

당시의 저항 세력은 크게 두 부류로 나뉘었습니다. 하나는 에세네파(The Essene)였습니다. 이 사람들은 현실 도피주의자들입니다. 정치가 부패하고, 종교마저 악취가 진동할 정도로 썩어버리자, 세상에 대한 매력과 기대를 완전히 잃어버린 자들이라 할 수 있습니다. 그래서 그들은 세상을 등지고 사해 바다 주변에 공동체를 만들어 은둔 생활을 했습니다. 그들은 아침부터 밤까지 말씀을 읽고 기도하면서 노동을 했습니다. 그리고 메시아가 오시는 날에는 세상이 완전히 새로워질 것이라는 종말론적 신앙을 가지고 있었습니다. 무력을 가지고 저항하지 않고 은둔 생활을 택한 것 역시 일종의 비폭력 저항이라고 믿었기 때문입니다. 당시 이 단체에 빠지는 젊은이들이 많았습니다.

또 하나는 열심당(The Zealot)이었습니다. 이곳은 가룟 유다가 소속되어 있던 단체입니다. 여기에 속한 사람들은 거의 무력 혁명으로 세상을 뒤집어엎자는 과격분자들이었습니다. 따라서 혈기 왕성한 젊은이들이 많이 찾는 곳이었습니다.

이와 같이 어수선하고 숨막히는 현실 앞에서 의협심이 강한 젊은이들이 얼마나 속이 탔겠습니까? 오죽 고통하며 탄식했겠습니까?

세상이 악할 때 사람들은 흔히 세 가지 반응을 보입니다. 에세네파처럼 아예 도망가서 세상을 등지고 살든지, 열심당처럼 생명을 걸고 싸우든지, 아니면 나 몰라라 하며 먹고 마시고 즐기는 데만 탐닉하는 것입니다. 그러나 세 가지 모두 옳은 길이 아닙니다. 무력에 호소하다 보면 자칫 또 하나의 악을 저지르게 됩니다. 먼 산속으로 도망가서 숨는 것은 비겁한 행동입니다. 밤낮없이 먹고 마시며 즐기는 것은 가장 수준 낮은 행동입니다. 그러므로 당시 갈릴리 젊은이들 가운데 의식을 가진 자들은 이 세 가지 중 어떤 길도 택할 수 없었습니다.

이처럼 어려운 때 세례 요한이 등장했습니다. 그는 회개를 외쳤습니다. "회개하라, 천국이 가까웠느니라." 이러지도 저러지도 못해 답답하던 사람들은 세례 요한에게서 새로운 희망을 보았습니다. 많은 젊은이들이 그의 메시지에 매료되어 제자가 되었습니다. 안드레와 요한 역시 그런 젊은이들 중 하나였습니다.

무엇을 구하느냐?

어느 안식일 아침이었습니다. 본문에는 그날이 안식일인지 정확히 밝히지 않았지만 요한복음 2장의 가나 혼인 잔치 이야기와 연관시켜보면 이날이 안식일임을 알 수 있습니다. 유대인들은 주로 수요일에 혼인 잔치를 하니까 35절의 '이튿날'은 안식일이 됩니다. 안식일에 세례 요한이 두 제자와 함께 조용히 하루를 보내고 있었던 것 같습니다.

마침 그때, 이틀 전에 세례를 받았던 예수님이 걸어가시는 모습이 보였습니다. 그는 두 제자에게 말했습니다. "보라 하나님의 어린 양이로다"(36절).

쉽게 말하면 이런 뜻입니다. "요한아, 안드레야, 너희들이 찾고 있는 해답은 내가 아니고 저분이시다. 빨리 쫓아가 봐라." 그 말을 들은 두 제자는 미련 없이 세례 요한을 떠났습니다. 인정에 끌려 머뭇거릴 틈이 없었습니다. 너무나 중대한 결단을 요구하는 순간이었기에 그들은 뒤도 돌아보지 않고 예수님을 따랐습니다. 예수님은 자기에게 온 두 제자를 보고 말씀하셨습니다. "무엇을 구하느냐"(38절).

이는 안부를 묻는 말이 아닙니다. "무슨 일이냐? 왜 날 찾아왔느냐?"라고 묻고 계신 것입니다.

이 질문에는 큰 의미가 있습니다. 예수님은 요한과 안드레를 잘 아셨고, 그들이 왜 자기를 따르는지도 알고 계셨습니다. 그럼에도 왜 물으셨을까요? 그들에게 다시 한번 자기를 따르는 목적을 상기시킬 필요가 있었기 때문입니다. "너희가 왜 나를 찾느냐? 로마 정부를 전복하고 이 사회를 개혁하고 싶으냐? 그래서 날 따르는 것이냐? 만약 그렇다면 너희는 돌아가야 한다. 난 혁명가가 아니다. 너희가 왜 나를 따르느냐? 밤낮없이 기도하고 밤낮없이 성경을 묵상하면서 세상을 등지고 경건하게 생활하는 수도승으로 아는 것이냐? 그렇다면 너희는 돌아가야 한다. 나는 수도승이 아니다. 아니면 떡을 얻기 위해서 너희가 나를 찾느냐? 권력을 쟁취하기 위해서 나를 찾느냐? 나는 그런 것을 너희에게 주는 사람이 아니다. 그러므로 잘 생각하고 나를 따르라." 이것이 바로 "무엇을 구하느냐"라는 질문에 담긴 의미입니다.

저는 이 질문이 주님을 찾는 모든 사람에게 해당된다고 생각합니다. 왜 예수님을 믿습니까? 왜 교회에 다닙니까? 많은 사람들이 떡을 얻기 위해 예수님을 찾다가 나중에는 전부 돌아서고 말았습니다. 표적과 기사를 좋아해서 쫓아다니다가 흥미가 없어지자 모두들 떠나버리고 말았습니다. 잘못된 목적을 가지고 주님을 따르는 사람은 결국은 떠나게 마련입니다. 그러므로 우리는 자주 물어야 합니다. 나는 왜 예수를 따르고 있는가?

와서 보라!

예수님의 질문을 받고 요한과 안드레는 매우 당황했던 것 같습니다. 예수님께서 처음부터 그런 질문을 던지실 것이라고는 미처 예상을 못한 듯합니다. 엉겁결에 그들은 이렇게 대답했습니다. "랍비여 어디 계시오니이까"(38절).

무엇을 구하느냐는 질문에 어디 사는지를 묻고 있으니 이게 무슨 말 같지 않은 대답입니까? 아마 그들의 말에는 이런 의미가 담겨 있었을 것입니다. "주님, 지금 어디에 기거하고 계시는지 알려주십시오. 그러면 우리가 시간을 내어 조용할 때 찾아가서 뵙겠습니다."

예수님은 거하시는 데가 있기는 있었겠지만 고정적인 주거지가 있던 것은 아니었습니다. 공생애를 시작하실 때부터 주님은 자기 집이 없었습니다. 그러니 어디 있노라고 일러줄 수도 없는 노릇이었습니다. 주님은 그들의 마음을 읽으시고 이렇게 말씀하셨습니다. "와서 보라"(39절).

굉장히 중요한 말씀입니다. 이 구절을 좀 더 원문에 가깝게 번역한다면 "오라, 그리하면 알 것이니라"가 될 것입니다. 두 제자는 이 말에 가벼운 마음으로 예수님을 따라갔습니다. 이때가 열 시쯤 되었던 모양입니다(39절). 유대의 열 시는 우리나라 시간으로 오후 4시에 해당됩니다. 해가 뉘엿뉘엿 질 무렵이었지만 두 제자는 예수님을 따라갔습니다. 그리고 밤이 깊도록 예수님과 함께 시간을 보냈던 것 같습니다.

그날 그들은 주님의 말씀을 들으면서 눈이 열렸습니다. 자기들과 마주하신 예수님에게서 하나님의 영광을 볼 수 있었기 때문입니다. 그분이 바로 그들이 그토록 대망하던 메시아요, 하나님의 아들임을 확신하게 된 것입니다. 얼마나 황홀했을까요? 아마 누가복음 24장에 등장하는 엠마오로 가던 두 제자가 체험했던 것과 비슷한 감동이 있었을 것입니다. "길에서 우리에게 말씀하시고 우리에게 성경을 풀어주실 때에 우리 속에서 마음이 뜨겁지 아니하더냐"(눅 24:32). 그날의 감동이 너무나 벅차고 뜨거워서 그랬는지 몰라도 요한은 그 일이 있었던 때가 열 시쯤이었다는 사실까지 기억하고 있었습니다. 그때로부터 70년 넘게 세월이 흘렀음에도 말입니다. 누구든지 예수 그리스도를 만나고 그분을 마음에 영접한 사람은 그날의 시간까지 잊지 못하는 것입니다.

요한과 안드레를 보십시오. 얼마나 흥분했으면 날이 새자마자 자기 형제 베드로에게 달려가서 "우리가 메시아를 만났다"(41절)라고 소리를 질렀겠습니까? 그날 두 제자가 엄청난 감동을 받았음은 의심의 여지가 없습니다.

그런 의미에서 "오라. 그리하면 너희가 알게 될 것이다"라는 예수님의 말씀은 사실이었습니다. 두 제자는 예수님을 따라갔고, 예수님을 만나 말씀을 들으면서 눈이 열리기 시작했으며, 열린 눈으로 하나님 영광의 빛이 들어오는 것을 체험할 수 있었던 것입니다.

내세적 현실주의

안드레나 요한이 예수님을 따라가서 만날 당시만 해도 그들의 메시아관(觀)은 세속적이고 현실적이었습니다. 다시 말해 '아, 이분은 칼을 가지고 로마 정부를 뒤엎을 사람은 아니지만 초자연적인 능력을 가지고 이 세상에 군림하실 것이다. 그 능력으로 로마를 굴복시킬 수 있을 것이다. 그리고 이 나라는 독립하여 이사야의 예언처럼 지상낙원이 될 것이다'라는 생각에 매달려 있던 젊은이들이었습니다.

어떤 면에서 보면 그들이 이 사회의 모든 악을 제거하고 좀 더 의로우면서도 살기 좋은 세상을 만들고 싶어 한 것은 잘못된 생각이라 할 수 없습니다. 그들이 당시 사회의 모순을 보고 얼마나 의분에 떨었겠습니까? 얼마나 한이 맺혀 있었겠습니까? 그런 의미에서 그들의 마음이 보이지 않는 내세적 하나님 나라보다 악인이 심판받고 의인이 보상받는 현실적인 하나님 나라에 더 쏠리고 있었던 것은 이해할 만합니다.

우리는 기독교를 내세 지향적인 종교로만 이해하면 안 됩니다. 기독교는 내세 지향적이자 동시에 현실적인 종교입니다. 두 가지가 균형을 이룰 때 기독교의 생명이 건강하게 유지될 수 있습니다. 에세네파 사람들처럼 세상을 등지고 "오 주여, 어서 오시옵소서"를 외치며 하늘만 쳐다보고 있으면 안 됩니다.

우리 사회의 현실을 보십시오. 분통이 터지는 일이 얼마나 많습니까? 우리는 이러한 일들에 둔감해서는 안 됩니다. 소리칠 때는 소리쳐야 하고, 탄식할 때는 탄식해야 합니다.

이토 히로부미가 한반도를 집어삼키기 위해서 통감으로 부임을 했습니다. 당시만 해도 수많은 선교사들이 이 땅에 들어와 열심히 복음을 전하고 있었습니다. 똑똑하다는 사람들은 거의 교회에 다니고 있었습니다. 어느 날 이토 히로부미가 선교사들을 불러 모아놓고 이렇게 회유했다고 합니다. "여러분, 여러분도 잘 아시다시피 정치와 종교는 분리되어야 합니다. 정교분리의 원칙을 잘 아시지요? 그러니 우리 이렇게 합시다. 교회는 천국 일에만 전념하십시오. 일본은 땅의 일만 전념하겠습니다. 서로 간섭하지 맙시다."

그 말을 들은 선교사들은 '천국 일만 전념하라니 복음 전하는 일은 계속해도 된다는 말이구나' 하는 순진한 생각에 그렇게 하기로 타협을 하고 말았습니다. 그들은 교회로 돌아와 이렇게 가르치기 시작했습니다. "여러분, 우리는 하나님 나라만 생각하고, 하나님 나라만 위해서 일합시다." 평양에 있는 장대현교회에서는 이런 일도 있었다고 합니다. 예배 중에 성도들이 눈물을 뿌리면서 "주여, 일본 사

람을 미워한 죄를 용서해주시옵소서. 주여, 독립운동을 한 죄를 용
서하여주시옵소서"라고 회개하느라 법석을 떨었다는 것입니다. 참
어처구니없는 일이 아닐 수 없습니다.

도산 안창호 선생은 이런 꼴을 보고 나라가 망했다며 통곡을 했
다고 합니다. 현실에 무관심한 것은 진정한 기독교 정신이 아닙니
다. 우리는 현실에 의로운 관심을 가져야 합니다. 현실을 보는 예민
하고 날카로운 눈을 가지고 직시해야 합니다.

십자가만이 진정한 해결이다

　　　　　　　　그럼에도 우리가 한시도 잊어서는 안 될 진
리가 있습니다. 예수 그리스도는 세상 나라를 위해 오신 메시아가
아니라는 사실입니다. 그는 세상을 비참하게 만든 근본적인 문제를
해결하고 우리를 비참함에서 구원하기 위해 오신 메시아입니다.

세상 모든 문제의 뿌리가 어디에 있습니까? 사회구조입니까? 문
화입니까? 교육입니까? 아닙니다. 그 뿌리는 죄에 있습니다. 죄로
부패된 인간의 본성 때문에 미움과 증오와 탐욕과 음란이 판치는
세상이 된 것입니다. 예수님은 죄를 처리하기 위해 오셨고 또 십자
가에서 죽으셨습니다. 그러므로 십자가는 인생의 근본적인 문제를
푸는 유일한 열쇠입니다.

요한과 안드레는 주님께서 십자가에 못 박히시고 부활하시는 것
을 보고, 또 성령을 받아 영의 눈을 뜨고 나서, 십자가만이 그들의
가슴에 남아 있는 모든 문제의 진정한 해결책이 된다는 것을 깨달
았습니다.

오미란이라는 자매가 있습니다. 그는 여고 시절 광주 민주화 운
동의 참혹한 현장을 목격했습니다. 그는 언론도 믿을 수 없고, 정부

도 믿을 수 없고, 기성세대가 하는 말 전부 거짓투성이라는 것을 몸서리치게 깨달은 사람입니다. 너무나도 비참한 현실 앞에서 그는 마음이 완전히 비뚤어졌습니다. 그래서 연세대학교에 입학하자마자 운동권으로 뛰어들었습니다. 이 사회를 한번 뒤집어엎자, 여자의 몸이지만 짓밟히고 착취당하는 사람 편에 서서 보람된 일을 해보자는 순수한 열정을 가지고 운동권에 몸담은 것입니다.

결국 그는 보안당국에 체포되어 얼마 동안 감옥살이를 했습니다. 그는 풀려나자마자 구로공단에 가서 위장 취업을 했습니다. 6개월 정도 근로자들과 함께 노동을 했는데, 그러다가 위장 취업 사실이 발각되어 또다시 감옥에 갇히는 신세가 되었고, 그런 과정에서 모진 고문을 당했습니다. 그는 그때의 일을 이렇게 썼습니다. "고문을 당하기는 했지만 나는 내가 옳다고 생각하는 이 길을 절대 양보할 수 없었다. 심지어 혈연관계도 깨끗이 씻고 나는 내 나름대로 옳다고 하는 길을 가기로 결심했다." 절대 꺾이지 않으리라고 독하게 마음을 먹은 것입니다.

1987년 그는 감옥에서 풀려났습니다. 그의 어머니는 딸이 그렇게 변해버린 것을 보고 밤마다 땅을 치면서 하나님 앞에 울부짖었습니다. 하나님께서는 그 어머니의 기도를 들으셨습니다. 강요에 못 이겨서 참석했는지 아니면 마음이 끌려서 그렇게 했는지 잘 모르겠지만, 출옥한 지 얼마 안된 어느 날 그는 부활절 철야 예배에 참석하게 되었습니다. 그 집회에서 놀라운 일이 일어났습니다. 자기 입으로 자기가 죄인이라고 고백한 것입니다. 문제의 뿌리를 보았기 때문입니다. 자기의 죄 때문에 십자가에서 피 흘리며 죽어간 어린양을 본 것입니다.

자신이 죄인이라는 사실을 발견하자마자 그의 눈을 겹겹이 뒤덮고 있던 비늘이 하나둘 벗겨지기 시작했습니다. 그는 그때 이런 깨달음을 얻었다고 합니다. "인간의 구원 없이는 사회의 구원이 절대 불가능하다."

이 사회의 모든 모순은 한 사람 한 사람이 죄의 종이 되고 욕심에 끌려 악을 범하기 때문에 일어납니다. 그러므로 우리가 우선으로 삼아야 할 것은, 우리 각자가 어린양 되신 주님 앞에 나와서 자기가 죄인임을 깨닫고 회개하여 하나님의 용서를 받아 새사람이 되는 것입니다. 이렇게 마음속에 주께서 다스리시는 하나님 나라가 이루어진 사람들이 하나둘씩 늘어날 때 사회가 정화될 수 있고, 사회의 모순이 최소화될 수 있다는 것을 그는 비로소 깨달았습니다. 사람은 바뀌지 않으면서 제도나 사회의 모든 관계를 다시 재건한다는 말은 대단한 것처럼 보여도 아무런 효과가 없음을 우리는 역사를 통해 이미 잘 알고 있습니다. 이 세상의 문제를 해결하는 길은 십자가를 통해 사람을 바꾸는 길밖에 없습니다.

우리는 도피주의자나 내세 지향주의자가 아닙니다. 그렇다고 현실 지향주의자도 아닙니다. 우리는 내세적 현실주의자입니다. 우리는 이 세상에 발을 딛고 살면서 동시에 저 하늘의 삶을 살아야 하는 사람들입니다. 그렇기 때문에 우리는 현실에 무관심하지 않으면서 더 높은 이상을 추구하는 것입니다. 십자가의 보혈로 의롭다 함을 받은 성도들이 살게 될 하나님 나라만이 우리의 유일한 소망이요 현실의 모든 문제와 모순에 대한 유일한 해답이라는 확신을 버리지 않는 것입니다.

이 세상은 하나님의 자녀들의 수가 아무리 많아진다 해도 여전히 세상에 불과합니다. 헌 집은 아무리 수리를 해도 헌 집인 것과 같은 이치입니다. 그러므로 궁극적인 해답은 세상 안에서 나올 수가 없습니다. 영광스러운 주님이 다스리시는 새 하늘과 새 땅이 이 땅 위에 그 모습을 드러낼 때 우리는 지금까지 씨름하던 모든 문제들로부터 해방됩니다.

그날이 올 때까지 우리는 예수 그리스도의 십자가를 들고 이 어두운 세상을 밝혀야 합니다. 어둠 속에서 방황하는 사람들을 주님 앞으로 인도해야 합니다. 그러기 위해 요한과 안드레처럼 우리도 예수님에게서 하나님의 영광을 보아야 할 것입니다. 그리고 만나는 사람들에게 이렇게 도전해야 할 것입니다. "와서 보라!"

05

첫 선교사들

요한복음 1장 40-46절

40 요한의 말을 듣고 예수를 따르는 두 사람 중의 하나는 시몬 베드로의 형제 안드레라 41 그가 먼저 자기의 형제 시몬을 찾아 말하되 우리가 메시야를 만났다 하고(메시야는 번역하면 그리스도라) 42 데리고 예수께로 오니 예수께서 보시고 이르시되 네가 요한의 아들 시몬이니 장차 게바라 하리라 하시니라(게바는 번역하면 베드로라) 43 이튿날 예수께서 갈릴리로 나가려 하시다가 빌립을 만나 이르시되 나를 따르라 하시니 44 빌립은 안드레와 베드로와 한 동네 벳새다 사람이라 45 빌립이 나다나엘을 찾아 이르되 모세가 율법에 기록하였고 여러 선지자가 기록한 그이를 우리가 만났으니 요셉의 아들 나사렛 예수니라 46 나다나엘이 이르되 나사렛에서 무슨 선한 것이 날 수 있느냐 빌립이 이르되 와서 보라 하니라

하나님은 구원하기로 작정한 사람을 반드시 구원하십니다. 창녀든, 세리든, 심지어 사람을 죽인 살인자라 할지라도 불쌍히 여겨 구원하겠다고 작정한 사람은 반드시 구원하십니다. 그러나 부르시는 방법은 참으로 다양합니다.

안드레와 요한은 세례 요한의 소개로 주님을 만났습니다. 시몬과 나다나엘은 먼저 믿게 된 형제의 전도로 주님을 만났습니다. 빌립은 반면 누구의 도움도 받지 않고 직접 주님을 만났습니다.

주님께서 사람들을 구원하시는 방법이 이처럼 다양하다는 사실에 우리는 감사하지 않을 수 없습니다. 만일 하나님께서 한 가지 방법으로만 우리를 부르신다면 그 방법이 통하지 않는 사람은 어떻게 되겠습니까? 교회에 나와서 일 년이 넘도록 설교를 들어도 마음을 열지 않던 사람이 아내의 권유에 못 이겨 나간 다락방에서 은혜를 받고 믿음을 고백하는 경우가 얼마나 많은지 모릅니다. 또 빌립처럼 하나님의 직접적인 손길을 통해 예수님을 믿은 사람도 적지 않습니다. 어떤 형제의 사례입니다. 아침까지 건강하던 사람이 갑자기 교통사고를 당해 중상을 입고 병원 신세를 지게 되었습니다. 그런데 그에게 놀라운 일이 있어났습니다. 고달픈 투병 생활을 몇 달 동안 하면서 자연스럽게 마음이 주님께로 열린 것입니다. 하나님의 손이 직접 그를 끌어당기지 않았다면 어떻게 이런 기적이 일어날 수 있겠습니까?

그러므로 우리는 누군가 복음을 받고 그 자리에서 즉시 믿지 않는다고 해서 "고약한 놈, 지옥에나 가라" 하며 저주해서는 안 됩니다. 내 방법으로는 통하지 않지만 하나님께서는 다른 방법으로 얼마든지 그를 구원하실 수 있음을 믿어야 합니다. 남편이 아직 예수님을 믿지 않습니까? 아무리 애를 써도 요지부동입니까? 낙심하지 마십시오. 하나님은 낙타가 바늘귀를 통과하게 하실 수 있음을 기억해야 합니다.

> 아버지께서 내게 주시는 자는 다 내게로 올 것이요 내게 오는 자는 내가 결코 내쫓지 아니하리라(요 6:37).

예수님께 배우는 전도 방법, "와서 보라"

안드레와 빌립은 예수님을 만났을 때, 그분이 바로 자신들이 그토록 찾던 메시아임을 알아차렸습니다. 그들은 가만히 앉아 있을 수 없었습니다. 누구에게든지 이 사실을 말하지 않고는 견딜 수 없을 만큼 뜨거운 감격이 그들의 마음을 사로잡았기 때문입니다.

우리가 정말 예수님의 영광을 보았는지, 그분을 나의 구주로 영접했는지를 확인하는 방법은 간단합니다. 내가 만난 예수님을 주위 사람들에게 얼마나 간절히 말하고 싶어 하는가를 따져보면 됩니다.

좋은 일은 입을 꾹 다물고 숨겨놓을 수 없습니다. 만약 하나님이신 예수님을 만난 것이 너무 좋아서 사람들을 붙들고 이 사실을 말하고 싶어 한다면 당신의 신앙고백은 진짜입니다. 그러나 자꾸만 숨기려 하고 예수 믿는 티를 내지 않으려 한다면 당신의 신앙에는 문제가 있습니다. 안드레는 자기 형제 시몬을 찾아갔습니다. 그는 흥분해서 이렇게 말했습니다. "우리가 메시야를 만났다"(41절).

하지만 시몬은 이 말에 상당히 냉담한 반응을 보였던 것 같습니다. 시몬의 눈에는 누군가를 만나고 와서 느닷없이 자기가 메시아를 보았노라고 흥분하여 떠드는 안드레가 이상하게 보였을지도 모릅니다. 그러나 안드레는 따지려고 드는 시몬과 논쟁을 벌이지 않았습니다. 그는 예수님께 배운 방법을 그대로 썼습니다. "와서 보라."

전도에서 논쟁은 백해무익합니다. 사람을 설득하려고 애쓰는 것은 그다지 좋은 전도 방법이 아닙니다. 전도할 때 우리의 역할은 듣는 자가 예수님께 나아오도록 돕는 것입니다. 엄격히 말해서 전도의 본질은 "와서 보라"에 있다고 할 수 있습니다.

예수님은 시몬이 안드레와 함께 오는 것을 보시고 그에게 놀라운 복을 약속하셨습니다.

> 데리고 예수께로 오니 예수께서 보시고 이르시되 네가 요한의 아들 시몬이니 장차 게바라 하리라 하시니라(게바는 번역하면 베드로라)(42절).

게바는 당시에 통용되던 아람어인데, 이것을 헬라어로 바꾸면 베드로가 됩니다. 베드로는 '반석'이라는 뜻을 가지고 있습니다. 주님이 그의 이름을 베드로라고 바꾸어주신 것입니다. 마태복음 16장을 보면 베드로가 "주는 그리스도시요 살아 계신 하나님의 아들이시니이다"(마 16:16)라고 고백하자 예수님은 "바요나 시몬아 네가 복이 있도다 … 너는 베드로라 내가 이 반석 위에 내 교회를 세우리니 음부의 권세가 이기지 못하리라"(마 16:17-18) 하시며 복을 주시는 장면이 나옵니다. 그래서 베드로는 이 세상에 나타날 교회의 기초석이 된 것입니다.

베드로! 얼마나 놀랍고 영광스러운 이름입니까? 이름은 한 사람의 인격을 대변합니다. 예수님을 만난 사람은 이름이 바뀌고 인격이 바뀝니다. 간사했던 야곱은 하나님을 만난 후 이스라엘이 되었습니다. 예수님을 핍박하던 사울은 그분을 위해 목숨을 내던지는 바울이 되었습니다. 누구든지 예수님을 믿고 새사람이 되면 세상에서 부르는 이름은 그대로 있겠지만 영적으로는 새 이름을 얻습니다. 가톨릭 신자처럼 성경 인물이나 성자의 이름을 갖다 붙이지 않는다 할지라도 성령이 부르시는 새 이름이 있다고 저는 믿습니다. 새사람은 새 이름으로 불려야 하지 않겠습니까?

제 이름도 예수 믿고 바뀌었습니다. 어려서부터 교회는 다녔지만 예수님을 인격적으로 만나지 못하고 있었을 때, 저의 이름은 '한없이 흠 많은 옥'이라는 의미의 '옥한흠'이었습니다. 그러나 예수님의 뜨거운 보혈의 피가 저를 깨끗이 씻어주신 은혜를 알고 나서는 '한 개도 흠 없는 옥'인 '옥한흠'으로 바뀌었습니다. 주님은 우리 모두의 이름을 이렇게 바꾸어주셨습니다. 이 사실을 믿기 바랍니다.

아름다운 인격자 안드레

안드레는 베드로보다 신앙의 선배입니다. 예수님을 먼저 만났기 때문입니다. 또한 그는 베드로를 예수님께로 인도한 영적 아버지입니다. 그렇지만 베드로처럼 눈에 띄는 복을 받지는 못했습니다. 예수님이 시몬의 이름을 베드로라고 바꾸어주시는 것을 보면서, 아무리 형제지간이지만 질투를 느낄 수 있었을 것입니다. 더구나 베드로에 대한 예수님의 배려는 여기에서 그치지 않았습니다. 예수님을 믿은 순서로는 안드레가 먼저인데 주님은 베드로를 열두 제자 중 수제자로 세우십니다. 그리고 야고보, 요한과 함께 핵심 그룹의 한 사람으로 지명하여 자기를 그림자처럼 따라다니게 하십니다.

반면 안드레는 그다지 주목을 받지 못했습니다. 성경이나 기독교 역사를 보아도 안드레는 별로 두드러진 일을 하지 못한 것 같습니다. 베드로의 행적에 대해서는 성경이 자세하게 기록하고 있지만 안드레는 이름조차 희미합니다. 사도행전을 보면 베드로가 복음을 들고 외쳤을 때 하루에 삼천 명이 회개하여 돌아오고, 오천 명이 회심하는 놀라운 기적이 일어납니다. 그러나 안드레는 고작 열두 제자의 이름을 언급할 때 등장할 뿐입니다(행 1:13). 복음서에도 어쩌다 이름이 나올 때는 '베드로의 형제 안드레'라는 꼬리표가 달린 것을 자주 볼 수 있습니다. 이런 사례들을 보면서, 안드레가 베드로에 비해 상대적으로 초라하게 보이는 자신을 놓고 얼마나 마음이 상했을까 하는 엉뚱한 공상을 할 때가 있습니다.

그러나 놀라운 것은, 우리가 안드레를 직접 만나지 못했기 때문에 분명하게 말할 수는 없지만, 성경을 통해 비처지는 그의 사람됨에 머리를 숙일 수밖에 없다는 사실입니다. 안드레에게서는 자기보다 앞서가는 베드로를 질투했다는 흔적을 전혀 찾을 수 없습니다. 오히려 그는 예수님과 3년을 같이 보내면서 잘 드러나지 않는 일에 열심히 뛰는 인물이었습니다. 만여 명에 가까운 청중이 빈 들에서 사흘 동안 예수님과 함께 지내다가 먹지 못해 허기진 채 집으로 돌아가야 할 형편이 되었을 때, 안드레는 조금이라도 도움이 될까 해서 먹을 것을 찾으러 사방을 뛰어다녔습니다. 안드레는 두리번거리다가 떡 다섯 덩이와 물고기 두 마리를 가진 소년을 발견하고는 그 아이를 예수님께 데려왔습니다. 또 헬라 사람들이 예수님을 만나고 싶어 찾아왔을 때 안드레는 그들을 주님 앞으로 조용히 인도하는 안내자가 되었습니다.

안드레가 했던 일은 이처럼 사람들에게 드러나지 않는 일이었습니다. 그럼에도 그는 행복한 제자처럼 보입니다. 예수님 곁에서 섬길 수 있다는 것만으로 행복해하는 사람 같습니다. 어떤 면에서는 영적으로나 인격적인 성숙도에서 안드레가 베드로보다 한 수 위였다고 말할 수 있습니다. 그는 오천 명을 전도한 일이 없습니다. 그러나 오천 명을 구원한 베드로를 전도한 사람이었습니다. 안드레는 한 마리를 낚아도 대어를 낚았던 사람입니다.

빌리 그레이엄 하면 우리는 그의 화려한 이름에 감탄도 하고 찬사도 보냅니다. 그러나 그 사람을 예수님께로 인도한 무명의 부흥사가 누구인지는 잘 모릅니다. 하나님 앞에 가면 세상이 알아주지 않은 그 부흥사가 빌리 그레이엄보다 더 큰 사람일 수 있습니다. 누가 더 큰 일을 했는지는 하나님만이 판단하실 것입니다.

하나님의 일에는 작은 일이 없다

한국 기독교 백년사를 보면 초창기에 화려한 인물이 한 명 등장합니다. 길선주 목사님입니다. 그는 선교사에게 복음을 전해 들은 한국인 중 가장 먼저 목사가 된 여섯 명 가운데 한 사람입니다. 그리고 한국인 목사로서는 최초로 세례식을 집례했습니다. 맹인이나 다름없을 만큼 시력이 좋지 않았지만, 그런 눈으로 요한계시록을 만 번이나 읽었다고 합니다. 또한 1907년의 대부흥 운동을 주도한 장본인이기도 합니다.

길 목사님이 사역할 당시 우리나라는 일본의 야욕 앞에서 풍전등화와 같이 흔들리고 있었습니다. 그런 시절에 그는 전국 방방곡곡을 다니면서 요한계시록으로 부흥회를 인도하여 수많은 백성에게 소망을 안겨주었습니다. 그의 감화력 때문에 많은 성도가 그리스도인으로서의 자존심을 꺾지 않고 감옥에 들어가거나 순교를 하면서 끝까지 믿음을 지킬 수 있었다고 합니다. 이처럼 길선주 목사님은 한국 기독교 역사에 혜성처럼 나타난 인물이었습니다. 또한 그는 독립선언서에 서명한 33인 중 한 사람으로 독립운동에 큰 기여를 했습니다. 이처럼 그는 헌신적으로 복음을 전하고 나라를 위해 활동하다가 67세에 강단에서 뇌일혈로 쓰러져 하나님의 부름을 받았습니다. 얼마나 대단한 인물입니까?

그런데 우리는 길선주 목사님을 처음으로 예수님께 인도한 사람에 대해서는 잘 모릅니다. 그를 전도하여 위대한 복음의 일꾼으로 헌신하게 만든 사람은 김종섭이라는 스물아홉 살 먹은 젊은이였습니다. 우리는 김종섭을 잘 모르지만 하나님은 알고 계십니다. 그는 베드로를 전도한 안드레와 같은 역할을 한 사람입니다.

하나님의 일에는 작은 일이 따로 없습니다. 사소하게 보이는 일이라도 큰일이 될 수 있습니다. 우리가 가르치는 주일학교 학생이 장차 어떤 인물이 될지 아무도 모릅니다. 우리가 전도하는 평범한 사람이 하나님 보시기에 얼마나 큰 인물인지 잘 모릅니다. 우리는 자신이 베드로를 주님 앞에 인도한 안드레가 될 수 있음을 믿어야 합니다. 주님의 일에는 작은 일 큰일이 따로 없습니다. 아무리 사소하고 보잘것없어 보여도 큰일을 하고 있다는 자부심을 가지고 안드레처럼 마땅히 기쁘게 주님을 섬겨야 합니다.

인격 전도

다음으로, 눈을 돌려 빌립을 보겠습니다. 빌립은 성격이 적극적인 사람은 아닌 듯합니다. 안드레나 요한처럼 세례 요한을 직접 찾아가서 제자가 된 것도 아니고, 당시의 어두운 밤을 밝힐 등불이 어디 있는가를 애타게 찾아 헤매던 의식 있는 젊은이도 아니었습니다. 그러나 그는 비록 행동으로 옮기지는 못했지만 마음으로는 준비된 사람이었습니다. 우리는 빌립이 "나를 따르라"(43절) 하신 주님의 음성을 듣자마자 모든 것을 포기하고 따랐다는 사실에서 빌립이 준비된 사람임을 알 수 있습니다. 준비되지 않았다면 어떻게 그처럼 즉각적인 반응을 보일 수 있었겠습니까?

빌립은 예수님을 만난 후 그토록 기다렸던 메시아를 찾았다는 감격에 가슴이 벅차올랐습니다. 그래서 그는 뜨거운 마음을 함께 나눌 사람을 생각하다가 가장 가까운 나다나엘을 찾아갔습니다. 나다나엘은 예수님의 열두 제자 중 한 명인 바돌로매와 동일한 인물로 알려져 있습니다.

성경을 보면 나다나엘은 이지적이고 합리적인 인물이었던 것 같습니다. 웬만한 말에는 쉽게 넘어가지 않고 쉽게 감동을 받지 않을 것처럼 까다로운 인상을 풍깁니다. 빌립은 이러한 나다나엘의 성격을 잘 알고 있었습니다. 그래서 나름대로 준비를 한 것 같습니다.

빌립이 나다나엘을 찾아 이르되 모세가 율법에 기록하였고 여러 선지자가 기록한 그이를 우리가 만났으니 요셉의 아들 나사렛 예수니라 (45절).

빌립의 말을 들으면서 그가 나다나엘을 예수님께로 인도하기 위해 상당한 준비를 하지 않았겠느냐는 생각을 하게 됩니다. 요즘 말로 하면 성경 공부를 단단히 한 것 같습니다. 구약의 모세오경은 예수님에 대해 어떻게 예언했는지, 선지서에는 무엇이라고 기록되어 있는지, 지금처럼 손에 든 성경이 없었음에도 관련 내용을 나름대로 정리한 모양입니다. 까다로운 나다나엘을 만나면 성경 지식으로 일단 그를 제압해보려는 생각을 했던 것 같습니다.

그러나 나다나엘은 성경 지식에서 빌립보다 한 수 위였습니다. 그는 빌립의 말을 듣고 잘못된 점을 금세 찾아냈습니다. 빌립이 나사렛 예수를 만났다고 하자 그 말이 성경과는 거리가 멀다는 사실을 알아챈 것입니다.

> 나다나엘이 이르되 나사렛에서 무슨 선한 것이 날 수 있느냐 빌립이
> 이르되 와서 보라 하니라(46절).

조금 쉽게 풀면 이런 뜻입니다. "네가 모세의 율법이다 선지자다 하며 거창하게 나오는데, 말을 하려면 좀 제대로 알고 해라. 성경 어디에 나사렛에서 메시아가 나온다는 말이 있어?" 본래 메시아는 어디에서 나온다고 했습니까? 이사야는 베들레헴에서 출생할 것이라고 예언했습니다. 결국 빌립이 한 방 얻어맞은 꼴이 되었습니다.

나사렛에서 무슨 선한 것이 날 수 있느냐는 나다나엘의 말에는 성경이 예언한 메시아는 절대로 나사렛 출신이 될 수 없다는 의미가 담겨 있습니다. 물론 당시 사람들이 별 볼 일 없는 동네로 여기던 나사렛을 깎아내리는 뉘앙스도 들어 있습니다. 빌립은 나다나엘의 대답에 기가 꺾이고 말문이 막혀버렸습니다. 얼떨결에 그는 예수님

한테 배운 방법을 쓰기로 했습니다. "와서 보라"였습니다.

우리는 여기서 전도의 본질을 엿볼 수 있습니다. 전도는 성경을 완벽하게 알아야 할 수 있는 것이 아닙니다. 빌립처럼 엉성하게 알아도 전도는 해야 합니다. 중매를 잘하는 사람이 처녀 총각을 연결시킬 때 잘 써먹는 말이 있습니다. 만나 보면 알 텐데 뭘 그렇게 따지느냐는 것입니다. 일리가 있는 말입니다. 서로 만나 보고 당사자들끼리 눈이 맞으면 됩니다. 다른 것은 부차적인 문제일 뿐입니다.

전도도 마찬가지입니다. 우리가 성경을 잘 모른다 하더라도 사람들을 예수님 앞으로 데려오기 위해서는 빌립처럼 전도해야 합니다. 분명히 성경 지식으로는 나다나엘이 빌립을 이겼습니다. 그런데 왜 그가 빌립을 따라왔을까요? 잘못 알고 있는 사람의 말을 더 들을 필요가 없는데 말입니다.

나다나엘은 빌립이 비록 말은 틀리게 했지만 그에게 이전과는 다른 무언가가 있음을 발견했던 것 같습니다. 자기를 대하는 눈빛, 표정, 진지한 말 속에서 '아니, 어제 보던 빌립이 아니구나. 분명히 뭔가 있어'라는 감동을 받은 것입니다.

전도는 지식만 가지고 하는 것이 아닙니다. 말만 가지고 하는 것도 아닙니다. 그리스도를 만나 변화된 인격을 함께 보여주면서 해야 합니다.

변화된 인격이
강력한 흡입력이다

많은 사람들은 지금 한국교회가 위기에 처해 있다고 경고합니다. 젊은이들이 교회에서 한꺼번에 빠져나가는 썰물 현상이 일어나고 있다며 우려를 나타냅니다. 영국의 선교사 데

니스 레인 같은 분은 50년여 전 영국에서 일어났던 현상이 지금 한국에서 시작되었다는 우려 섞인 충고를 했습니다.

왜 이런 현상이 일어날까요? 그것은 우리들이 예수님에 대해 다 아는 것처럼 떠들 줄만 알았지, 정작 예수님을 만난 우리의 인격과 삶으로 우리 자녀는 물론이고 세상 사람들에게 감동을 주지 못했기 때문입니다. 이것이 오늘 한국 기독교의 근본적인 문제 중 하나입니다. 성경 공부는 많이 해서 입을 열었다 하면 몇 시간 동안 떠들 수는 있지만 말하는 것만큼 인격과 삶이 따라가지 못하는 것입니다.

차라리 빌립처럼 지식에는 한 수 떨어져도 인격에는 강력한 흡입력을 갖는 편이 훨씬 낫습니다. 그 흡입력이 무엇입니까? 예수님을 만나서 변화된 내 모습입니다. 나의 말, 나의 생각, 나의 생활, 이 모든 것들이 세상 사람에게 다르게 보일 때 비로소 그들은 우리에게 끌려올 것입니다. 한국교회는 이 부분에서 큰 결점을 갖고 있습니다. 내가 신앙생활을 한 지 10년이 지났는데도 왜 내 남편은 예수 믿을 마음을 갖지 않는 것일까? 나의 형제들이 10년 동안 예수 믿는 나를 지켜보았는데, 그들은 왜 감동을 받지 못할까? 왜 직장에 있는 동료들이 예수 믿으라는 말만 하면 언짢아할까? 문제는 바로 나 자신에게 있습니다.

예수님이 우리 안에 거하십니다. 우리 안에 거하시는 주님은 우리의 인격으로 반사됩니다. 이것이 성령의 열매입니다. 그러므로 우리에게는 분명히 세상 사람들의 눈길을 끌 수 있는 매력이 있습니다. 말로 전하는 복음과 함께 이 매력으로 사람들을 주님 앞에 인도해야 합니다. 당신의 모나고 거친 성격 때문에 다른 사람에게 감동을 주지 못하고 있습니까? 예수님께 무릎을 꿇고 기도하십시오. 성령께서 당신의 모난 성격을 반드시 고쳐주실 것입니다. 예수 믿으면 성격도 고칩니다. 대인 관계가 까다롭고 차가운 사람이라고 고민하지 마십시오. 이것도 얼마든지 고칠 수 있습니다. 왜 그렇습니까? 예수님이 내 안에 계시기 때문입니다.

한국에서는 호주머니에 담뱃갑을 넣어 다니면서 전도할 수 없습니다. 나일론 신자라는 오해를 받을 것이기 때문입니다. 술 냄새를 풍기면서는 전도하지 못합니다. 어쩌다가 일 때문에 예수 믿지 않는 사람들과 술자리를 같이할 수는 있습니다. 그러나 술을 마시지 않고도 그들과 어울리며 좋은 인상을 줄 수 있어야 합니다. 이런 관계가 훗날 전도의 접촉점이 될 수 있기 때문입니다. 그들을 피할 이유는 없습니다. 우리는 그들을 감동시킬 수 있는 그 무엇을 가지고 있습니다. 우리가 발견한 예수님 때문입니다. 우리는 "와서 보라"고 자신 있게 초청할 수 있는 이유를 가지고 있습니다.

우리 모두 빌립처럼 다시 한번 주의 영광을 봅시다. 그러면 나다나엘처럼 까다로운 사람들을 주님 앞으로 인도할 수 있을 것입니다. 안드레가 자기 형제 시몬을 전도했습니다. 빌립이 가장 가까운 친구 나다나엘을 전도했습니다. 우리도 가까운 사람부터 먼저 전도해야 합니다. 그들에게 "와서 보라"고 자신 있게 초청할 수 있어야 합니다. 주님의 영광을 보고 변화된 사람이라면 우리도 안드레가 될 수 있고 빌립이 될 수 있습니다. 이와 같은 은혜가 우리 모두에게 있기를 바랍니다.

06

간사함이 없는 사람

요한복음 1장 47-51절

47 예수께서 나다나엘이 자기에게 오는 것을 보시고 그를 가리켜 이르시되 보라 이는 참으로 이스라엘 사람이라 그 속에 간사한 것이 없도다 48 나다나엘이 이르되 어떻게 나를 아시나이까 예수께서 대답하여 이르시되 빌립이 너를 부르기 전에 네가 무화과나무 아래에 있을 때에 보았노라 49 나다나엘이 대답하되 랍비여 당신은 하나님의 아들이시요 당신은 이스라엘의 임금이로소이다 50 예수께서 대답하여 이르시되 내가 너를 무화과나무 아래에서 보았다 하므로 믿느냐 이보다 더 큰 일을 보리라 51 또 이르시되 진실로 진실로 너희에게 이르노니 하늘이 열리고 하나님의 사자들이 인자 위에 오르락내리락하는 것을 보리라 하시니라

창세기부터 요한계시록에 이르기까지, 성경은 하나님이 모든 것을 다 아시는 전지하신 분임을 수없이 반복하여 말씀합니다. 과연 하나님은 모르시는 것이 없을까요?

저는 예레미야 1장 5절을 가끔 생각합니다. "내가 너를 모태에 짓기 전에 너를 알았고." 다시 말하면 '네 어머니가 임신하기 전부터 내가 너를 알았다'는 것입니다. 이 말씀이 믿어집니까? 하나님이 모든 것을 아신다는 개념은 그 차원이 얼마나 깊고 높고 신비한지, 우리의 지성을 가지고 아무리 추적하려 해도 그 끝을 볼 수 없는 전지(全知)입니다.

그러면 세상에 오신 예수님은 하나님처럼 전지하실까요? 두말할 필요 없이 예수님은 전지하십니다. 그분이 곧 하나님이기 때문입니다. 요한복음 2장 24-25절이 이 사실을 잘 보여주고 있습니다.

예수는 그의 몸을 그들에게 의탁하지 아니하셨으니 이는 친히 모든 사람을 아심이요 또 사람에 대하여 누구의 증언도 받으실 필요가 없었으니 이는 그가 친히 사람의 속에 있는 것을 아셨음이니라.

예수님은 하나님으로서 우리를 다 알고 계십니다. 우리 속에 있는 모든 것을 아십니다. 우리는 보고 듣고 사귀어야 서로를 알 수 있지만, 예수님의 전지는 그런 조건적인 것이 아닙니다. 그분은 초경험적으로 아십니다. 하나님으로서 그분의 전지하심은 이렇듯 독특한 성격을 가지고 있습니다.

솔직히 말해 하나님의 전지하심을 사람이 설명하는 것은 불가능합니다. 마치 지구 한 모퉁이에 앉아 광대한 우주를 이야기하는 것처럼 어색해 보입니다. 무지한 인간이 하나님의 전지하심을 어떻게 설명할 수 있겠습니까? 하나님이 큰 것을 아신다고 하면 큰 것이니까 그렇다고 생각할 수 있습니다. 유명한 사람을 아신다고 하면 유명하니까 아시겠지 하며 넘어갈 수 있습니다. 그러나 우리를 놀라게 하는 전지하심의 신비는, 크신 하나님이 지극히 하찮은 것을 완전히 아신다는 데 있습니다.

저는 하나님이 저를 잘 아신다고 믿습니다. 그러나 한번 생각해 봅시다. 우리 각자는 어떤 존재입니까? 세계 인구가 60억 명이라고 하면 60억 분의 1에 불과합니다. 여기에 60억 개의 동전이 쌓여 있다고 가정해봅시다. 그중에 동전 한 개는 있으나 없으나 마찬가지입니다. 그럼에도 하나님이 저를 세밀히 아신다고 말씀하시니 신비 중의 신비가 아닐 수 없습니다. 찬송가 311장 〈내 너를 위하여〉의 작사가 하버갈은 하나님의 전지하심에 대해서 이렇게 말했습니다. "주님은 내가 알 수 없는 것을 아십니다. 작은 자도 면밀히 살피십니다. 주님의 마음이 우주를 파악하는 것은 모래 한 알을 파악하는 데 불과합니다."

네가 무화과나무 아래 있을 때에 보았노라

전지하신 하나님은 작은 자를 면밀히 살피고 계십니다. 이것을 설명하는 좋은 소재가 바로 본문입니다. 빌립이라는 친구의 전도를 받고 유식한 나다나엘이 예수님을 찾아왔습니다. 예수님은 그가 오는 것을 보시고 이해하기 어려운 말씀을 하셨습니다.

> … 보라 이는 참으로 이스라엘 사람이라 그 속에 간사한 것이 없도다
> (47절).

여기서 '보라'는 일종의 감탄을 나타내는 표현입니다. '야, 저 젊은이!' 하는 것과 같습니다. 주님께서 왜 그렇게 감탄하셨을까요? 나다나엘의 내면을 꿰뚫어 보시고 그가 마음에 간사함이 없는 진실한 사람임을 아셨기 때문입니다. 나다나엘은 깜짝 놀랐습니다. 그래서 "어떻게 나를 아십니까?"라고 물었습니다. 예수님의 대답은 나다나엘을 더 놀라게 했습니다.

> … 빌립이 너를 부르기 전에 네가 무화과나무 아래에 있을 때에 보았
> 노라(48절).

이 한마디에 나다나엘은 그만 거꾸러졌습니다. 빌립에게 이끌려 예수님을 찾아올 때만 해도 속으로 '예수가 뭐 그리 대단한 인물이겠느냐'라고 생각했을지도 모릅니다. 그러나 막상 만나 보니 예수님은 자기 내면을 훤히 꿰뚫어 보실 뿐만 아니라 자기가 무화과나무

아래 혼자 앉아 있었던 사실까지 다 알고 계시는 것입니다. 나다나엘은 주저 없이 무릎을 꿇고 고백합니다.

> 나다나엘이 대답하되 랍비여 당신은 하나님의 아들이시요 당신은 이스라엘의 임금이로소이다(49절).

비록 짧은 에피소드지만 우리는 예수님과 나다나엘의 만남을 통해서 예수님의 전지하심이 어느 정도인지를 파악하게 됩니다.

간사한 것이 없는
참된 이스라엘 사람

예수님은 나다나엘에게, 그 속에 간사한 것이 없다고 말씀하셨습니다. '간사하다'라는 단어는 결코 좋은 인상을 주는 말이 아닙니다. 이 말에는 '간교하고 사악하여 말이나 행동을 남의 비위에 맞게 하며 남을 속이는 재주가 있다'라는 의미가 담겨 있습니다.

또 '간사하다'는 고기를 낚는 낚시꾼의 행동을 표현하기도 합니다. 고기의 입장에서 생각해봅시다. 낚시꾼의 짓거리가 얼마나 간사합니까? 낚시꾼은 고기가 미끼를 물도록 온갖 재주를 다 부립니다. 미끼가 마치 살아 있는 먹이처럼 보이게 하려고 별의별 요령을 다 피웁니다. 그러면서 끈질기게 지키고 앉아 있습니다. 고기 입장에서 보면 얼마나 간사한지 모릅니다.

예수님은 나다나엘을 보시자마자 그가 간사하지 않고 진실한 사람임을 알아보셨습니다. "이는 참으로 이스라엘 사람이라 그 속에 간사한 것이 없도다"(47절). 여기서 '간사하다'와 '참된 이스라엘'이 대비되는 것에 주목하기 바랍니다. 이스라엘은 야곱이 얍복 나루에서 하나님을 만나고 나서 얻은 새 이름입니다. 따라서 예수님이 나다나엘에게 하신 말씀의 의미가 선명해집니다. 나다나엘은 야곱 같은 부류가 아니라 이스라엘 같은 부류에 속한 사람이라고 말씀하시는 것입니다.

야곱은 천성이 간사한 인간이었습니다. 그가 처음에 누구를 속였습니까? 형 에서를 속였습니다. 그다음에는 누구를 속였습니까? 아버지 이삭입니다. 그리고 또 누가 그에게 속았나요? 외삼촌 라반입니다. 라반도 오륙 년이 지나고 나서야 자신이 속은 줄 알았습니다. 이처럼 야곱은 사람을 속이는 데 타고난 재능을 가진 사람이었습니다. 얼마나 간교하게 사람의 마음을 주물렀던지 야곱을 만난 사람들은 다 속아 넘어갔습니다. 그런데 잘 속이는 사람은 결국 자기도 속게 됩니다. 야곱은 장인 될 사람에게 속고 나중에는 아들들에게도 속고 맙니다.

야곱은 간사한 사람의 대명사입니다. 그러나 이런 야곱도 하나님을 만나고 나서는 이스라엘이 되었습니다. 간사한 사람이 진실한 사람으로 변화된 것입니다.

멀리서도 사람의 생각을 통촉하시는 예수님은 나다나엘의 마음에 간사함이 없다는 것을 미리 알아보시고 그를 가리켜 "참으로 이스라엘 사람"이라고 하셨습니다. 만약 주님이 우리 마음을 보시면 무엇이라고 하실까요?

인간은 누구나 정도의 차이는 있지만 간사한 데가 있습니다. 어떤 목적을 달성하기 위해서는 옳지 않은 수단인 줄 알면서도 눈 하나 깜짝하지 않고 사람을 간사하게 속이곤 합니다. 러시아의 문호인 도스토옙스키는 《악령》이라는 소설에서 이렇게 말했습니다. "인생에서 무엇보다 어려운 것은 거짓말하지 않고 사는 것이다." 인간에게는 누구나 야곱처럼 간사한 기질이 있기 때문에 거짓말하지 않고 사는 것이 대단히 어렵다는 말입니다.

우리가 어떤 사람을 간사하다고 평가하려면, 적어도 몇 년은 그와 사귀어보아야 합니다. 경험적인 지식을 필요로 한다는 말입니다. 그러나 예수님은 그렇지 않습니다. 예수님의 지식은 선험적입니다. 우리가 아무리 마음속 깊은 곳의 금고에 꼭꼭 숨겨놓은 비밀이라도 하나님은 꿰뚫어 보시듯 정확하게 아십니다. 그분은 우리의 앉고 일어섬을 아시며 멀리서도 우리의 생각을 아시고 우리의 모든 행위를 익히 아시는 분이십니다(시 139:2-3). 하나님이신 예수님께서 우리를 아시는 것은 거리나 시간이나 경험과는 관계가 없습니다. 그분은 우리의 마음을 있는 그대로 아십니다. 이것이 하나님의 전지하심이 지닌 속성입니다.

거룩한 두려움

우리가 이와 같이 하나님의 전지하심을 인식하게 되면 두려움이 생깁니다. 불꽃같은 눈동자로 우리 마음의 모든 생각과 감정까지, 심지어 무의식 속에 감추어져 있는 잠재의식의 토막까지 전부 알고 계신 그분을 생각할 때마다 경외심이 생기지 않을 수 있겠습니까? 이 두려움은 거룩한 두려움입니다. 현대인의 특징 중 하나는 하나님에 대한 두려움이 없다는 것입니다. 그렇기 때문에 사람도 속이고 하나님도 속입니다. 사람을 속이는 데 성공하면 하나님까지 속였다고 착각하는 것이 우리 현대인입니다.

하나님은 우리의 생각뿐만 아니라 무의식까지 통찰하십니다. 우리가 거룩함을 이루기 위해서는 이 두려움을 가져야 합니다(고후

7:1). 마음 깊은 곳을 꿰뚫어 보시는 하나님에 대한 거룩한 두려움이 없다면 마음을 진실하게 하려는 노력을 할 수 없습니다. 자신을 한 번 돌아봅시다. 마음에 거짓을 품다가도 하나님이 두려워서 포기해 버리고, 남을 속이려다가도 멈칫하고, 악한 생각에 끌리다가도 돌아서는 사람입니까? 그렇다면 당신은 나다나엘의 마음을 가진 자라 할 수 있습니다.

하나님이 우리 마음속을 아신다는 사실은 우리에게 두려움뿐만 아니라 큰 위안과 용기도 줍니다. 예수님이 자기를 알아주신다는 사실을 깨닫고 나다나엘이 얼마나 큰 위로를 받았겠습니까?

가끔 보면 정직하고 진실하게 살려고 하는 사람이 왕따를 당하는 경우가 있습니다. 실제로 정직하기 때문에 손해를 보는 사람이 많습니다. 이 사회에 참된 이스라엘 사람이 설 땅은 없어 보입니다. 야곱 만이 살아남을 수 있을 것 같습니다. 그러나 우리에게 큰 위안을 주는 사실이 있습니다. 사람들은 나를 몰라주어도 예수님은 알아주신다는 것입니다. 그렇기에 때로는 간사한 사람들에게 손해를 당해도 우리를 아시는 주님께서 대신 보상해주신다는 믿음을 가질 수 있습니다. 이 믿음이 우리에게 얼마나 큰 위로가 되는지 모릅니다.

정직한 영을 새롭게 하소서

시편 32편 2절은 "마음에 간사함이 없고 여호와께 정죄를 당하지 아니하는 자는 복이 있도다"라고 했습니다. 왜 마음에 간사함이 없는 사람은 복이 있을까요? 하나님께서 알아주시기 때문입니다. "마음이 청결한 자는 복이 있나니 그들이 하나님을 볼 것임이요"(마 5:8).

하나님께서는 누구든지 예수를 믿으면 먼저 그의 마음을 진실하게 만드십니다. 야곱처럼 거짓되고 간사한 마음을 이스라엘의 마음으로 바꾸어주십니다. 우리를 자기 아들로 상대하시기 위해 우리의 마음을 바꾸시는 것입니다.

마음을 어떻게 바꾸십니까? 이것은 단번에 끝나는 작업이 아닙니다. 끊임없이 계속되는 거룩한 작업입니다. 그 일을 위해 우리 마음에 성령을 상주시키셨습니다. 우리의 마음이 혼탁해지고 더러워질 때마다 성령은 회개하도록 감동을 주시며, 말씀으로 깨끗하게 해주십니다. 그러므로 "예수 믿는 사람이 무엇이 다른가?" 하고 묻는다면 그래도 정직하고 진실하다고 대답할 수 있는 것입니다. 직장생활을 5년, 10년 하면서 주변 사람들로부터 "저 사람은 정말 진실해"라는 말 한번 듣지 못한다면 참으로 부끄러운 일입니다.

얼마 전에 큰 사업을 하는 어떤 장로님을 만났습니다. 그분이 운영하는 기업은 첨단 과학기술로 고급 제품을 생산해서 수출하는 곳입니다. 기업을 시작한 지 불과 6~7년밖에 안 되었는데도 우량 기업으로 선정되어 대통령 표창까지 받았습니다. 그 장로님은 하나님의 뜻을 따라 정직하게 기업을 경영하려고 애쓰는 분이었습니다. 실적도 없고 제품의 질도 떨어지는 경쟁 회사가 허위 광고와 과장 광고를 하여 피해를 입힐 때, 정면으로 대결하기보다 광고비를 경쟁사의 3분의 1로 줄여 남은 비용을 제품의 질을 향상시키는 데 투자했습니다. 이것이 전지하신 하나님을 경외하는 기업인의 마음가짐이 아닐까요?

링컨은 어려서부터 성경으로 교육을 받았다고 합니다. 그는 예수 믿는 것 때문에 손해 보는 것을 기꺼이 감수했던 사람입니다. 그가 변호사로 일할 때입니다. 어떤 사람이 링컨을 찾아와서 변호를 부탁했는데, 그는 사건 전모를 소상하게 듣고 나서 이렇게 말했다고 합니다. "내가 처음부터 끝까지 들어보니 잘못한 사람은 당신입니다. 난 당신의 변호를 맡을 수가 없습니다. 잘못한 사람을 어떻게 변호합니까?" 그랬더니 변호를 의뢰하러 온 사람이 소리를 질렀습니다. "아니, 변호사는 변호만 해주면 되잖아요. 당신이 평생 먹고살 만큼 두둑한 돈을 줄 수도 있는데 왜 변호를 거절합니까?" 링컨이 대답했습니다. "저는 그래도 거절합니다. 내가 평생 먹을 것은 나의 하나님 아버지께서 다 공급해주시니 걱정할 바 아니고, 내가 믿는 하나님이 싫어하는 불의를 위해 변호할 수 없습니다. 그러니 더 이상 제게 요청하지 마십시오".

예수 믿는 사람에게는 이처럼 세상 사람과는 분명히 다른 데가 있어야 합니다. 링컨이 남긴 유명한 말이 있습니다. "모든 사람을 얼마 동안은 속일 수 있다. 또 몇 사람을 속일 수도 있다. 그러나 모든 사람을 항상 속일 수는 없다."

사람이 자기 힘으로 세상을 살려다 보면 한계에 부딪힐 때가 있습니다. 그리고 한계에 부딪히면 간사해지는 경우가 많습니다. 따라서 간사라는 것은 싸울 용기가 없는 비겁한 사람들이 사용하는 수단입니다. 정직은 용기 있는 사람만이 가질 수 있는 덕목입니다. 온 천하가 거짓되어 속고 속이는 일들이 비일비재할지라도 나만은 정직하겠노라는 각오로 산다면, 그는 참으로 용기 있는 사람입니다. 이런 용기는 하나님이 우리를 아신다는 믿음에서 나옵니다. 우리에게는 이 용기가 필요합니다.

한번 은혜를 받았다고 늘 진실하게 살 수 있는 것은 아닙니다. 그러므로 우리는 날마다 다윗처럼 기도해야 합니다. "하나님이여 내 속에 정한 마음을 창조하시고 내 안에 정직한 영을 새롭게 하소서"(시 51:10).

우리가 잘 부르는 복음성가 중에 이런 가사가 있습니다.

> 주여 진실하게 하소서 오늘 하루하루 순간을
> 주가 주신 힘으로 승리하기 원하네
> 주여 나를 진실하게 하소서

우리는 매일매일을 주가 주신 힘으로 승리해야 합니다. 그렇게 하자면 정직하고 진실하게 살아야 합니다. 주님은 이렇듯 진실한 자를 알아보십니다. 나다나엘을 보시고 "보라 이는 참으로 이스라엘 사람이라" 하신 것처럼 나를 알아주신다면 세상에 무서운 것이 어디 있겠습니까?

무화과나무 아래

예수님은 나다나엘이 무화과나무 아래 있을 때 보았다고 했습니다. 나다나엘이 무엇 때문에 무화과나무 아래에 갔을까요? 성경을 보면 무화과나무는 여러 사실과 연관되어 있습니다. 이 본문을 설명하는 학자들의 공통된 견해는, 나다나엘이 기도하기 위해 무화과나무 아래로 갔다는 것입니다.

나다나엘은 피가 끓는 젊은이였습니다. 사회의 불의를 보고 탄식했습니다. 이스라엘 사회가 날로 썩어가며 영적으로 부패해가는 것을 보고 가슴을 쳤습니다. 그래서 그는 하나님이 약속하신 의의 왕 메시아가 속히 오기를 고대했습니다. 틈만 나면 하나님의 말씀을 묵상하면서 기도했던 것 같습니다. 가끔씩 감정을 억누르지 못하면 아무도 없는 무화과나무 아래서 흐느끼기도 하고 부르짖기도 하던 젊은이였습니다.

하나님께서는 우리가 언제 어디에 있든지 다 아십니다. 그중에서도 특별히 우리를 주목하시는 때가 있음을 알아야 합니다. 우리가 따로 시간을 내어 아무도 없는 곳을 찾아가서 하나님을 향해 마음을 열고 기도하며 그분의 말씀을 묵상할 때, 하나님은 우리를 특별히 주목하십니다. 물론 주님은 나다나엘이 부엌에 있을 때도 아셨고 고기를 잡을 때도 알고 계셨습니다. 그런데 왜 하필이면 무화과나무 아래 있을 때 그를 보았다고 하실까요? 무화과나무 아래는 그가 하나님을 특별히 찾던 시간이요, 하나님과 교제하는 장소였기 때문입니다.

하나님은 우리를 아십니다. 우리가 어디에 있든지 아십니다. 하나님 앞에 숨을 곳은 어디에도 없습니다. 그러나 특별히 하나님이 우리를 아시고 인정하시는 자리가 있습니다. 바로 무화과나무 아래입니다. 우리가 아무리 초라하게 보여도 무화과나무 아래 있을 때 대단한 존재로 대우해주십니다. 그러므로 스스로를 시시하다고 여길 이유가 없습니다.

어떤 자매는 10년 전에 예수님을 믿었는데, 처음에는 하나님이 이 많은 사람들 중에서 자기를 어떻게 알아보실까 하고 걱정이 되었습니다. 그래서 기도할 때면 큰 소리로 "서초동 무슨 아파트 몇 동에 사는 누구누구인데, 주님 아시겠죠?" 하면서 주소를 외쳤다고 합니다. 수십 억 인구 중에 이름조차 희미한 존재인 나를 하나님께서 어떻게 아실까 염려되는 것이지요. 하나님을 잘 모르는 초신자라면 그렇게 생각할 수도 있습니다.

우리가 무화과나무 아래 앉으면 하나님은 천하에 나밖에 없는 것처럼 나를 대해주십니다. 나다나엘은 이스라엘의 수많은 젊은이 중 하나에 지나지 않았지만, 하나님은 무화과나무 아래 있는 그를 특별히 주목하셨습니다.

현대 문명은 우리가 무화과나무 아래로 가지 못하도록 발목을 붙들고 놓아주지 않습니다. 다시 말하면 '거룩한 고독'을 파괴하는 것이 현대 문명의 특징입니다. 예수 믿는 사람만이 즐길 수 있는 거룩한 고독이 있습니다. 그것은 무화과나무 아래 나 혼자 앉았을 때의 고독이요, 그곳에서 살아 계신 주님과 만날 때 느끼는 고독입니다. 그 거룩한 고독을 현대 문명은 사정없이 깨뜨립니다. 첨단 미디어는 우리의 눈과 생각을 달콤한 것으로 유혹합니다. 아침마다 우리의 눈을 끄는 신문과 뉴스가 있습니다. 24시간 방송하는 텔레비전은 우리의 눈과 귀를 붙들어 매고 잠잘 틈을 주지 않습니다. 어디 그뿐입니까? 컴퓨터의 다양한 프로그램과 마술 같은 인터넷은 어떻습니까? 이런 것에 빠지면 언제 무화과나무 아래에 갑니까? 언제 성경을 봅니까? 어제까지 무화과나무 아래로 자주 가던 사람이 오늘부터 안 갈 수도 있고 어제까지 한 시간 가서 앉아 있던 사람이 오늘은 그 시간을 10분으로 줄일 수도 있습니다. 우리 모두는 이런 어려운 상황에 놓여 있습니다.

저는 위대한 믿음의 선배인 A. W. 토저가 한 말을 사랑합니다. "단순과 고독을 기르자. 날마다 세상을 떠나 은밀한 장소로 들어가라. 침실이라도 좋다. 주위의 소음들이 당신의 마음에서 희미해지고 하나님의 현존에 대한 의식이 뒤덮을 때까지 그 은밀한 곳에 머물라. 당신의 내면에서 울리는 음성에 귀를 기울여 그것을 식별하라. 매 순간 내적으로 기도하는 법을 배우라. 영원의 눈으로 그리스도를 응시하라."

왜 날마다 은밀한 장소로 들어가서 우리의 내면 속에 울리는 음성에 귀를 기울이고 기도하는 법을 배워야 합니까? 바로 그때가 하나님께서 우리를 가장 잘 아시는 시간이기 때문입니다.

더 큰 일을 보리라

복음성가 중에 "그는 나를 만졌네 내 영혼을 나는 그를 느꼈네 그 숨결을 주의 사랑 있으면 나 외롭지 않아 주의 사랑 안에서 나 두렵지 않아"라는 가사가 있습니다. 주께서 어루만져주시는 것을 언제 체험합니까? 그분을 언제 느낍니까? 바로 무화과나무 아래 있을 때입니다. 무화과나무 아래를 자주 찾는 사람에게 주님은 굉장한 복을 약속하십니다.

> 예수께서 대답하여 이르시되 내가 너를 무화과나무 아래에서 보았다 하므로 믿느냐 이보다 더 큰 일을 보리라(50절).

이는 주님의 약속입니다. 진실하기를 원하는 사람, 시시때때로 무화과나무 아래를 찾아가 하나님을 만나고 싶어 하는 사람은 더 큰 일을 볼 것이라고 하십니다. 그렇다면 더 큰 일이 무엇일까요?

> 또 이르시되 진실로 진실로 너희에게 이르노니 하늘이 열리고 하나님의 사자들이 인자 위에 오르락내리락하는 것을 보리라 하시니라(51절).

야곱은 사다리 위에서 천사가 오르락내리락하는 것을 보았습니다. 예수님은 사다리 대신 '인자'라는 말을 사용하고 계십니다. 인자는 예수님 자신을 가리킵니다.

이 구절에 대해서는 두 가지 해석이 있습니다. 첫째는 예수님을 이 세상의 구원자요, 하나님과 세상을 연결해주는 중보자로 보는 해석입니다. 그러므로 하나님과 사람 사이를 이어주는 구원자, 즉 중보자의 모습을 가리킨다고 볼 수 있습니다. 다시 말하면 이런 뜻입니다. "나다나엘아, 너는 내가 너를 무화과나무 아래 있을 때 보았다는 말을 가지고 감격하느냐? 너는 이제부터 나를 통해 많은 사람이 하나님 앞으로 인도함을 받는 놀라운 일을 보게 될 것이다." 우리는 무화과나무 아래로 가서 앉을 때마다, 하나님과 우리 사이를 이어주는 길이요 진리요 생명이신 주님을 믿음으로 볼 수 있습니다.

두 번째 해석은, 예수님 위에 천사가 오르락내리락하는 것이 장차 예수님께서 재림하실 때 천사들과 함께 오시겠다고 약속하시는 것으로 보는 견해입니다. 이 해석도 옳습니다. 그날이 되면 우리는 실제로 눈을 똑똑히 뜨고 주님이 천사들과 함께 하늘에서 내려오시는 것을 볼 것이기 때문입니다. 그때는 나다나엘도 볼 것이고 우리 모두도 볼 것입니다. 이보다 더 큰 일이 세상에 어디 있겠습니까?

나다나엘은 예수님의 제자 중에 바돌로매를 가리킨다는 것이 정설입니다. 바돌로매는 예수님이 하나님과 세상을 이어주는 구원자임을 알고 평생 감격하며 살았다고 합니다. 예수님을 전하기 위해 불타는 심정으로 인도까지 갔습니다. 그곳에서 복음을 전하다가 사람들이 그를 물에 던졌고, 그는 그렇게 순교했습니다. 나다나엘은 예수님이 세상을 구원하는 구원자로 우리를 위해 죽으시고 살아나신 것을 날마다 보면서 살았습니다. 그뿐 아니라 주님이 재림하셔서 이 세상을 심판하시고 주의 자녀들을 천국으로 인도하시는 영광스러운 환상을 보면서 살았습니다. 나다나엘은 주님이 약속하신 큰일을 보면서 평생을 살았던 사람입니다.

평생 동안 하나님이 알아주시는 진실한 사람으로 살기를 원하십니까? 자주자주 무화과나무 아래로 가기 바랍니다. 주님께서 날마다 영의 눈을 열어주셔서 천사가 오르락내리락하는 영광을 보게 하실 것입니다. 이와 같은 은혜 때문에 우리가 거짓말하지 않고 진실하게 이 세상을 살 수 있습니다.

만약 우리가 무화과나무 아래에서의 은혜를 시시때때로 공급받지 못한 채 내 힘으로만 살려고 한다면, 언젠가는 간사한 인간이 되고 우리 영혼은 메마를 것입니다. 무화과나무 아래로 갑시다. 날마다 갑시다. 주님은 그 시간에 당신을 주목하십니다. 우리는 평생 이 은혜를 가지고 살아야 하겠습니다.

07

가나의 혼인 잔치

요한복음 2장 1-11절

1 사흘째 되던 날 갈릴리 가나에 혼례가 있어 예수의 어머니도 거기 계시고 2 예수와 그 제자들도 혼례에 청함을 받았더니 3 포도주가 떨어진지라 예수의 어머니가 예수에게 이르되 저들에게 포도주가 없다 하니 4 예수께서 이르시되 여자여 나와 무슨 상관이 있나이까 내 때가 아직 이르지 아니하였나이다 5 그의 어머니가 하인들에게 이르되 너희에게 무슨 말씀을 하시든지 그대로 하라 하니라 6 거기에 유대인의 정결 예식을 따라 두세 통 드는 돌 항아리 여섯이 놓였는지라 7 예수께서 그들에게 이르시되 항아리에 물을 채우라 하신즉 아귀까지 채우니 8 이제는 떠서 연회장에게 갖다 주라 하시매 갖다 주었더니 9 연회장은 물로 된 포도주를 맛보고도 어디서 났는지 알지 못하되 물 떠온 하인들은 알더라 연회장이 신랑을 불러 10 말하되 사람마다 먼저 좋은 포도주를 내고 취한 후에 낮은 것을 내거늘 그대는 지금까지 좋은 포도주를 두었도다 하니라 11 예수께서 이 첫 표적을 갈릴리 가나에서 행하여 그의 영광을 나타내시매 제자들이 그를 믿으니라

예수님께서 누군가의 결혼식에 참석하셔서 하객으로 앉아 계시는 모습을 상상해봅시다. 하나님인 예수님께서 결혼식에 참석하여 축복하시고, 그곳에 모인 사람들에게 기쁨을 주시는 장면을 생각하는 것만으로도 마음이 따뜻해집니다. 예수님이 세상에 사시면서 결혼식에 몇 번이나 참석하셨는지 알 수 없지만 성경에 기록된 사례는 이 본문밖에 없습니다.

결혼식이 열린 곳은 가나라는 지역입니다. 가나는 예수님이 자라신 나사렛에서 건너다 보이는 작은 마을입니다. 예수님과 그의 제자들은 이 결혼식에 초대를 받은 것 같습니다. 그리고 예수님의 어머니 마리아도 참석했는데, 본문을 보면 마리아는 혼인 잔치에서 아주 중요한 일을 맡아 바쁘게 움직이고 있었던 것 같습니다.

포도주가 동나다

이 혼인 잔치의 주인공이 누구였는지는 성경에 언급되지 않았습니다. 다만 우리가 정경으로 인정하지 않는 외경을 보면, 잔치가 벌어진 이 집은 바로 예수님의 어머니인 마리아의 여동생 살로메의 집으로 기록되어 있습니다. 그리고 이 잔치의 주인공인 신랑은 요한복음을 기록한 요한 자신이었다고 말합니다. 그런 내용이 어느 정도 신빙성이 있는지 우리로서는 단정하기 어렵습니다. 그러나 예수님의 어머니 마리아가 잔치에서 중요한 역할을 하고 있는 것을 보면, 그곳은 예수님과 가까운 집안이었다고 추측할 수 있습니다.

유대 사람들은 혼인을 주로 수요일에 합니다. 우리는 결혼식을 하고 나서 잔치를 하는 반면에, 그들은 먼저 잔치를 하고 식을 거행합니다. 낮 시간 동안은 제한 없이 먹고 마시며 잔치를 즐기다가 저녁 늦게 결혼식을 올립니다. 식을 마치고 나면 신랑 신부는 가족들과 친구들의 축복을 받으면서 첫날밤을 지낼 집으로 향합니다. 명문가에서는 잔치를 며칠 동안 하는 경우도 있다고 합니다.

유대의 혼인 잔치에서 가장 중요한 음식은 포도주였습니다. 참석할 손님들의 수가 어느 정도 정해져 있기 때문에 부족하지 않게 미리 준비합니다. 그래서 포도주가 모자랄 일은 별로 없지만, 갑자기 불청객들이 들이닥치거나 초청받은 손님들이 포도주를 너무 많이 마셔버려서 동이 나는 경우가 가끔씩 있다고 합니다. 이런 일이 생기면 손님 대접을 제대로 하지 못한 집안으로 낙인이 찍혀 주인이 매우 난처한 처지가 될 수 있습니다.

포도주는 유대에서 아주 귀하고 사람들이 좋아하는 음료였습니다. 따라서 '잔치' 하면 포도주를 연상할 정도였습니다. 제가 어렸을 때는 믿는 가정에서 잔치를 할 때 식혜를 준비했습니다. 어쩌다 손님들이 많이 와서 식혜가 동나면 대접하던 부인들이 어쩔 줄 몰라 하는 모습을 본 일이 있습니다. 지금 가나의 혼인 잔치에서 그와 같은 일이 벌어진 것입니다. 손님은 계속 오는데 포도주가 떨어졌습니다. 아마도 마리아가 포도주 대접을 맡았던 것 같습니다. 마리아는 고민하다가 예수님을 찾아가 사정을 이야기했습니다.

마리아가 왜 예수님을 찾아갔는지 얼른 납득이 가지 않습니다. 그때만 해도 예수님은 복음 사역을 본격적으로 시작하기 전이라 아직 표적을 행하신 일이 없었습니다. 그럼에도 마리아는 예수님을 찾아가서 포도주를 만들어달라고 요청했습니다. 마리아가 그렇게 할 수 있었던 이유는 무엇일까요? 마리아는 30여 년 동안 예수님과 함께 살면서 어떤 믿음을 가지고 있었던 것 같습니다. 그동안 예수님은 아버지 없는 집안의 장자로 목수 일을 하면서 가족의 생계를 책임져왔습니다. 그럼에도 예수님을 보는 마리아의 눈은 특별했습니다. 예수님을 잉태했을 때 하나님께서 보여주신 특별한 증거들을 잊지 않았고, 예수님이 성장하는 과정에서 보여준 남다른 일들을 기억하고 있었기 때문입니다.

'여자여'에 담긴 의미

포도주가 떨어졌다는 말을 듣고 예수님은 우리가 이해하기 어려운 대답을 하셨습니다.

> 예수께서 이르시되 여자여 나와 무슨 상관이 있나이까 내 때가 아직 이르지 아니하였나이다(4절).

이 대답은 마리아의 요청을 완곡하게 거절하는 뉘앙스를 담고 있습니다. 우리는 예수님께서 마리아에게 '여자여'라고 불렀다는 사실에 굉장한 당혹감을 느낍니다. 그래서 그런지는 몰라도 '여자여'라는 호칭에 대해 연구한 자료들이 있습니다. 그에 따르면, 당시 남자가 여자를 보고 '여자여'라 부르는 것은 우리가 생각하는 것처럼 이상한 일이 아니라고 합니다. 오히려 존경하는 의미로 부르는 점잖은 호칭이라고 합니다.

그러나 한 가지 난제가 있습니다. 아무리 존경심이 담긴 호칭이라고 할지라도, 예수님처럼 아들이 어머니를 그렇게 부른 사례는 어디에도 없다는 것입니다. 문헌에도 없고 관습에도 없습니다. 그러나 우리는 예수님이 왜 그렇게 호칭하셨는지를 알고 있습니다. 예수님께서 마리아를 어머니로 모시고 한 집에서 살던 생활은 이제 끝났습니다. 이제는 마리아의 아들로서가 아니라 하나님의 아들로서, 온세상의 죄를 짊어질 하나님의 어린양으로서 공생애를 시작하는 마당에 있었습니다. 자신의 위상이 이전과는 전혀 다른 새로운 분수령에 서 계셨습니다. 예수님은 이 사실을 마리아에게 상기시켜주고자 '여자여'라는 호칭을 사용하신 것입니다. 지금부터 예수님은 그리스도요, 마리아는 구원을 받아야 할 죄인 중 한 명입니다. 더 이상 어머니와 아들의 관계가 아니었습니다.

'때가 이르지 않았다'는 말의 의미

4절 후반부의 "내 때가 아직 이르지 아니하였나이다"는 예수님께서 가끔 사용하시는 말씀인데, 여기에는 두 가지 의미가 들어 있습니다. 첫째는 예수님이 사람들 앞에 하나님의 아들로서 자신의 모습을 드러낼 때가 되지 않았다는 의미입니다. 본문이 여기에 해당합니다. 둘째는 십자가를 질 때가 아직 아니라는 의미입니다. 복음서에는 이 말이 대부분 이런 의미로 사용되고 있습니다. 주로 어떤 요구를 거절하실 때 이렇게 말씀하셨습니다.

자기 때가 아직 이르지 않았다고 하신 예수님의 말씀은, 사람들 앞에서 표적과 기사를 행할 때가 아직 아님을 우회적으로 나타낸 표현입니다. 다시 말하면 포도주를 만들어달라는 마리아의 요청을 사실상 거절하는 것이나 다름없습니다. 포도주를 당장 내놓으려면 새로 만들어야 하는데 언제 포도를 따 와서 밟아 만듭니까? 그러니까 지금은 하나님의 이적이 필요한 시간입니다. 그리고 예수님은 아직 이런 이적을 행할 만한 때가 안 되었다고 말씀하신 것입니다.

하지만 그렇게 말씀하시고 얼마 지나지 않아 예수님은 물로 포도주를 만드셨습니다. 어떻게 보면 이러한 행동이 그분의 대답과 모순되는 것처럼 여겨집니다. 비슷한 예를 요한복음 7장에서도 볼 수 있습니다. 예수님의 공생애 초기에는 예수님의 형제들이 그를 믿지 않았습니다. 그러면서 그들은 "당신이 진짜 이 세상의 메시아라면 왜 예루살렘으로 가서 공개적으로 그렇다고 말하지 못하는가?" 하며 빈정대고 다그쳤습니다. 그때도 예수님께서는 때가 이르지 않았다고 말씀하셨습니다. 형제들은 그가 예루살렘에 올 생각이 없다는 것으로 알고 먼저 떠났습니다. 그리고 얼마 지나지 않아 예수님도 그들의 뒤를 따라가셨습니다.

우리는 이런 본문들을 모순된 내용이라고 생각하기 쉽습니다. 그러나 이는 성부 하나님과 성자 예수님의 관계를 제대로 이해하지 못하기 때문에 생기는 오해입니다. 하나님과 예수님은 한 본체로서 한 하나님이십니다. 그러므로 하나님의 시간표는 예수님에게 추호도 빈틈없이 적용되고 있었습니다. 하나님의 명령이 떨어지기 전에는 언제라도 때가 아직 이르지 않은 것이고, 만약 하나님께서 하라고 말씀하시면 언제라도 때가 된 것입니다.

요한복음 8장 28절을 보면, 하나님과 예수님이 얼마나 긴밀한 관계를 가지고 있으며 예수님이 얼마나 하나님의 뜻에 예민하게 반응하셨는지 금세 알 수 있습니다. 하나님의 지시가 없으면 아무것도 하실 수 없다는 뜻입니다.

> 이에 예수께서 이르시되 너희가 인자를 든 후에 내가 그인 줄을 알고 또 내가 스스로 아무것도 하지 아니하고 오직 아버지께서 가르치신 대로 이런 것을 말하는 줄도 알리라.

물로 포도주를

우리가 보기에는 분명히 예수님께서 마리아의 청을 거절하셨습니다. 그럼에도 마리아는 이것을 거절로 보지 않았습니다. 그는 하인들에게 예수님이 시키는 대로 하라고 지시했습니다. 조금 후 예수님께서는 하인들을 불러서 마당에 있는 항아리에 물을 가득 채우라고 하셨습니다. 마당에는 여섯 개의 돌 항아리가 놓여 있었습니다. 한 개당 6갤런, 대략 23리터 정도 들어가는 큰 항아리였습니다.

웬만큼 사는 유대 사람의 집에는 항상 마당 구석에 항아리가 있고 물이 가득 담겨 있었습니다. 당시 샌들을 신고 먼지 나는 길을 걸어 다니다 보면 여자고 남자고 발이 더러워질 수밖에 없었습니다. 그래서 집 안에 들어갈 때는 반드시 물로 발을 씻어야 했습니다. 이것 때문에 항상 마당에는 물이 준비되어 있었던 것입니다. 그리고 장로들의 전통을 따라 음식을 먹을 때마다 손을 씻어야 했습니다. 이런 의식을 위해서 마당에는 언제든지 물이 준비되어 있었습니다.

항아리에 물을 가득 채우라는 예수님의 말씀을 하인들은 그대로 순종했습니다. 물이 가득 채워지자 주님은 이제 떠서 잔치를 책임지고 있는 연회장에게 가져다주라고 말씀하셨습니다. 하인들은 뭐가 뭔지도 모른 채 마리아가 시킨 대로 예수님의 말씀을 따랐습니다. 연회장은 물로 된 포도주를 맛보고 깜작 놀라 이렇게 반응합니다.

> 말하되 사람마다 먼저 좋은 포도주를 내고 취한 후에 낮은 것을 내거늘 그대는 지금까지 좋은 포도주를 두었도다 하니라(10절).

처음에는 좋은 포도주를 내다가 나중에 취하면 값싼 포도주를 대접하는 것이 일반적인 관례인데, 어떻게 이 집은 나중에 더 좋은 포도주를 내놓느냐는 말입니다. 이렇게 예수님은 갈릴리 가나에서 처음으로 하나님이신 자신의 영광을 나타내셨습니다.

허락된 기쁨

여기서 우리가 배워야 할 중요한 영적 교훈이 있습니다. 첫째로, 예수님께서 신랑 신부는 물론 잔칫집 손님들을 기쁘게 해주셨다는 사실입니다. 잔칫집에서는 모든 사람이 즐거워합니다. 잔칫집에 얼굴을 찌푸리고 들어가는 사람은 없습니다. 그런데 이렇게 즐거운 잔칫집에 하나님이 직접 참석하셔서 같이 기뻐하실 뿐 아니라 물로 포도주를 만들어 모든 사람을 즐겁게 해주셨다는 사실은 오늘 우리에게 여러 가지를 시사합니다. 어떤 통계를 보면 우리나라 사람 중 95퍼센트가 결혼을 한다고 합니다. 성인이 되면 결혼해서 가정을 이루고 부부가 한평생을 같이 삽니다. 서로 위로하고 사랑하고 싸매주면서 험하고 고된 이 세상을 함께 살아갑니다. 남녀가 만나 가정을 이루는 것은 하나님이 주신 복입니다. 그러기에 주님이 결혼식에 참석하셔서 함께 기뻐하시고 사람들에게 기쁨을 주셨다는 것은 조금도 이상한 일이 아닙니다.

이 일이 우리에게 주는 교훈은 무엇입니까? 하나님이 인간에게 주신 기쁨은, 우리가 누릴 자격이 있고 또한 마땅히 누리면서 기뻐하는 것이 그 은혜를 주신 하나님을 바로 대접하는 일이라는 사실입니다. 허락된 즐거움은 마음껏 누려야 합니다. 젊은이들은 인생의 청춘이요, 인생의 봄을 맞이하고 있습니다. 그러므로 기뻐하면서 살아야 합니다. 즐겁게 살고, 즐겁게 일하고, 즐겁게 인생을 누려야 합니다. 신혼 기간을 보내는 남녀는 마냥 즐거워서 꿈을 꾸듯 사는 것이 정상입니다. 하나님이 주신 복이기 때문입니다.

> 네 헛된 평생의 모든 날 곧 하나님이 해 아래에서 네게 주신 모든 헛된 날에 네가 사랑하는 아내와 함께 즐겁게 살지어다 그것이 네가 평생에 해 아래에서 수고하고 얻은 네 몫이니라(전 9:9).

구약성경을 보면 재미있는 이야기가 있습니다. 옛날에는 전쟁이 터지면 온 국민이 총동원되어 싸우곤 했습니다. 그런데 이스라엘에서는 아무리 국가가 어려움에 처해도 전장에 나가지 않을 권리를 가진 사람이 있었습니다. 약혼은 했지만 아직 결혼식을 올리지 못한 남자들이었습니다. 애국심이 불타서 아무리 싸우고 싶어 해도 그들은 전장에 나갈 수가 없었습니다. 왜 그럴까요?

> 여자와 약혼하고 그와 결혼하지 못한 자가 있느냐 그는 집으로 돌아갈지니 전사하면 타인이 그를 데려갈까 하노라 하고(신 20:7).

가정은 즐겁게 살라고 하나님께서 주신 선물입니다. 하나님이 주신 것이니까 즐겁게 누려야 합니다. 매일 즐겁게 살아야 될 젊은 부부가 제자훈련을 빌미로 집에만 들어오면 서로 대화도 하지 않고 각자 한쪽 구석에 앉아 성경만 붙들고 있는 것은 바람직하지 않습니다. 은혜를 받았다고 해서 집에 와서는 골방에 들어가 무릎 꿇고 기도만 하고 있으면, 하나님께서 주신 복을 제대로 누린다고 할 수 없습니다. 하나님이 즐기라고 주신 것을 즐길 줄 아는 것이 인생을 사는 지혜입니다.

거절하다가도
들어주시는 예수님

또 한 가지, 우리가 실제적으로 적용할 진리가 있습니다. 예수님은 거절을 하시다가도 허락하시는 경우가 종종 있다는 것입니다. 마리아가 와서 포도주가 떨어졌다고 했을 때 그것이 자기와 무슨 상관이 있느냐고 하시던 주님이, 조금 후에는 물로 포도주를 만들어서 온 집안을 기쁘게 해주셨습니다. 처음에는 주지 않을 것같이 하시다가 나중에는 주셨습니다.

수로보니게의 어떤 여자가 자기 딸을 고쳐달라고 주님을 찾아왔습니다(막 7:26). 주님은 처음에 그를 굉장히 냉정하게 대하셨습니다. 유대에도 병든 사람이 수두룩한데 그들을 먼저 고치지 않고 어떻게 이방 여인의 아이를 고쳐주겠느냐며 냉대하셨습니다. 빵을 자녀에게 주기 전에 개한테 던지는 것은 옳지 않다는 예까지 드시면서 여자의 요청을 거절하셨습니다. 그럼에도 이 여자는 조금도 물러서지 않았습니다. "주여, 옳습니다. 그렇지만 상 아래 있는 개도 아이들이 떨어뜨리는 빵 부스러기를 얻어먹고 삽니다." 결국 주님은 그의 청을 들어주셨습니다. 마리아의 경우도 그랬던 것 같습니다. 자기와 무슨 상관이 있느냐 하시는데도 마리아는 응답의 확신을 버리지 않았습니다.

우리가 갖고 있는 심각한 문제는 거절하시는 듯 보이는 하나님을 끝까지 믿는 믿음이 약하다는 것입니다. 몇 번 기도해보다가 소식이 없으면 주시지 않는 것으로 생각하고 포기해버립니다. 어떤 때는 기도를 하면 할수록 "안 돼"라는 대답을 듣습니다. 그러면 기도를 중단해버립니다. 이는 좋은 태도가 아닙니다. 마리아처럼 기다리는 자세가 필요합니다.

이 본문을 이해하는 데 도움이 될 것 같아서 개인적인 이야기를 하겠습니다. 제가 병이 든 지 여러 해가 지났습니다. 투병을 하면서 사역을 감당해야 했습니다. 고통도 많았지만 하나님께서 은혜도 많이 주셨습니다. 지난 몇 년 동안 참기 어려운 것 중 하나가 체중이 줄어드는 것이었습니다. 심할 때에는 7킬로그램이나 빠졌습니다. 운동을 조금 심하게 하거나 일이 힘들면 체중이 쉽게 줄어드는 것입니다. 대신 체중이 늘어나는 속도는 매우 더디었습니다. 그래서 강단에 올라와도 제대로 힘을 쓸 수 없었습니다. 무엇보다 힘든 것은 성도들이 저의 얼굴을 볼 때마다 "목사님, 건강 괜찮으세요? 어떻습니까?" 하는 소리를 귀가 아프도록 들어야 하는 일이었습니다. 그래서 거울 앞에 서서 얼굴을 보며 "주님, 저 살 좀 찌게 해주세요"라는 기도를 자주 했습니다.

주일 아침 일찍 교회에 나올 때에도 엘리베이터에 붙어 있는 거울을 보면서 "주님, 살 좀 찌게 해주세요. 저의 이런 모습 때문에 성도들이 걱정을 많이 합니다. 벌써 5년 동안 계속 몸무게가 늘지 않고 있는데 살 좀 찌게 해주세요"라고 기도했습니다. 그럴 때마다 주님이 뭐라고 대답하시는 줄 아십니까? "너는 욕심이 너무 많아. 네 얼굴에 살이 빠졌다고 해서 이제껏 강단에 못 선 적이 있느냐? 내 은혜가 네게 족하다. 너무 욕심부리지 마라." 항상 마음에 이런 대답이 왔습니다. 그래서 얼마 전부터 살찌게 해달라는 기도를 그만두었습니다. 그런데 두 달 전부터 이상한 일이 일어났습니다. 저는 분명히 하나님께서 거절하셨다고 믿고 기도도 안 하고 있는데 그동안 몸무게가 5킬로그램 가까이 늘어난 것입니다. 이제는 강단에 서도 안정감이 생기고 힘이 납니다. 거절하다 주시는 은혜를 체험한 셈이라 할 수 있습니다.

기도하면서 주님이 잘 안 들어주실지 모른다는 생각이 들수록 더 매달리십시오. 주님은 우리 기도가 너무 지나쳐서 들어줄 수 없다고는 절대 말씀하지 않으십니다. 주님이 제일 싫어하는 사람은 주님의 이름으로 무엇이든지 구하라고 하는데 구하지 않고 뻣뻣하게 버티는 사람입니다. 주든 안 주든 마리아처럼 그저 매달려서 달라고 하는 사람을 좋아하십니다. 시시한 기도든, 고상한 기도든, 가정의 기도든, 천하를 움직일 만한 큰 제목의 기도든 예수님 앞에 들고 나가 고하면, 처음에는 거절하시는 것처럼 보여도 때가 되면 주신다는 것을 믿기 바랍니다.

주님이 기도에 응답하시는 방법은 대부분 우리의 상상을 초월하고 예측을 불허합니다. 다시 말하면 우리가 생각하는 방식대로 응답하지 않으실 때가 많습니다. 물로 포도주를 만드시리라고 누가 상상이나 했겠습니까? 그러나 하나님은 무슨 방법이든지 다 동원하실 수 있는 분이시기 때문에 전혀 문제가 안 됩니다. 이런 사실이 우리에게 얼마나 위로가 되는지 모릅니다. 사방을 둘러보아도 뾰족한 응답이 올 것 같지 않아 답답할 때가 가끔 있지 않습니까? 이런 경우 우리 대부분은 절망을 느낍니다. 하지만 그럴 때일수록 우리는 하나님의 방법이 인간의 생각에 제한받지 않는다는 사실을 믿어야 합니다. "하나님은 우리가 예측한 방법대로만 응답하시는 분이 아니야. 그러므로 나는 절대 절망하지 않아. 나는 계속 기도할 거야." 이런 자세를 가지고 기다리면 응답은 반드시 옵니다.

질적 변화

우리 삶에 영적으로 적용해야 할 두 가지 진리가 있습니다. 첫째는 예수님이 우리 인격의 질을 바꾸어주신다는 것입니다. 물로 포도주를 만든 사건은 앞으로 예수님을 만날 사람들에게 주님이 주실 은혜가 어떤 것인지를 상징적으로 보여줍니다. 누구든지 예수님을 인격적으로 만나면 본질적인 변화를 체험합니다. 물처럼 무미건조한 물질이 포도주로 바뀌듯, 우리의 인격도 맛있고 향기롭게 변합니다. 땅의 것만 생각하던 수준 낮은 사람도 예수님을 만나면 하늘의 것을 사모하는 수준 높은 사람이 됩니다. 죄악의 종이 하나님의 아들로 탈바꿈합니다. 돌처럼 굳은 마음이 부드러워집니다. 주님을 만나면 물이 포도주가 되듯이 우리의 모든 것이 달라집니다.

안타깝게도 우리 가운데 아직 이런 복을 누리지 못하는 사람들이 있습니다. 교회를 수십 년 다녀도 인격이 질적으로 바뀌지 않았습니다. 돈 좀 벌었다고 으스대고, 남보다 인물 좀 잘났다고 우쭐거리고, 공부 좀 했다고 다른 사람을 우습게 봅니다. 이는 아직 인격이 변화되지 않은 증거라고 할 수 있습니다.

예수님을 만나면 물이 포도주가 되듯 건조하고 메마른 인격이 풍성하고 기름진 인격으로 바뀝니다. 마리아처럼 믿고 하인들처럼 순종하면 예수님 앞에서는 누구든지 물이 포도주로 바뀝니다. 물과 같은 내 인격이 포도주 같은 인격으로 바뀌고, 물과 같은 내 삶이 포도주 같은 삶으로 변화됩니다.

날마다 더 좋은 은혜로

또 하나 영적으로 우리가 적용해야 할 진리가 있습니다. 예수님을 믿으면 믿을수록, 그분은 우리에게 더 좋은 은혜를 주신다는 것입니다. 연회장은 처음보다 나중의 포도주가 더 나은 것을 보고 감탄했습니다. 예수님이 주시는 은혜는 처음보다 그다음이 낫고, 그다음보다 또 그다음이 낫습니다. 어떤 술집에 가서 양주를 주문하면 처음에는 진짜 술을 내놓지만 얼큰히 취하고 나면 그다음부터는 질 낮은 술이 들어온답니다. 그러나 이미 취한 사람은 그것을 구분하지 못하기 때문에 주는 대로 마십니다. 세상은 다 그렇습니다. 처음에는 다 좋습니다. 새 자동차를 사고 새 집을 사면 날마다 쓸고 닦느라 정신이 없습니다. 그러나 시간이 흐를수록 부족한 점이 보여 실망하게 됩니다. 이것이 세상입니다. 갈수록 질이 떨어지고 맛이 떨어지기 마련입니다.

예수님이 주시는 은혜는 정반대입니다. 예수님을 처음 믿을 때는 잘 몰랐는데, 주님 앞에 더 가까이 가면 갈수록 어제보다 오늘이 좋고 오늘보다 내일이 좋고 점점 좋아집니다. 이것이 주님께서 주시는 은혜입니다. 그러므로 예수님을 믿은 지 오래되었다고 해서 초신자에 비해 신앙생활의 매력을 덜 느낀다거나 혹은 매력을 잃어버렸다면 이는 비정상입니다. 주님은 날마다 더 좋은 은혜를 주십니다. 구약시대에 은혜를 받았던 사람들보다 신약시대 성도들이 얼마나 더 넘치는 은혜를 받고 있습니까? 구약시대 사람들은 그림자를 보고 살았지만 우리는 실체를 보고 삽니다. 구약시대 사람들은 약속을 바라보고 살았지만 우리는 그 약속의 성취를 누리면서 삽니다. 구약시대 사람들은 율법 아래서 살았지만 우리는 은혜 아래서 삽니다. 그러므로 구약시대에 비해서 신약시대의 은혜가 훨씬 더 좋고 아름답고 만족스러운 것입니다.

그러나 우리에게는 더 큰 내일의 은혜가 기다리고 있습니다. 최고의 은혜는 우리 앞에 있습니다. 주님이 재림하시는 그날 주님의 영광을 눈으로 직접 보게 될 것입니다. 이는 전무후무한 은혜가 될 것입니다. 우리가 세상에서 지금까지 받은 은혜를 다 합쳐도 비교가 안 될 만큼 엄청난 복을 누리게 될 것입니다.

흔히들 세상이 점점 좋아진다고 말합니다. 겉으로 보기에는 그런 것 같습니다. 갈수록 더 편해지고 더 쉬워지고 더 재미있는 것 같습니다. 21세기에는 지금 미국 공군에서 개발 중인 비행기가 실용화될 것이라고 합니다. 그 비행기는 속력이 마하 25나 됩니다. 총알보다 빠른 속도입니다. 시속 17,000마일이면 여기에서 미국까지 가는 데 한 시간도 걸리지 않습니다. 정말 그런 시대가 오면 사람들의 사고방식이나 생활이 얼마나 달라질지 알 수 없습니다. 사람들은 이런 현상을 보며 우리 앞에 유토피아가 찾아온다고 생각합니다.

그러나 이는 잘못된 생각입니다. 세상 것은 처음에는 좋다가도 나중에는 다 실망합니다. 미래학자들이 공통적으로 만들어낸 신조어로 '디스토피아'라는 말이 있습니다. 디스토피아는 낙원을 의미하는 '유토피아'의 반대말입니다. 세상의 문명은 더 발달할지 모르지만 인간성이나 도덕성은 극도로 타락하여, 세상은 낙원이 아니라 지옥이 되어간다는 경고입니다. 그러나 주님은 날마다 더 좋은 은혜를 주십니다. 우리 주님은 처음에는 좋은 것을 주고 나중에는 나쁜 것을 주시는 분이 아닙니다. 처음 것도 좋지만 나중에는 더 좋은 것으로 우리를 만족시켜주십니다.

주님의 영광을 보기 원합니까? 다음 말씀을 봅시다.

예수께서 이 첫 표적을 갈릴리 가나에서 행하여 그의 영광을 나타내시매 제자들이 그를 믿으니라(11절).

말씀이 육신이 되어 우리 가운데 거하시매 우리가 그의 영광을 보니 아버지의 독생자의 영광이요 은혜와 진리가 충만하더라 … 우리가 다 그의 충만한 데서 받으니 은혜 위에 은혜러라(요 1:14, 16).

우리는 가나의 혼인 잔칫집에서 주님의 영광을 보았습니다. 예수님은 우리에게 즐거움을 주시는 분입니다. 예수님은 우리의 요구를 거절하시다가도 들어주시는 분입니다. 예수님은 우리의 인격과 삶의 질을 바꾸어주시는 분입니다. 예수님은 날마다 더 좋은 은혜를 주시는 분입니다. 예수님에게서 하나님의 영광을 보는 순간부터 이런 은혜가 흘러나옵니다. 우리가 다 그의 충만한 데서 받기 때문입니다. 얼마나 큰 복인지요.

08

주의 전을 사모하는 열심

요한복음 2장 12-22절

12 그 후에 예수께서 그 어머니와 형제들과 제자들과 함께 가버나움으로 내려가셨으나 거기에 여러 날 계시지는 아니하시니라 13 유대인의 유월절이 가까운지라 예수께서 예루살렘으로 올라가셨더니 14 성전 안에서 소와 양과 비둘기 파는 사람들과 돈 바꾸는 사람들이 앉아 있는 것을 보시고 15 노끈으로 채찍을 만드사 양이나 소를 다 성전에서 내쫓으시고 돈 바꾸는 사람들의 돈을 쏟으시며 상을 엎으시고 16 비둘기 파는 사람들에게 이르시되 이것을 여기서 가져가라 내 아버지의 집으로 장사하는 집을 만들지 말라 하시니 17 제자들이 성경 말씀에 주의 전을 사모하는 열심이 나를 삼키리라 한 것을 기억하더라 18 이에 유대인들이 대답하여 예수께 말하기를 네가 이런 일을 행하니 무슨 표적을 우리에게 보이겠느냐 19 예수께서 대답하여 이르시되 너희가 이 성전을 헐라 내가 사흘 동안에 일으키리라 20 유대인들이 이르되 이 성전은 사십육 년 동안에 지었거늘 네가 삼 일 동안에 일으키겠느냐 하더라 21 그러나 예수는 성전 된 자기 육체를 가리켜 말씀하신 것이라 22 죽은 자 가운데서 살아나신 후에야 제자들이 이 말씀하신 것을 기억하고 성경과 예수께서 하신 말씀을 믿었더라

토저 목사님이 쓴 글을 읽다가 마음에 와닿는 말 한마디를 발견했습니다. "현대 복음주의 교회가 이야기하는 하나님은 사람을 놀라게 하는 일이 없다." 이것은 하나님의 일면만을 가르치고 있는 교회의 실상을 적나라하게 꼬집은 말입니다. 오늘날의 교회는 성도들에게 온유하시고, 인자하시고, 사랑이 많으시고, 항상 싸매주시고, 죄를 백 번 천 번 범해도 그저 용서해주기만 하시는 사랑의 하나님에 대해서는 계속 가르치는 반면에 진노하시고, 징계하시고, 심판하시는 하나님에 대해서는 이야기하지 않는다는 뜻입니다. 그 결과 하나님을 두려워하는 마음이 없어졌다고 이야기합니다.

물론 진노하시는 하나님, 징계하시는 하나님만 알고 있다면 견디기 어려울 것입니다. 저는 어렸을 때 항상 그런 예수님, 그런 하나님에 대해서만 듣고 자랐기 때문에 약간의 공포증을 갖고 살았습니다. 심령의 자유를 누리지 못한 것은 말할 나위가 없습니다. 이런 분위기는 신앙에 결코 도움이 되지 못합니다.

반대로, 현대 교회에서는 사랑의 하나님만 일방적으로 가르치고 있어서 또 다른 병이 들어가는 것 같다는 생각을 합니다. 우리는 본문에서 눈에 노기를 띠고 채찍을 휘두르시는 예수님을 보게 됩니다. 오늘날의 그리스도인들은 상상하기 어려운 장면입니다. 또한 다른 본문에서는 사랑이 많으셔서 우리를 위해 자기 생명도 아끼지 않으시는 주님이 "뱀들아 독사의 새끼들아 너희가 어떻게 지옥의 판결을 피하겠느냐"(마 23:33)라고 호통을 치십니다. 어떻게 예수님 입에서 "독사의 새끼"라는 거친 욕이 나옵니까? 예수님은 왜 왕을 "여우"(눅 13:32)라고 부르며 비하하셨을까요? 하나님이신 예수님께서 사람들을 향해 그 정도로 화를 내시고 듣기 거북한 욕을 하셨다는 것은 아무리 생각해도 있을 수 없는 일처럼 보입니다. 그러나 이것은 틀림없는 사실입니다.

우리는 하나님의 속성이 보여주는 양면성을 잘 알아야 합니다. 하나님은 사랑의 아버지인 동시에 거룩의 아버지입니다. 항상 용서하시지만 종종 징계하십니다. 아버지 하나님의 품은 항상 열려 있지만, 하나님은 때로 마음을 닫아버리시는 무서운 분입니다.

유월절의 예루살렘

요한복음의 기자는 예수님이 예루살렘 중심에서 하신 사역을 집중적으로 기록했습니다. 반면 다른 복음서 기자들은 예수님의 갈릴리 사역을 중심으로 기록했습니다. 그래서 요한복음에는 예루살렘에 올라가시는 예수님의 모습이 여러 번 기록되어 있습니다. 복음을 증거 하기 시작하신 후 주님은 세 번 정도 유월절에 예루살렘을 여행하셨습니다. 이런 이유로, 십자가의 죽음을 앞두고 성전을 정결케 하신 사건을 기록한 공관복음과는 달리, 요한복음에서는 사역 초반에 성전을 정결케 하시는 것을 보게 됩니다. 이것은 예수님께서 공생애를 통해 적어도 두 번은 하나님의 전을 깨끗하게 하셨음을 말해줍니다. 본문에는 주님의 첫 번째 성전 정화 사건이 기록되어 있습니다.

유월절이 되면 예루살렘에서 20마일 이내에 사는 유대 사람들은 누구나 예루살렘 성전으로 올라와 여호와 하나님께 경배를 드리도록 되어 있었습니다. 그렇다고 20마일 안에 있는 사람들만 오는 것은 아니었습니다. 유월절을 지키고 싶어 하는 사람들은 원근 각처에서 예루살렘으로 왔습니다. 세계 도처에 흩어져 살던 유대인 교포들까지 평생에 한두 번 정도는 유월절을 지키기 위해서 예루살렘 성전을 찾았습니다. 어떤 기록을 보면 유월절을 맞아 예루살렘에 운집한 인파가 220만 명을 넘은 경우도 있었다고 합니다. 가을철 단풍놀이로 설악산 공원을 드나드는 인파와도 비교되지 않을 만큼 엄청나게 많은 사람이 몰려들었던 것입니다.

성전에 들어가려면 입장료를 내야 했습니다. 그러나 성전에 내는 돈은 거룩해야 된다고 하여 성전 안에서만 통용되는 별도의 화폐가 있었습니다. 로마에서 온 사람들은 로마 화폐를 성전 화폐로 바꾸었습니다. 헬라에 살던 사람도 마찬가지였습니다. 요즘 말로 하면 필요한 만큼 성전 화폐로 환전을 해야 했습니다. 대단히 복잡하고 번거로운 일이었습니다.

게다가 성전에서 유월절 제사를 드리기 원하는 사람은 짐승을 끌고 왔습니다. 가난한 사람들은 비둘기를 안고 왔으며, 돈이 많은 사람들은 양이나 염소, 또는 소를 끌고 왔습니다. 먼 지방에 있는 사람들은 그런 짐승을 끌고 여행하는 일이 대단히 번거롭고 힘들었을 것입니다. 그래서 짐승을 직접 끌고 올 필요 없이 돈만 가지고 오면 성전 안에서 짐승을 살 수 있도록 했습니다. 이렇게 하여 자연스럽게 돈 바꾸는 환전소가 생기고 그 돈으로 제사 드릴 짐승을 살 수 있는 거래소가 성전 안에 생겨난 것입니다.

잔인한 착취자

내방객들이 늘어나고 천문학적인 돈이 굴러 들어오면서 종교 지도자들의 생각이 달라졌습니다. 환전으로 엄청난 수익금을 챙길 수 있다는 계산이 서자, 그들은 좀 더 많은 돈을 벌 수 있는 방법이 없을까 궁리했습니다. 유월절을 맞아 예루살렘을 찾는 사람들로부터 돈을 뜯어낼 구실을 찾는 것은 그리 어려운 일이 아니었습니다. 처음에는 거룩한 성전을 개축하고 예루살렘 성전을 보존해야 한다는 이유를 내세워 돈을 거두었습니다. 그러나 점점 돈 버는 일에 재미를 붙이면서 이런저런 구실을 만들어 돈을 긁어 모으기 시작했습니다.

예루살렘 뜰의 넓이는 약 14에이커로 우리나라에서 많이 쓰는 단위인 '평'으로 환산하면 약 18,000평 정도입니다. 뜰은 세 부분으로 나뉘는데, 그중 하나가 이방 사람들이 예배 드리기 원할 때 들어가는 곳입니다. 이방인들은 그곳에만 들어갈 수 있었습니다. 그런데 돈맛을 본 유대 종교 지도자들은 얼마 후 그 이방인 뜰을 시장으로 바꾸어버렸습니다. 그곳에는 사방에 대리석을 붙여 만든 난간 베란다가 있었고, 네 줄로 된 기둥이 그것을 떠받치고 있었습니다. 자연히 베란다 밑에는 그늘이 지기 마련이고, 거기서 따가운 햇살을 피할 수 있었습니다. 그곳을 중심으로 장사꾼들은 한쪽에서는 돈을 바꾸어주고 다른 쪽에서는 비둘기나 양 등을 팔았습니다. 이처럼 예배를 드려야 될 거룩한 곳이 욕심을 채우는 시장 바닥이 되어버린 것입니다. 사람이 돈에 눈이 어두워지면 못할 짓이 없나 봅니다. 돈에는 절대 만족이라는 법이 통하지 않습니다. 벌면 벌수록 사람을 미친개처럼 헐떡이게 만듭니다.

돈맛을 안 유대교 지도자들은 이 정도로 손을 털 위인들이 아니었습니다. 궁리 끝에 그들은 더욱 손쉽게 돈을 버는 방법을 발견했습니다. 사람들이 성전 화폐로 교환할 때 환전 차익을 발생시켜 막대한 이익을 챙기기 시작한 것입니다. 쉽게 말하면, 십만 원을 성전 화폐로 환전할 때 오만 원 정도만 내주고 나머지는 환전 차익으로 자신들의 호주머니에 고스란히 들어가도록 한 것입니다.

당시 성전에 들어가려면 한 사람당 성전 화폐로 반 세겔을 내야 했습니다. 반 세겔이면 노동자가 이틀 일해서 벌어야 하는 돈입니다. 우리 돈으로 팔만 원 정도 되겠지만 다른 화폐를 가지고 오는 사람은 그 돈을 가지고 성전으로 들어갈 수 없었습니다. 성전 화폐로 바꾸다보면 십만 원, 십이만 원, 심하면 십오만 원 정도를 내야 겨우 반 세겔짜리 성전 화폐를 받고 들어갈 수 있었기 때문입니다. 그러니 그 차액을 삼키는 사람의 입장에서 볼 때 그것은 그야말로 돈방석에 앉는 장사가 아닐 수 없었습니다.

게다가 더 지독한 방법이 하나 있었습니다. 성전에서 제사를 지내려면 짐승이나 비둘기를 가지고 와야 했는데 그 짐승은 흠이 없고 깨끗한 일 년 된 숫양이나 숫염소라야 했습니다. 사람들이 짐승을 정성껏 골라서 성전에 들어오면 검역을 담당한 관리들이 그들을 막고 온갖 트집을 잡으면서 통과시키지 않았습니다. 대신 비싼 값에 성전 안에서 파는 짐승을 사게 만들었습니다. 성전 시장에서 산 짐승이면 하자가 좀 있어도 눈감아주었습니다. 기록에 보면, 어떤 때는 밖에서 사는 값의 16배를 받아먹었다고 합니다. 얼마나 어이없고 잔인한 착취입니까? 그것도 하나님의 거룩한 성전을 팔아 모리배나 다름없는 짓을 했다니 말이 나오지 않을 정도입니다. 가난한 사람들을 착취하는 방법이나 순진한 사람들을 등쳐 먹는 방법은 예나 지금이나 크게 차이가 없는 것 같습니다.

이와 같이 유대의 종교 지도자들은 절대 권력을 가지고 절대 부패한 사람들의 모습을 보여주는 표본이었습니다. 하나님은 그들의 안중에 없었습니다. 예배도 뒷전이었습니다. 돈벌이에 혈안이 된 그들에게는 돈 외에 보이는 것이 없었습니다. 율법대로 산다고 항상 위선을 떨던 바리새인들은 예수님이 지적하신 것처럼 돈을 사랑하는 자의 모델이었습니다. 얼마나 돈에 마음이 사로잡혀 있었던지 성경은 그들을 돈을 사랑하는 사람이라 부릅니다. 그리고 성경을 가르치는 율법사들은 과부들의 머리에 있는 티끌까지 욕심을 낼 만큼 돈독이 올라 있었습니다.

하나님을 경외하는 소수의 경건한 사람들은 날마다 성전을 바라보며 가슴을 치고 눈물을 흘리고 탄식했을 것입니다. 그러나 그들은 부패한 종교 지도자들과 맞설 만한 힘이 없었습니다. 그들이 아무리 아니라고 소리를 질러도 들리지 않았습니다. 힘이 없어 좌절하고, 용기가 없어 겁을 먹고, 타락한 지도자들에게 한마디 말도 못한 채 냉가슴만 앓는 것이 당시의 상황이었습니다. 만일 누가 무슨 소리를 하면 그것은 곧 죽음을 의미하는 것이나 다름이 없었습니다. 이런 기막힌 상황을 목격하면서 유월절에 예수님은 성전으로 들어가셨던 것입니다.

예수님의 성전 정화

> 성전 안에서 소와 양과 비둘기 파는 사람들과 돈 바꾸는 사람들이 앉아 있는 것을 보시고(14절).

예수님은 성전에 들어가서 현장을 보시자마자 노끈으로 채찍을 만들었습니다. 노끈을 어디서 구하셨는지는 모릅니다. 허리에 맸던 띠를 풀어서 만드셨을 수도 있습니다. 어쨌든 주님은 채찍을 손에 쥐고 휘두르기 시작하셨습니다.

> 노끈으로 채찍을 만드사 양이나 소를 다 성전에서 내쫓으시고 돈 바꾸는 사람들의 돈을 쏟으시며 상을 엎으시고 비둘기 파는 사람들에게 이르시되 이것을 여기서 가져가라 내 아버지의 집으로 장사하는 집을 만들지 말라 하시니(15-16절).

주님은 사람에게는 손대지 않고 짐승들만 성전 마당에서 쫓아냈습니다. 그리고 환전하는 사람들의 상을 뒤집어엎으셨습니다. 얼마나 분노하셨으면 그랬을까요? 비둘기 파는 사람들에게는 빨리 그것을 가지고 나가라고 소리쳤습니다. 만약에 주님께서 새장을 열어 전부 날려버렸더라면 그들은 많은 손해를 보았을 것입니다. 그러나 그렇게 하지는 않으시고 가져가라고만 하셨습니다. 짐승들만 때려서 쫓아내고 한번 날아가면 도로 잡을 수 없는 새들은 가지고 가도록 말씀하신 것을 보면 채찍을 드신 주님의 마음이 어떠했는가를 엿볼 수 있습니다.

만약에 우리 중에 누가 백화점에 들어가서 "이 모리배들아, 말은 바겐세일이라고 하면서 바가지를 씌우는 이 못된 것들아!" 하고 채찍을 휘두르면서 사람들을 쫓아낸다면 어떤 일이 일어날까요? 정신병자 취급을 당하여 머리채를 잡힌 채 밖으로 끌려 나오고 말 것입니다. 초라한 시골 청년 예수가 혼자서, 칼을 손에 든 것도 아니고 가벼운 노끈 하나로 쫓아내는데도 사람들은 떨면서 성전 밖으로 도망갔습니다 한 사람도 예수님을 대적하지 못했습니다. 놀라운 일이 아닐 수 없습니다.

그 이유가 무엇입니까? 그 자리에 하나님의 영광이 나타났기 때문입니다. 예수님은 하나님이십니다. 분노하신 그분의 얼굴을 보는 자마다 공포에 질렸습니다. 그분의 꾸지람을 듣는 자마다 가슴이 찢어지는 아픔을 느꼈습니다. 감히 얼굴을 들고 그분을 쳐다볼 수 없었습니다. 상이 뒤집어져 동전이 마당에 나뒹굴며 놀란 짐승들이 이리 뛰고 저리 뛰는 아수라장이 벌어졌지만 그게 문제가 아니었습니다. 사람들은 하나님의 영광 앞에 무릎을 꿇었습니다. 누가 감히 하나님의 영광에 맞설 수 있었겠습니까?

예수님은 상을 뒤집어엎으시면서 이렇게 소리치셨습니다.

> … 이것을 여기서 가져가라 내 아버지의 집으로 장사하는 집을 만들지 말라 하시니(16절).

마태복음에는 "내 집은 기도하는 집이라 일컬음을 받으리라 하였거늘 너희는 강도의 소굴을 만드는도다"(마 21:13)라고 기록되어 있습니다. 이때 예수님은 드러내놓고 하나님을 아버지라고 불렀습니다. 유대 나라에서는 아무도 하나님을 아버지라고 부를 수 없었습니다. 만약에 그러는 사람이 있으면 그는 신성모독죄를 범한 자로 다스려졌습니다. 돌로 쳐죽일 수도 있었습니다. 그러니 성전 안에서 하나님이 내 아버지라고 말하는 것은 엄청난 문제를 일으킬 수 있었습니다. 그러나 예수님은 하나님을 아버지라 불렀습니다. 그는 보이지 않으시는 하나님의 보이는 형상이었기 때문입니다.

요한복음 1 요한이 전한 복음

탐욕의 누룩을 채찍질하시는 주님

> 성전보다 더 큰 이가 여기 있느니라(마 12:6).

예수님은 성전보다 더 크신 분입니다. 제자들은 성전을 정화하시는 예수님을 보면서 구약성경 한 구절을 기억했습니다.

> 제자들이 성경 말씀에 주의 전을 사모하는 열심이 나를 삼키리라 한 것을 기억하더라(17절).

이 구절은 시편 69편 9절을 인용한 것입니다. "주의 전을 사모하는 열심이 나를 삼키리라"가 무슨 뜻입니까? 여기서 '삼킨다'는 '불태운다', '망하게 한다'라는 뜻을 가지고 있습니다. 따라서 이 말씀은 예수님이 하나님의 전을 사모하는 열심 때문에 생명을 내놓았다는 의미가 됩니다.

손자나 손녀가 서너 살이 되면 제법 말도 하고 말귀도 알아듣습니다. 그런데 가끔 그 아이 앞에서 자기 엄마를 나무라는 것처럼 화를 내거나 때릴 것처럼 제스처를 취하면 그들은 어떻게 반응합니까? 고사리 같은 손을 들고 울면서 할아버지한테 대들 것입니다. 이같은 어린 꼬마의 행동을 일컬어 '엄마를 사모하는 열심이 그 아이를 삼켰다'라고 할 수 있습니다.

저는 이 말씀을 묵상하면서 생각하는 점이 많습니다. 만일 예수님이 우리가 예배 드리는 이 자리에 오시면 채찍을 들고 휘두르지 않으실까? 강대상을 뒤집어엎지 않으실까? 찬양대원들을 다 쫓아내지 않으실까? 장사에 눈이 어두워 건성으로 예배를 드리는 자들이 없지 않을 것이기 때문입니다.

유월절이 다가오면 유대 사람들은 집 안에서 누룩을 전부 치웁니다. 또 누룩을 넣어서 찐 빵도 다 없애버립니다. 예루살렘 성전에도 누룩이 절대 보이지 않도록 싹싹 쓸어내버립니다. 그러나 우리 눈에 보이는 누룩은 치웠지만 진짜 치워야 할 보이지 않는 누룩은 그대로 남아 있을 수 있습니다.

> 너희는 누룩 없는 자인데 새 덩어리가 되기 위하여 묵은 누룩을 내버리라 우리의 유월절 양 곧 그리스도께서 희생되셨느니라(고전 5:7).

고린도전서 5장 10절에서는 누룩을 탐욕이요 우상숭배이며 음행이라고 해석합니다. 예수님은 성전에서 매매하는 사람들만 보신 것이 아닙니다. 성전 지도자들의 마음속에 쌓여 있는 묵은 누룩, 즉 탐욕을 보신 것입니다. 탐욕을 하나님 앞에 회개하지 않은 채 겉으로 거룩하게 유월절을 지킨다고 하는 사람들에 대해 주님은 참지 못하시는 것입니다. 우리한테도 비슷한 문제가 남아 있지 않은지 두려운 마음으로 살펴보아야 합니다.

하나님은 자기의 이름이 망령되이 일컬어지는 것을 참지 못하십니다. 하나님은 자기의 몸 된 거룩한 교회가 세상의 여러 가지 탐욕과 이권 개입으로 인해 더러워지고 예배가 변질되어 껍데기만 남는 것을 참지 못하십니다. 왜냐하면 하나님의 이름이 욕을 당하는 것이나 다름없기 때문입니다. 하나님은 우리의 마음을 샅샅이 꿰뚫어 보십니다. 우리 마음속에 탐욕의 누룩을 그대로 가지고 하나님보다 돈을 더 사랑하면서 예배를 드린다면, 예수님은 분명히 그런 우리를 향하여 노끈을 들고 휘두르실 것입니다. 교회 지도자들이 탐욕에 눈이 멀어 교회를 이용하여 자기의 명예를 내세우고 교회를 이용하여 자기 잇속을 챙기는 것을 보신다면 채찍을 들고 그들을 내어쫓으실 것입니다.

예배를 사모하는 열심

티모시 크리스텐슨은 이렇게 말했습니다. "예배가 우리의 행위 가운데 하나에 불과하다면 모든 것이 세속적인 것이 되고 말 것이다. 그러나 예배가 우리가 행하는 유일한 것이라면 모든 것이 영원한 의미를 가질 것이다." 예배는 하나님의 자녀에게 있어 유일한 것이어야 합니다. 예배는 돈이나 쾌락에 가 있던 마음을 주일날 잠깐 빌려 하나님한테 얼굴 내미는 일이 아닙니다. 예배는 우리의 전부여야 합니다. 예수 그리스도의 피로 구속함을 받은 사람에게는 하나님 외에 다른 신이 없기 때문입니다. 바울 사도의 고백을 마음에 새기기 바랍니다.

> 우리 중에 누구든지 자기를 위하여 사는 자가 없고 자기를 위하여 죽는 자도 없도다 우리가 살아도 주를 위하여 살고 죽어도 주를 위하여 죽나니 그러므로 사나 죽으나 우리가 주의 것이로다 (롬 14:7-8).

> 그런즉 너희가 먹든지 마시든지 무엇을 하든지 다 하나님의 영광을 위하여 하라(고전 10:31).

우리의 삶은 먹든지 마시든지 오직 하나님을 위한 것입니다. 그러므로 신령과 진정으로 드리는 예배는 유일한 것이지 많은 것 중의 하나가 아닙니다. 만약 여러 가지 일 중에 하나라고 하면 예배는 반드시 세속화되고 말 것입니다.

그런 의미에서 오늘 우리의 마음을 들여다보시는 주님이 채찍을 들지 않으실까요? 지금 드리는 예배가 하나님만 경배하기 위해 드리는 예배라고 장담할 수 있습니까?

프랑스의 루이 14세가 한번은 귀족들을 거느리고 주일 예배에 참석하고자 성당의 주교에게 통지를 했습니다. 당시 왕실 설교자였던 프넬론 대주교가 그날 예배를 집례하기로 되어 있었습니다. 그런데 주일날 왕이 귀족들을 거느리고 위엄을 떨면서 교회 안에 들어가 보니 사람들이 아무도 없었다고 합니다. 왕은 프넬론 대주교를 불러서 어떻게 된 일이지 사람들이 왜 없는지 물었습니다. 그랬더니 그는 대담한 자세로 이렇게 말했습니다. "폐하, 폐하가 오늘 예배에 참석하신다는 사실을 모든 사람이 알고 큰 관심을 갖고 있었습니다. 그런데 제가 그들이 진짜 하나님을 예배하기 위해서 오는 사람인지 아니면 폐하를 보기 위해서 오는 사람인지 시험해보고자 일부러 오늘 급한 일이 생겨 왕께서 예배에 참석하지 못하게 되었다는 광고를 했습니다. 그랬더니 한 명도 나오지 않았습니다."

우리가 보이지 아니하는 하나님을 높이고 그분만을 경배하는 예배, 다시 말해서 설교자도 특송을 하는 사람도 대표기도를 맡은 사람도 주님의 자리에 대신 서지 못하게 하는 예배를 드린다면 주님께서 기뻐하실 것입니다. 예수님은 하나님의 전을 사모하는 열심 때문에 성전을 더럽히는 그 어떤 것도 생명을 걸고 막았습니다. 우리도 주님의 그 열심을 가집시다. 예배를 더럽히고 예배를 예배답지 못하게 타락시키고 하나님의 이름을 욕되게 하는 것이면 어떤 값을 지불하고서라도 막겠다는 뜨거운 열심을 마음속에 간직해야 할 것입니다.

새로운 성전, 새로운 예배

　　　　　　주님이 성전을 정화시키시는 것을 감히 막지 못하던 성전 지도자들은 "무슨 표적을 우리에게 보이겠느냐?"라고 하면서 도전하기 시작했습니다. 과연 하나님이 시켜서 하는 일이라면 증거를 보여달라는 말입니다. 이에 대해 예수님은 이렇게 대답하셨습니다.

> … 너희가 이 성전을 헐라 내가 사흘 동안에 일으키리라(19절).

이는 생명을 걸고 하시는 말씀입니다. 종교 지도자들은 입을 다물지 못할 정도로 놀랐습니다. 당시 예루살렘 성전은 주전 24년경에 착공한 것이었습니다. 그러니까 예수님이 드나드시던 당시는 이미 46년의 세월이 흘러간 다음이었습니다. 그때에도 완공되지 않고 있다가 주후 64년에 대공사를 끝낼 수 있었습니다. 그리고 성전이 완공된 지 7년이 안 되어서 로마 군대에 의해 주님이 예언한 대로 돌하나도 돌 위에 남지 않을 정도로 다 허물어지고 말았습니다.

그러므로 예수님께서 그들에게 대답할 당시의 예루살렘 성전은 46년 동안이나 공사를 하던 중이었습니다. 그런데 예수님은 사흘만에 다시 짓겠다고 하신 것입니다. 그 뜻을 알 수 없었던 사람들은 예수님을 정신 나간 사람으로 생각했을 것입니다. 그리고 그들은 이말을 트집 잡아 예수님을 걸고 넘어졌습니다. 예수님이 하나님을 모독했다는 것입니다. 하나님이 거하시는 성전을 헐라고 말하는 것은 하나님을 모독하는 것과 같다고 보았습니다. 반세기가 되어도 못다지은 성전을 사흘 만에 다시 짓겠다고 말하는 것은 고의적인 사기행위와 같다고 여겼습니다. 드디어 그들은 예수님을 죽일 계획을 짜기 시작했습니다.

우리는 예수님의 대답이 자신에게 얼마나 치명적이었는가를 잘 압니다. 예수님이 3년 후에 잡혀서 재판석에 섰을 때 주님을 고소한 죄목이 다름 아닌 이 말이었기 때문입니다. "가로되 이 사람의 말이 내가 하나님의 성전을 헐고 사흘에 지을 수 있다 하더라 하니"(마 26:61). 십자가에 못 박히신 예수님을 쳐다보고 구경하는 사람들이 빈정거리면서 욕을 한 내용도 이것입니다.

> 지나가는 자들은 자기 머리를 흔들며 예수를 모욕하여 이르되 성전을 헐고 사흘에 짓는 자여 네가 만일 하나님의 아들이어든 자기를 구원하고 십자가에서 내려오라 하며(마 27:39-40).

이런 의미에서 예수님은 생명을 걸고 말씀하신 것입니다. 그러면 이 말씀의 진의가 무엇입니까? 예수님을 십자가에 못 박으면 사흘만에 부활하실 것이라는 뜻입니다. 자기의 몸을 성전에 비유하신 것입니다. 그리고 부활하신 그날부터 성전에서 유월절마다 드리는 제사 예식이 사라질 것이며 성전이 필요 없는 시대가 온다는 의미였습니다. 왜냐하면 부활하신 다음에는 주님이 영으로 세상에 계실 것이기 때문에 어디에서든지 예수님의 이름만 부르고 나아가면 그를 경배할 수 있기 때문입니다. 굳이 예루살렘에 갈 필요가 없이 어디든 두세 사람이 모여 주님의 이름을 부를 수 있습니다. 예수님은 "헐어라, 그러면 내가 새로운 성전, 새로운 예배를 너희들에게 보여주겠다. 내가 부활한 다음에 너희에게 이 놀라운 예배의 시대를 열어주겠다"라고 말씀하고 계시는 것입니다.

우리는 이 말씀을 보면서 얼마나 감사한지 모릅니다. 주님은 부활하셔서 영으로 이 자리에도 계시고 전 세계 어디에서나 그분께 예배하는 모든 사람과 함께하십니다. 두세 사람이 모였든지, 수천 명이 모였든지 예배를 받으시기 위하여 주님이 영으로 우리 중에 임하시는 영광스러운 시대가 되지 않았더라면, 우리도 유월절이 되면 예루살렘으로 가야 했을지 모릅니다. 그러나 우리 주님은 오늘 어디서나 영광을 받으십니다. 얼마나 놀라운 은혜인지 모릅니다.

이제 이 영광스러운 예배가 부패하거나 변질되지 않게 주님의 전을 사모하는 열심을 갖도록 합시다. 탐욕을 멀리합시다. 뜨거운 열정을 가집시다. 변질되지 않는 예배자가 되어 영원토록 그분만을 찬양하고 경배하는 우리가 됩시다.

09

당신은 거듭나야 한다

요한복음 2장 23절 - 3장 7절

23 유월절에 예수께서 예루살렘에 계시니 많은 사람이 그의 행하시는 표적을 보고 그의 이름을 믿었으나 24 예수는 그의 몸을 그들에게 의탁하지 아니하셨으니 이는 친히 모든 사람을 아심이요 25 또 사람에 대하여 누구의 증언도 받으실 필요가 없었으니 이는 그가 친히 사람의 속에 있는 것을 아셨음이니라 1 그런데 바리새인 중에 니고데모라 하는 사람이 있으니 유대인의 지도자라 2 그가 밤에 예수께 와서 이르되 랍비여 우리가 당신은 하나님께로부터 오신 선생인 줄 아나이다 하나님이 함께하시지 아니하시면 당신이 행하시는 이 표적을 아무도 할 수 없음이니이다 3 예수께서 대답하여 이르시되 진실로 진실로 네게 이르노니 사람이 거듭나지 아니하면 하나님의 나라를 볼 수 없느니라 4 니고데모가 이르되 사람이 늙으면 어떻게 날 수 있사옵나이까 두 번째 모태에 들어갔다가 날 수 있사옵나이까 5 예수께서 대답하시되 진실로 진실로 네게 이르노니 사람이 물과 성령으로 나지 아니하면 하나님의 나라에 들어갈 수 없느니라 6 육으로 난 것은 육이요 영으로 난 것은 영이니 7 내가 네게 거듭나야 하겠다 하는 말을 놀랍게 여기지 말라

요즘 사회적으로 자주 언급되는 단어 중의 하나가 '거듭나다'입니다. 정치가 혼란스러우면 정치가들이 거듭나야 한다고 말합니다. 교육계가 부패했다는 뉴스가 나오면 교육가들이 거듭나야 한다고 말합니다. 그래서 사람들은 깊이 생각하지 않아도 그 말의 의미에 대해 어느 정도 감을 잡고 있습니다.

원래 '거듭나다'라는 말은 예수님께서 가장 먼저 사용하셨습니다. 본문에서는 세 번 이상 반복됩니다. 우리가 유의해야 할 점은 사회에서 흔히 통용되는 '거듭나다'와 예수님이 말씀하신 '거듭나다' 사이에 큰 차이가 있다는 것입니다. 사람들은 주로 '새로워져야 한다', '개혁되어야 한다' 혹은 '뜯어고쳐야 한다'는 뜻으로 이 말을 사용합니다. 그러나 예수님의 말씀은 '새로운 창조, 새로운 생명, 새로운 탄생'을 의미하고 있습니다. 그러므로 본문을 읽을 때에 거듭나야 한다는 말을 세상에서 통용되는 의미로 보지 않도록 주의해야 합니다.

내가 네게 거듭나야 하겠다 하는 말을 놀랍게 여기지 말라(요 3:7).

사실 거듭나야 하겠다는 우리말 번역은 맥이 빠진 느낌입니다. 원문을 보면 '반드시 꼭 거듭나야 한다'는 아주 강한 의미를 가지고 있기 때문입니다.

사람에게
의탁하지 않으신 예수님

　　　　　　　　예수님은 처음 예루살렘에 올라가셔서 표적과 기사를 많이 행하셨습니다. 요한복음 2장 23절에는 예루살렘에 계시니 많은 사람이 그의 행하시는 표적을 보고 믿었다고 기록되어 있습니다. 이런 표적과 기사가 예수님의 손에서 행해지는 것을 보며 감동을 받은 사람들 중에 예수님을 믿는 자가 많았습니다. 그런데 24절을 보면 놀랍게도 예수님이 그들을 신뢰하지 않으시는 것을 알 수 있습니다. 표적을 보고 믿겠다고 고백하는 자들이 많이 몰려들었지만 예수님은 그들에게 자기를 의탁하지 않으셨습니다. 그들의 말을 액면 그대로 받아들이지 않으신 것입니다. 왜 그랬을까요? 예수님은 입술의 말보다 그들의 마음을 더 잘 알고 계셨기 때문입니다. 25절을 보면 좀 더 구체적으로 말씀하고 있습니다.

> 또 사람에 대하여 누구의 증언도 받으실 필요가 없었으니 이는 그가 친히 사람의 속에 있는 것을 아셨음이니라(요 2:25).

　　어떤 말을 듣지 않아도 그 속을 다 알고 계시는 주님은 마음에도 없는 소리로 믿는다고 떠드는 그들을 신뢰할 수 없으셨던 것입니다.
　　요한복음 3장으로 넘어가면서 예수님이 사람의 내면을 얼마나 예리하게 알고 계시는지 확인할 수 있는 좋은 사례가 등장합니다.

니고데모 이야기입니다. 예수님의 많은 표적과 기사를 보고 믿은 자들 중에 니고데모도 포함되어 있었던 모양입니다. 그는 밤에 예수님을 찾아왔습니다. 그리고 예수님을 만나자마자 극찬을 늘어놓았습니다. "선생님, 당신이야말로 여호와가 보내신 선지자라는 것을 우리는 알고 있습니다. 당신이 예루살렘에서 행하신 놀라운 표적을 보았는데 이것은 보통 사람이 절대 할 수 없는 일입니다. 이것은 당신이 하나님으로부터 온 선지자요 당신에게 하나님이 함께하신다는 것을 보여주는 가장 좋은 증거라고 생각합니다. 그러므로 우리는 당신이 위대한 선지자요 선생님이신 줄을 잘 압니다."

이 정도의 인사치레라면 대단히 예의를 갖춘 것이라 할 수 있습니다. 그것도 니고데모처럼 나이가 많고 지혜로운 사람이 예수님과 같은 연하의 무명 청년에게 하는 인사라기에는 과분할 정도였습니다. 그러나 예수님은 뜻밖의 대답을 하셨습니다.

> 예수께서 대답하여 이르시되 진실로 진실로 네게 이르노니 사람이 거듭나지 아니하면 하나님의 나라를 볼 수 없느니라(요 3:3).

이것은 어떤 면에서 동문서답처럼 들립니다. "당신은 위대한 선생님입니다"라고 인사를 하는데 "사람이 거듭나지 아니하면 하나님 나라를 볼 수 없다"라고 대답하시니 말입니다. 니고데모는 속으로 몹시 당황했을 것입니다.

니고데모는 거듭나야 한다는 예수님의 말씀을 전혀 이해하지 못했습니다. 사람이 두 번 나야 한다는 것 자체가 상식을 벗어난 말이었기 때문입니다. "아니, 어떻게 이 늙은 몸으로 어머니 배 속에 또 들어갑니까? 어떻게 그런 일이 가능합니까?" 니고데모로서는 너무나 자연스런 질문이었습니다. 그러자 주님은 처음 하신 말씀에 좀 더 살을 붙여서 말씀하십니다.

> … 진실로 진실로 네게 이르노니 사람이 물과 성령으로 나지 아니하면 하나님의 나라에 들어갈 수 없느니라(요 3:5).

거듭난다는 말 대신 물과 성령으로 난다는 표현을 쓰고 있습니다. 하나님 나라를 본다는 말을 들어간다는 말로 바꾸었습니다. 그리고 첨가해서 이렇게 말씀하십니다. "니고데모야, 어머니 배 속에서 나오는 것은 어디까지나 육신으로 출생하는 것이다. 나는 지금 영으로 출생하는 것을 말한다. 그러므로 영과 육을 혼돈하지 말아라. 너는 육신으로 태어났을 뿐, 아직도 영으로는 태어나지 못한 사람이다. 그러므로 너는 반드시 영적으로 다시 태어나야 한다. 너는 이 말을 이상하게 여겨서는 안 된다."

거듭남이
중요한 이유

예수님께서 거듭나는 문제를 이처럼 진지하고 강경하게 말씀하시는 이유가 어디에 있다고 생각합니까? 하나님 나라 때문입니다. 하나님 나라에 들어가려면 사람은 반드시 한 번 더 태어나야 한다고 하십니다. 하나님의 나라에 들어가느냐 못 들어가느냐는 인간에게 가장 심각한 문제입니다. 니고데모가 하나님 나라에 큰 관심이 있다는 것을 주님은 그의 마음속을 들여다보시고 아셨습니다. "니고데모야, 너도 이제 세상을 한 50년 살았으니까 인생이 무엇인지 잘 알고 있을 것이다. 내가 보니 너는 하나님 나라에 관심이 많구나. 너는 이 세상이 전부가 아니라 인간에게는 내세가 있다고 생각하며, 그렇다면 어떻게 그리로 들어갈 수 있을까를 늘 고민하고 있는 줄 안다. 하나님 나라에는 율법을 잘 지키면 들어갈 수 있을까? 그것으로 안심할 수 있을까? 좋은 생각이다. 그러나 꼭 알아두어라. 육신으로 사는 것은 서론에 불과할 뿐이다. 인생의 본론은 하나님 나라에 가서 사는 것이다. 그러나 네가 두 번 태어나지 않으면 그곳에는 절대 못 들어간다."

하나님의 나라는 니고데모 한 사람의 관심으로 끝날 문제가 아닙니다. 모든 사람들의 관심사입니다. 특히 인생살이를 사십 년 정도 한 사람이면 실존적인 허무감을 느끼게 되고 이런 생각을 가끔 하게 됩니다. '세상이 이것뿐일까? 인생은 이러다가 끝나는 것인가? 사람은 이렇게 늙어서 훗날 자식들한테 천대받다가 무덤으로 들어가면 그것으로 끝인가?'

인간이 아무리 행복해도 한순간일 뿐입니다. 결혼하면 얼마 동안은 깨가 쏟아지는 그 맛 때문에 행복을 느낄 수 있습니다. 사업에 성공하거나 뜻하는 바를 이루면 어느 정도 행복을 느낍니다. 그러나 조금 더 세상을 살다 보면 '인생이 이런 것인가?'라는 생각을 하게 됩니다. 성공했다는 사람도 실패했다는 사람도 인생 끝에서 느끼는 허무는 본질상 똑같습니다. 아무리 인간이 영화를 누렸다고 할지라도 그것은 아침에 피었다가 해가 나면 시드는 야생화와 같습니다. 오죽하면 성경은 가장 화려하게 세상을 살다간 솔로몬의 모든 영광으로도 입은 것이 들의 꽃 하나만 못하다고 했겠습니다. 이런 허무 때문에 사람은 자연히 내세를 생각하게 됩니다.

십여 년 전 갤럽 조사에 의하면 세상 재미 다 보고 사는 미국 사람들 중에도 하나님 나라가 있다고 믿는 사람이 71퍼센트나 된다고 합니다. 왜 그럴까요? 믿지 않으면 허전해서 살 수 없기 때문입니다. 그러므로 하나님 나라에 들어가는 문제는 돈 버는 것이나 출세하는 것, 건강하게 사는 것과는 비교할 수 없는 중요한 문제입니다.

저는 어느 책에 나온 짧은 글을 읽고 충격을 받은 적이 있습니다. 한 젊은이가 교통사고를 내고 의식 불명으로 중환자실에 있었습니다. 그 병원에서 일하는 목사님이 이 소식을 듣고 찾아갔습니다. 젊은이는 아직 깨어나지 못하고 있었습니다. 목사님은 답답한 마음으로 '이 형제가 예수님을 믿었을까? 젊은 생명이 너무도 안타깝구나'라고 생각하며 조용히 기도했습니다. 그런데 갑자기 젊은이가 눈을 번쩍 뜨는 것이었습니다. 젊은이는 목사님을 보고 이런 말을 했습니다. "목사님이세요? 목사님, 감사합니다. 저는 제 마지막이 이렇게 빨리 올 줄은 꿈에도 생각하지 못했어요. 목사님, 저 구원받고 싶어요. 천국이 있으면 그곳에 들어가고 싶어요. 목사님 저를 좀 도와주세요. 제가 어떻게 해야 합니까?" 그 말을 듣고 목사님은 "형제여, 당신은 예수만 믿으면 됩니다. 이제 가르쳐줄 테니 내 말을 잘 들으세요" 하고는 성경을 펼치려 했습니다. 그런데 젊은이는 또다시 혼수 상태에 빠지고 말았습니다. 그리고 불행하게도 의식을 되찾지 못했습니다. 하나님 나라에 들어가는 법을 배울 수 있는 마지막 기회를 놓쳐버린 그 젊은이를 앞에 놓고 목사님은 너무도 안타까워서 자기의 경험을 글로 남긴 것입니다.

모호한 태도

하나님 나라에 들어가는 일은 우리 인생에서 너무도 중요한 문제입니다. 그런데 주님은 하나님 나라에 들어가려면 반드시 거듭나야 된다고 말씀하십니다. 그러면 내가 도대체 거듭난 사람인지 아닌지를 어떻게 알 수 있을까요? "나는 이 책 안 읽어도 돼. 나는 거듭난 하나님의 자녀니까. 할렐루야!" 하는 사람도 있을 것이고 "거듭났는지 아닌지 잘 모르겠어" 하며 은근히 불안해하는 사람도 있을 것입니다. 니고데모는 이런 고민을 하는 사람들에게 좋은 본보기가 됩니다. 그를 거울로 삼아 우리 자신을 비춰 보면 자신이 거듭났는지 아닌지 금세 알 수 있습니다. 거듭나지 못한 사람의 네 가지 특징을 그에게서 볼 수 있기 때문입니다.

첫째, 니고데모는 예수님을 밤에 찾아왔습니다. 그것이 뭐 그리 대수로운 이야기냐고 생각할 수도 있겠지만, 사실은 그렇지 않습니다. 요즘처럼 전깃불이 환한 세상이라면 밤이나 낮이나 별문제가 안 될지도 모릅니다. 그러나 당시는 밤이 되면 횃불이나 등불 없이는 아무것도 볼 수 없는 세상이었습니다. 그가 밤에 예수님을 찾아왔다는 사실을 두고 동정하는 사람도 있고 비판하는 사람도 있습니다. 동정론을 펴는 쪽에서는 니고데모가 밤에 예수님을 찾은 이유에 대해, 예수님이 낮에는 너무 바빠서 찾아가봐야 잠깐 인사할 시간밖에 없을 것 같으니까 밤을 기다렸다고 말합니다. 이런 의미에서 밤에 찾아간 것은 지혜로운 선택이었다는 것입니다.

한편 비판론자들은 아주 다른 이야기를 합니다. 니고데모는 신분이 높은 사람이었습니다. 그는 유대의 최고 기관인 산헤드린 공회의 회원이었는데, 이는 그가 전국에서 오륙십 명 안에 들어가는 저명인사였음을 시사합니다. 당시 유대의 지도층은 대부분 이 젊은 나사렛 청년 예수를 경계의 눈초리로 지켜보고 있었습니다. 그럴 때 대낮에 예수님을 찾는 것은 체면에도 문제가 있었고, 만에 하나 불이익을 당할지도 모른다는 우려를 낳게 하는 행동이었습니다. 그래서 밤을 택했다는 주장입니다. 저는 이와 같은 비판적인 시각이 옳다고 봅니다. 니고데모는 사람들 앞에서 믿는 티를 내기 싫어서 밤에 찾아온 것입니다.

니고데모와 비슷한 성향을 가지고 교회에 다니는 사람들이 적지 않습니다. 직장에서 예수 믿는 티를 절대 안 내는 사람들이 있습니다. 누군가 당신은 예수님을 믿느냐고 물으면 아내가 교회에 다닌다는 말을 하면서 슬쩍 피해버립니다. 이처럼 예수를 믿는지 안 믿는지 애매모호한 행동을 하는 사람들은 분명히 알아야 합니다. 주님께서 이들을 보시고 틀림없이 이렇게 말씀하실 것입니다. "너는 거듭나야 하나님 나라에 들어갈 수 있어. 반드시 거듭나야 돼."

우리 신앙

둘째, 니고데모는 '우리 신앙'을 가진 사람이었습니다. 그는 예수님을 찾자마자 대뜸 "랍비여 우리가 당신은 하나님께로부터 오신 선생인 줄 아나이다"(요 3:2)라고 고백합니다. 신앙고백은 '우리'가 아니라 '내가' 하는 것이어야 합니다.

물론 성도들이 한자리에 모여서 하나님 앞에 기도할 때는 "하늘에 계신 우리 아버지"라고 부릅니다. 하나님의 자녀가 공동체를 이루어서 하나님 앞에 기도하고 찬양할 때 '우리'라는 명칭은 너무나 아름다운 천국 시민의 대명사입니다. 그러나 신앙고백은 본질적으로 개인적이어야 합니다. 예수님을 선생님으로 알아도 내가 안다고 말해야 되고, 예수님이 하시는 일을 보니까 하나님이 함께하시는 것이 틀림없다는 고백도 내가 해야지 우리가 한다고 하면 그것은 진정한 고백이 아닙니다. 그러나 니고데모는 우리라는 대중 속에 자기를 숨겨놓고 고백합니다.

더욱이 그의 말을 유심히 관찰하면, 이것은 우리가 성경에서 배우는 신앙고백이 아님을 금세 알 수 있습니다. 베드로의 신앙고백과 비교해보십시오. "주여 나를 떠나소서 나는 죄인이로소이다"(눅 5:8). 예수님께는 하나님의 영광이 있습니다. 그분은 하나님이십니다. 그러므로 니고데모가 정말로 예수님에게서 하나님의 영광을 보았다면 베드로처럼 자신의 죄악을 돌아보며 고민해야 했습니다. 베드로는 또 "주는 그리스도시요 살아 계신 하나님의 아들이시니이다"(마 16:16)라고 고백했습니다. 베드로는 예수님을 선지자나 선생이라고 말하지 않았습니다. 불행하게도 니고데모는 베드로의 신앙고백과는 거리가 먼 이야기를 하고 있습니다.

우리 중에는 니고데모처럼 자신과는 별 상관없이 상식적이고 대중적인 신앙고백에 익숙해져 있는 사람이 있을지도 모릅니다. 예수님은 틀림없이 말씀하십니다. "네가 하나님 나라에 들어가려면 거듭나야 한다. 반드시 거듭나야 해."

이적 신앙

셋째, 니고데모의 신앙은 '이적 신앙'이었습니다. 그는 예수님이 행하시는 이적과 기사를 본 뒤에 믿는다고 고백했습니다. 물론 이적은 신앙의 문을 여는 데 도움을 줍니다. 요한복음 10장 38절에서 예수님은 이적의 가치에 대해 말씀하셨습니다. "내가 행하거든 나를 믿지 아니할지라도 그 일은 믿으라 그러면 너희가 아버지께서 내 안에 계시고 내가 아버지 안에 있음을 깨달아 알리라 하시니." 주님이 전하시는 복음을 듣고 그분이 하나님 되심을 믿을 수 없다면, 그분이 행하시는 이적과 기사를 보고 믿으라는 말씀입니다. 이와 같이 이적과 기사는 믿음 없는 사람이 믿음을 갖도록 도와주는 촉진제가 될 수 있습니다.

그러나 이적 그 자체는 믿음의 내용도 아니요 대상도 아닙니다. 우리는 이적을 믿는 것이 아니라 예수 그리스도가 하나님이시요 구원자임을 믿습니다. 그러므로 이적에 눈이 먼 사람은 예수님을 하나님으로 보지 못할 수 있습니다. 입으로는 믿는다고 할지 모르지만 그 중심은 예수님을 믿지 않습니다.

우리 중에 한때 병들었다가 누군가에게 안수를 받고 기적적으로 병이 나아 예수님을 믿게 된 분이 계시나요? 그렇다면 진짜 예수님을 믿는 것인지 아니면 병이 나은 체험을 믿는 것인지 다시 한번 점검해보기 바랍니다. 기도해서 갑자기 사업이 번창하니까 그것 때문에 들떠서 예수님을 믿은 것은 아닙니까? 물론 기도로 병이 나은 것이나 사업이 잘되는 것은 감사한 일입니다. 그러나 응답을 담보로 믿음을 가진 사람은 잘못하면 믿음의 주요 온전케 하시는 예수 그리스도를 보지 못할 수 있습니다. 이런 사람들은 나중에 자기가 기도한 대로 일이 잘 안되면 세상으로 돌아갈 위험이 다분합니다. 예수님은 이런 사람에게도 말씀하십니다. "너는 거듭나야 돼. 반드시 거듭나야 돼."

세상 지혜로
깨닫지 못함

마지막으로, 니고데모는 예수님의 말씀을 즉시 깨닫지 못했습니다. 예수님이 거듭나야 한다고 말씀하시자 니고데모는 이미 늙었는데 어떻게 어머니 배 속에 또 들어갔다 나올 수 있느냐고 묻습니다. 하도 한심하니까 예수님은 길게 설명해주셨습니다(요 3:5-8). 그러나 설명을 한참 듣고 나서도 니고데모는 여전히 예수님의 말씀을 이해하지 못했습니다.

니고데모가 대답하여 이르되 어찌 그러한 일이 있을 수 있나이까
(요 3:9).

니고데모는 왜 말씀에 귀가 어두웠을까요? 이유는 간단합니다. 거듭나지 못했기 때문입니다. 예수님은 영계(靈界)의 이야기를 영계의 법칙에 따라 말씀하고 계시는 데 반해, 니고데모는 영계를 물질계의 법칙으로 이해하려 했습니다. 그러니 어떻게 통할 수 있겠습니까? 대기권 안에서 통하는 법칙이 대기권 밖에서는 통하지 않습니다. 그러나 예수님은 자연계를 벗어난 영계의 이야기를 하셨습니다. 영적인 일은 영적인 것으로만 분별할 수 있습니다(고전 2:13). 그러므로 세상의 지혜로는 주님의 말씀을 깨달을 수 없습니다.

우리 가운데도 믿음이나 하나님의 나라 혹은 죄 사함과 같은 영적인 진리를 들을 때 잘 깨닫지 못하는 사람들이 있습니다. 어떤 사람이 아내의 손에 이끌려 5년 동안 주일 예배에 참석했습니다. 그러나 예배가 시작되면 졸음만 오고 설교가 도무지 귀에 들어오지 않았다고 합니다. 그런데 최근에 자기가 휘두른 테니스 라켓에 맞아 딸의 한쪽 눈이 실명할 위기에 놓였습니다. 아버지의 심정이 오죽했겠습니까? 딸을 붙들고 용서를 구하며 애원해보기도 하고, 그동안 해보지 않던 기도를 무릎이 아프도록 하기 시작했습니다. 그러던 중 어느 주일날 교회에 나와 예배를 드리는데 놀랍게도 설교 말씀 한 마디 한마디가 귀에 들어왔습니다. 자기도 모르게 거듭난 것입니다. 몇 달 후 딸아이의 눈도 잘 치료가 되었습니다.

아직도 하나님의 말씀이 귀에 들어오지 않는 사람이 있습니까? 예수님의 경고를 들어야 합니다. "너는 반드시 거듭나야 해."

말씀과 성령의 수고

거듭난다는 것은 '두 번 난다' 혹은 '위로부터 난다'는 의미를 갖고 있습니다. 이는 육신의 탄생을 말하는 것이 아닙니다. 영이 태어나는 것입니다. 세상에 태어날 때는 몸을 입고 나옵니다. 그러나 사람이 천국으로 들어갈 때는 반드시 영으로 출생해야 합니다. 그래서 인간은 두 번 나는 것입니다. 자연계에 나오면서 출생한 몸을 가지고 영원한 나라에 들어갈 수 없습니다. 거기에는 그 나름대로 또 출생이 필요합니다. 이것을 일컬어 거듭난다고 말합니다.

어린아이가 세상에 태어나기 위해서는 부모의 수고가 따라야 합니다. 마찬가지로 우리가 영으로 거듭나기 위해서는 물과 성령의 수고가 필요합니다. 다시 말해 물과 성령으로 거듭나야 합니다(요 3:5). 여기서 물은 하나님의 말씀을 가리킵니다.

그가 그 피조물 중에 우리로 한 첫 열매가 되게 하시려고 자기의 뜻을 따라 진리의 말씀으로 우리를 낳으셨느니라(약 1:18).

우리는 하나님의 말씀을 들을 때 거듭납니다. 성령이 하나님의 말씀을 우리 마음에 씨로 뿌리고 그 씨가 움트면서 새 생명이 태어나는 것입니다.

너희가 거듭난 것은 썩어질 씨로 된 것이 아니요 썩지 아니할 씨로 된 것이니 살아 있고 항상 있는 하나님의 말씀으로 되었느니라(벧전 1:23).

우리가 영으로 거듭날 때 말씀과 성령이 수고를 합니다. 세상에서 어머니는 한 생명을 낳기 위해 죽음과 같은 해산의 진통을 겪습니다. 마찬가지로 우리가 영적으로 다시 태어나게 하려고 하나님의 아들이신 예수님이 십자가에서 죽음의 고통을 겪으셨습니다. 이 죽음이 우리가 말씀을 들을 때 우리 안에서 새 생명을 싹트게 합니다. 그러나 말씀만으로 안 됩니다. 성령께서 그 말씀을 사용하셔야 합니다. 이런 의미에서 거듭나는 기적은 성령과 말씀의 합작품이라 할 수 있습니다.

> 그런즉 누구든지 그리스도 안에 있으면 새로운 피조물이라 이전 것은 지나갔으니 보라 새것이 되었도다(고후 5:17).

새로운 피조물로 거듭났다 하더라도 겉으로 보면 우리의 몸은 달라진 것이 없습니다. 주름진 얼굴은 그대로 남아 있고, 성격이나 습관도 여전합니다. 그런데도 주님은 새것이 되었다고 말씀하십니다. 무엇이 새롭게 되었다는 것입니까? 우리의 영입니다. 우리의 영이 새 생명으로 다시 태어난 것입니다. 이는 하나님의 놀라운 복 중의 복입니다.

열쇠를 돌려 시동을 걸라

아이가 태어날 때, 그 아이가 하는 일은 사실 하나도 없습니다. 출생 전의 모든 준비를 부모가 다 합니다. 어머니는 아이를 잉태한 뒤 열 달 동안 온갖 고생을 하면서 생명을 키워 세상에 내놓습니다. 그리고 아이를 낳을 때도 산모가 모든 값을 다 치릅니다. 태어나는 아이는 가만히 있기만 하면 됩니다. 그리고 또 한 가지 중요한 사실이 있습니다. 아이가 살아 있어야 한다는 것입니다. 죽은 아이를 엄마가 순산하기란 어렵습니다. 태아는 숨을 쉬고 있어야 합니다. 그리고 엄마가 하는 대로 가만히 있기만 하면 이 땅에 태어날 수 있습니다.

우리가 영적으로 새롭게 태어날 때에도 마찬가지입니다. 중생은 하나님이 전적으로 하시는 일입니다. 즉, 하나님이 나를 낳으시는 것입니다.

> 영접하는 자 곧 그 이름을 믿는 자들에게는 하나님의 자녀가 되는 권세를 주셨으니 이는 혈통으로나 육정으로나 사람의 뜻으로 나지 아니하고 오직 하나님께로부터 난 자들이니라(요 1:12-13).

우리를 거듭나게 하는 것은 전적으로 하나님의 책임입니다. 따라서 논리적으로 따지면 평생 교회 다닌 사람이 거듭나지 못해 하나님 나라에 들어갈 수 없을 때 하나님께 그 이유를 물을 수 있을지도 모릅니다. "하나님, 내가 거듭나지 못한 것은 하나님이 나를 낳지 않았기 때문입니다. 그런데 왜 나한테 책임을 묻습니까?"라며 항의할 수 있을 것입니다.

그러나 모든 준비를 하나님이 하시고 모든 일을 하나님이 다 책임지셔서 우리가 거듭나는 것이 사실이지만, 그럼에도 거듭나기 위해 우리가 한 가지는 꼭 해야 한다는 것을 알아야 합니다. 바로 믿으려는 결단입니다. 이는 태아가 숨을 쉬면서 엄마의 움직임에 자기를 맡기는 행위와 같습니다. 믿음은 거듭나게 하시는 성령께 순응하는 일입니다.

다른 예를 하나 들어보겠습니다. 볼보라는 차는 세계에서도 가장 안전하기로 정평이 나 있습니다. 여기 볼보 한 대가 있다고 가정해봅시다. 연료도 가득 차 있고 열쇠까지 꽂혀 있습니다. 차가 갈 수 있는 모든 조건이 완벽하게 준비된 것입니다. 그러나 차가 앞으로 나아가기 위해서는 우리가 해야 할 일이 하나 있습니다. 열쇠를 돌리는 것입니다.

영적인 입장에서 본다면 열쇠를 돌려 시동을 거는 행위가 바로 믿음입니다. 안타깝게도 교회를 오래 다닌 사람들 중에, 다른 것은 다 준비가 되었는데 믿지 않아서 거듭나지 못하는 경우를 자주 봅니다. 그런 사람들은 대부분 자아가 아주 강합니다. 곁에 있는 가족이나 주변 사람들에게 예수님을 믿는다는 티를 내면 체면이 깎이는 것처럼 생각합니다. 이들은 준비는 다 됐지만 열쇠를 돌리지 않아서 그 자리에 그대로 있는 것입니다.

예수를 바라보라

거듭남이 무엇인지에 대해 귀가 아프도록 설명을 듣는 것보다는 내가 거듭나는 것이 중요합니다. 거듭나는 사건이 내게 일어나야 됩니다. 김영길 박사는 한국이 자랑하는 세계적인 학자입니다. 그가 신앙 간증을 하면서 정말 중요한 이야기를 했습니다.

그는 미국에서 유학하던 중에 부인을 따라 교회에 나갔습니다. 그러나 도대체 예수가 누구인지 알 수 없었으며, 꼭 믿어야 하는 이유도 몰랐습니다. 교회에 가서 앉아 있어도 그 문제에 대한 해답을 도저히 얻을 수 없었습니다. 창세기부터 요한계시록까지 열심히 읽기도 하고 유명하다는 기독교 서적을 산더미처럼 쌓아놓고 읽어보기도 했습니다.

어느 날 저녁, 6시부터 11시까지 성경과 신앙 서적을 펴놓고 도대체 왜 예수님이 꼭 세상에 오셔야 했는지, 왜 꼭 예수를 믿어야 되는지를 생각하면서 글을 읽어나가다가 갑자기 마음에 깨달음이 왔습니다. '우리는 다 죄인이기 때문에 죄인을 구원하려면 죄 없는 누군가가 대신 죽어야 하고, 죄인을 대신해 죽기 위해서는 반드시 사람이 죽어야만 한다. 하지만 신이신 하나님은 죄인을 위해 대신 죽을 수 없다. 사람이 아니시니까. 그러므로 하나님께서 그의 아들 예수를 세상에 보내셔서 사람이 되게 하셨고, 예수님은 인간으로서 나를 위해 십자가에 달려 죽으신 것이다.' 이 진리를 갑자기 깨닫는 순간 그의 어두운 마음이 환하게 밝아졌습니다. 그는 벌떡 일어나 부인을 불러놓고 자기가 깨달은 것을 이야기했습니다. 그런 뒤에 두 사람은 손을 잡고 기도했습니다. 그 순간이 김영길 박사가 거듭난 시간이었습니다. 아침에 차를 몰고 출근을 하면서 창밖을 보는데, 하늘이 달라 보였습니다. 어제 본 하늘이 아니었습니다. 모든 것이 새로웠고 이전과는 다르게 느껴졌습니다. 왜냐하면 새 생명으로 태어났기 때문입니다. 그는 부인과 손을 잡고 "믿습니다"라고 고백하는 순간 새 생명으로 태어난 것입니다.

니고데모와 같은 당신은 반드시 거듭나야 합니다. 그렇지 않으면 하나님 나라에 들어갈 수 없습니다. 이 시간 모든 것이 다 준비되었습니다. 하나님이 당신을 위해서 해주실 것은 다 해주셨습니다. 당신은 이제 한 가지만 하면 됩니다. 예수 그리스도를 바라보십시오. 나를 위해 십자가에서 죽으신 예수님을 바라보십시오. 주님이 죽으신 것은 우리의 죄를 씻기 위함입니다. 십자가에서 죽으시고 사흘 만에 부활하신 주님을 바라보기 바랍니다. 그리고 이렇게 고백하십시오. "주여, 나는 죄인입니다. 나는 구원이 필요합니다. 하나님 나라로 들어가야 됩니다. 주여 나를 도와주옵소서." 그러면 성령께서 당신을 거듭나게 하실 것입니다.

영적으로 거듭난 후 그 은혜에 감격하여 부르는 찬송이 있습니다. 찬송가 285장입니다.

> 주의 말씀 받은 그날 참 기쁘고 복되도다
> 이 기쁜 맘 못 이겨서 온 세상에 전하노라
> 기쁜 날 기쁜 날 주 나의 죄 다 씻은 날
> 늘 깨어서 기도하고 늘 기쁘게 살아가리
> 기쁜 날 기쁜 날 주 나의 죄 다 씻은 날

10

성령으로 난 사람의 양면성

요한복음 3장 8-13절

8 바람이 임의로 불매 네가 그 소리는 들어도 어디서 와서 어디로 가는지 알지 못하나니 성령으로 난 사람도 다 그러하니라 9 니고데모가 대답하여 이르되 어찌 그러한 일이 있을 수 있나이까 10 예수께서 그에게 대답하여 이르시되 너는 이스라엘의 선생으로서 이러한 것들을 알지 못하느냐 11 진실로 진실로 네게 이르노니 우리는 아는 것을 말하고 본 것을 증언하노라 그러나 너희가 우리의 증언을 받지 아니하는도다 12 내가 땅의 일을 말하여도 너희가 믿지 아니하거든 하물며 하늘의 일을 말하면 어떻게 믿겠느냐 13 하늘에서 내려온 자 곧 인자 외에는 하늘에 올라간 자가 없느니라

영적인 세계에 관한 진리를 이해하기란 쉽지 않습니다. 니고데모가 예수님을 만나 대화를 나누면서 마이동풍 격으로 반응한 것은 조금도 이상한 일이 아닙니다. 인간의 연약함을 아시는 예수님은 어렵고 심오한 하나님 나라의 비밀을 이야기하실 때 주변에서 흔히 볼 수 있는 사물이나 사건에 빗대어 쉽게 말하기를 좋아하셨습니다. 이와 같은 화법을 비유라고 합니다. 물을 길러 온 수가성의 여인에게 구원의 진리, 성령의 진리를 샘물의 비유로 풀어주신 것(요 4:10-14), 주님과 우리 사이를 양과 목자의 관계로 설명하신 것(요 10:1-16), 과수원 곁을 지나가시다가 포도나무를 가리키며 하나님 아버지와 우리는 끊을 수 없는 생명의 관계를 가지고 있다는 진리를 말씀하신 것(요 15:1-8) 등은 비유의 좋은 예가 될 것입니다.

예수님께서 니고데모에게 거듭남에 대해 말씀하셨을 때 니고데모는 계속 고개를 갸우뚱거리면서 알아듣지 못했습니다. 그때 깊은 밤의 정적을 깨고 지나가는 바람 소리가 들렸습니다. 아마 문간을 심하게 흔들면서 지나갔는지도 모릅니다.

바람이 임의로 불매 네가 그 소리를 들어도 어디서 오며 어디로 가는지 알지 못하나니 성령으로 난 사람은 다 이러하니라(8절).

저는 요한복음 3장 8절을 읽으며 주님께서 "자, 니고데모 선생. 귀를 기울여보시오. 바람 소리가 들리지 않소? 성령으로 거듭난 사람은 마치 지나가는 저 바람과 같소"라고 설명하시는 모습을 상상해보았습니다. 그러나 아직도 니고데모는 예수님의 말씀을 알아듣지 못하고 있었습니다. 9절을 봅시다.

니고데모가 대답하여 이르되 어찌 그러한 일이 있을 수 있나이까

바람에는 두 가지 성격이 있는 것을 예수님의 비유에서 알 수 있습니다. 하나는 신비성입니다. 바람은 신비한 면을 가지고 있습니다. 바람이 어디서 생겨서 어디로 불며 어떻게 소멸하는지는 당시 사람들이 도무지 알 수 없는 자연현상이었습니다. 물론 오늘날에는 인공위성을 통해서 바람의 생성 과정과 진로를 추적할 수 있기 때문에 예수님의 설명이 이상하게 들릴지도 모릅니다. 그러나 지금 예수님은 과학적인 지식을 논하는 것이 아닙니다. 당시 사람들이 알고 있는 상식에 근거해서 말씀하시는 것입니다.

바람은 신비스러운 존재이면서 동시에 사실성을 갖고 있습니다. 아무리 미미한 바람이 지나가도 우리는 그 소리를 들을 수 있습니다. 마찬가지로 거듭난 사람에게도 이 신비성과 사실성이 동시에 존재합니다.

물과 성령으로 거듭났습니까? 그러면 성령이 말씀의 씨앗을 우리 마음에 뿌릴 때 하나님의 자녀로 태어나는 신비스러운 사건이

일어납니다. 동시에 반드시 삶의 변화라고 하는 사실적인 증거가 따라옵니다. 우선 중생의 신비성을 생각해봅시다.

거듭남의 신비성

거듭남은 너무도 신비스러운 사건입니다. 성령이 심은 말씀의 씨앗에서 싹이 나면서 우리가 하나님의 자녀로 태어나는 것입니다. 그러나 성령과 말씀이 우리 안에서 어떻게 작용하여 그처럼 놀랍고도 신비스러운 일이 일어나는지는 아무도 설명할 수 없습니다. 이는 오직 하나님만 알고 계시는 신비임에 틀림없습니다.

19세기 진화론을 발표하여 기독교에 엄청난 해를 끼친 찰스 다윈을 기억하실 것입니다. 그가 한번은 남아메리카 부족들을 상대로 진화 과정을 연구하고 있었습니다. 당시 남아메리카의 정글에는 많은 부족이 있었는데, 한 공동체의 규모가 몇백 명에서 몇천 명에 이르렀습니다. 다윈은 그 부족들을 대상으로 원숭이에서 사람으로 진화하는 과정의 근거를 찾고 있었나 봅니다. 그때 그는 파타고니아 원주민을 만났습니다. 그가 보기에는 그들이 인간으로 보이지 않았습니다. 인간으로 간주하기에는 너무도 비인간적이고 짐승으로 보기에는 너무도 인간적인 모습을 하고 있었기 때문입니다. 그래서 그는 그들을 원숭이와 인간의 중간쯤인 존재로 생각했습니다. 결국 다윈은 그 부족을 연구 대상 목록에서 빼버렸습니다.

얼마 후 한 선교사가 파타고니아 부족에게 복음을 전하러 갔습니다. 그들이 복음을 받아들이자 놀라운 일이 일어났습니다. 추장을 위시하여 대부분의 부족원이 중생을 체험한 것입니다. 이렇게 되니 사람이 변하면서 그들의 생활 모습도 달라지기 시작했습니다. 훗날 그들을 다시 찾아간 다윈은 그들의 변화상을 보고 무척 놀랐습니다. 사람으로 보지 않았던 미개한 종족이 어떻게 그토록 달라질 수 있었는지 영문을 알 수 없었습니다. 결국 선교사가 복음을 전해서 그런 이변이 일어났다는 것을 안 그는, 선교사에게 선교 헌금을 드렸다고 합니다.

이처럼 거듭남의 역사는 너무도 신비스럽습니다. 미개한 종족이 하나님의 자녀로 바뀌는 과정을 일일이 설명할 수 없고 그 신비의 뚜껑을 다 열어 볼 수도 없지만, 하나님께서 하시는 일이라는 것은 분명히 알 수 있습니다.

뒤늦은 나이에 중생을 경험한 카피라이터 이만재라는 분이 거듭나고 나서 쓴 글이 있습니다.

"참 별 희한한 일도 다 있다. 참 별 희한한 일도 다 있다. 머지않아 지천명을 바라보는 나이에 아무리 생각해보아도 별일은 별일이다. 세상에 나처럼 한평생 엉덩이 뿔을 높이 달고 휘저어대며 오로지 술과 벗과 객기를 인생의 낙인 양 믿고 살던 사람이 어느 날 갑자기 참으로 갑자기 그 좋던 술벗들 대신에 '예수님 사랑해요 어쩌고'를 웅얼거리며 이미 이 세상의 호적이 존재하지 아니하는 까닭에 일찍이 한 번도 본 일이 없는 먼 나라 목수간 집네 털보 아들을 은근히 혼자서 속으로 짝사랑하기 시작했으니 말이다."

이만재 씨는 거듭남의 신비를 누구보다 실감 나게 표현했다고 생각합니다. 시편 기자는 자기가 육신의 몸을 입고 아버지와 어머니 사이에서 태어난 것이 너무도 신비해서 이렇게 말했습니다.

내가 주께 감사하옴은 나를 지으심이 심히 기묘하심이라 주께서 하시는 일이 기이함을 내 영혼이 잘 아나이다(시 139:14).

개역한글판 성경에서는 "심히 기묘하심이라"를 "신묘 막측하심이라"라고 번역했습니다. 신묘 막측하다는 말은 너무나 신비하여 도저히 이해할 수 없다는 뜻입니다. 육신으로 태어난 것도 이토록 신비한데 하나님의 자녀로 다시 태어난다는 것은 말해 무엇하겠습니까? 이 거듭남의 신비로움 때문에 다시 한번 머리를 숙이고 전능하시며 자비로우신 하나님께 감사와 영광을 돌리는 것입니다.

거듭남의 사실성

거듭남은 신비성뿐만 아니라 사실성도 가지고 있습니다. 늦가을 어둑어둑한 저녁에 바람이 불면서 앙상한 가지에 매달린 가랑잎을 살짝 건드립니다. 바람이 아무리 가만히 만져도 그 가랑잎은 사각사각 소리를 냅니다. 이와 같이 바람이 지나가면 반드시 소리가 납니다. 바람은 소리를 낼 뿐만 아니라 지나간 흔적을 남깁니다. 그렇게 자기의 존재를 알려줍니다. 이것이 바람의 사실성입니다.

거듭난 자에게도 비슷한 사실성이 꼭 따라다닙니다. 삶의 변화입니다. 거듭나서 새사람이 되었기 때문에 따라오는 변화입니다. 이 변화는 숨길 수 없습니다. 그래서 예수님은 우리가 세상의 빛이라고 하셨습니다. 세상 앞에 우리 자신을 숨길 수 없다는 의미라고 생각됩니다(마 5:14). 사도 바울은 이러한 노출성 때문에 우리를 "그리스도의 향기"라고 부릅니다(고후 2:15). 향수를 뿌린 사람은 아무리 옷을 껴입어도 그 향기가 나기 마련입니다. 이와 같이 거듭난 사람은 변화된 삶을 통해서 모든 사람에게 자기를 드러냅니다.

니고데모가 예수님의 자세한 설명을 들은 다음에도 여전히 "어찌 그러한 일이 있을 수 있나이까?"라고 하며 고개를 갸우뚱거리자 주님은 약간 나무라는 듯한 말투로 이렇게 말씀하셨습니다.

> 예수께서 그에게 대답하여 이르시되 너는 이스라엘의 선생으로서 이
> 러한 것들을 알지 못하느냐 진실로 진실로 네게 이르노니 우리는 아
> 는 것을 말하고 본 것을 증언하노라 그러나 너희가 우리의 증언을 받
> 지 아니하는도다(10-11절).

여기서 "우리"가 누구를 가리키는 말인지는 여러 가지 견해가 있
습니다. 성부 성자 성령, 즉 삼위일체를 가리킨다는 견해도 있고 예
수님과 세례 요한 두 사람을 일컫는다는 견해도 있습니다. 무엇이
옳다고 단정하기는 어려운 문제입니다.

> 내가 땅의 일을 말하여도 너희가 믿지 아니하거든 하물며 하늘의 일
> 을 말하면 어떻게 믿겠느냐(12절).

우리가 알기로 거듭나는 사건은 영계의 일이요 하늘에 속한 일입
니다. 그럼에도 왜 주님은 땅의 일이라고 말씀합니까? 이것은 중생
그 자체를 가리키는 말씀이 아니라 중생의 결과를 가리킵니다. 중생
그 자체는 신비스럽습니다. 그러므로 세상 사람이 모릅니다. 심지어
중생을 받는 사람 자신도 잘 모릅니다. 그것은 성령께서 하시는 일
입니다. 그러나 중생을 받고 거듭난 사람에게 나타나는 삶의 변화는
세상 모든 사람이 눈으로 보고 귀로 들으며 확인할 수 있습니다. 그
러므로 그것은 땅의 일이요, 세상에서 볼 수 있는 사건입니다. 이것
이 주님께서 땅의 일이라고 말씀하신 이유라 할 수 있습니다.

예수님은 하늘에 속하셨기에, 하늘의 비밀을 알려주실 수 있는

요한복음 1 요한이 전한 복음

유일한 자격자입니다. 왜냐하면 하늘에서 내려온 자 곧 인자 외에는 하늘에 올라간 자가 없기 때문입니다(13절). 예수님은 하늘에 계시다가 우리를 위해서 세상으로 내려오셨습니다. 그런데 예수님이 아직 하늘에 올라가시지 않았음에도 13절은 그분이 하늘에 올라가셨다고 말씀합니다. 이 말씀은 성경 중에서 해석하기 어려운 구절로 손꼽힙니다. 그러나 성경 전체를 놓고 이 말씀을 조명하면 어느 정도 이해가 됩니다. 주님은 이미 하늘에 계셨다가 오신 분입니다. 부활하신 다음 다시 그곳으로 가실 것입니다. 그리고 거기서 영원히 계실 것입니다. 그러므로 그분이 하늘에 올라가셨다는 과거형을 사용해도 모순이 되지 않습니다. 예수님의 거처는 영원토록 하늘나라이기 때문입니다. 이런 의미에서 예수님은 하늘에 속한 신령한 비밀을 우리에게 알려주실 수 있는 유일한 진리가 됩니다.

변화의 특징

거듭난 사람은 자신의 변화를 숨기지 못합니다. 아이를 키워보면 이런 사실을 잘 알 수 있습니다. 처음 3, 4개월은 아이가 누구를 닮았는지 분간하기가 어렵습니다. 외가 쪽을 닮은 것 같기도 하고 친가 쪽을 닮은 것 같기도 합니다. 그래서 때로는 부모들이 자기를 닮았다고 서로 우기며 다투기도 합니다. 그러다가 첫돌이 지나 이목구비의 윤곽이 뚜렷해지면 누구를 닮았느냐를 가지고 입씨름을 할 필요가 없어집니다.

하나님의 자녀로 태어난 사람도 마찬가지입니다. 처음에는 거듭났는지 아닌지 잘 모를 수 있습니다. 그러나 신앙이 자라면서 하나님의 아들답게 이목구비가 뚜렷해집니다. 세상보다 하나님을 더 사랑합니다. 하나님의 말씀을 사모합니다. 선악을 분별할 줄 압니다.

자기의 소속이 어디인지를 놓고 절대로 혼란스러워하지 않습니다. 세상에 속한 자도 아니요, 더 이상 세상에 속할 수도 없다는 사실을 확신하기 때문입니다(요 15:19).

거듭난 사람은 죄에 대한 태도가 단호해집니다. 하나님의 씨가 우리 속에 있어서 죄를 범할 수 없기 때문입니다.

> 하나님께로부터 난 자마다 죄를 짓지 아니하나니 이는 하나님의 씨가 그의 속에 거함이요 그도 범죄하지 못하는 것은 하나님께로부터 났음이라(요일 3:9).

거듭난 사람은 삶의 목표를 세울 때 전적으로 하나님을 기쁘시게 하는 데 초점을 맞춥니다. 자신을 중심에 두고 살던 삶이 하나님 중심으로 바뀌는 것입니다. 그러므로 거듭난 사람이 세상 사람들 눈에 다르게 보이는 것은 당연한 일입니다.

서울 올림픽에 출전한 그리피스 조이너는 미국이 자랑하는 단거리 선수였습니다. 그녀는 경기를 하고 나면 1등을 했든 2등을 했든 운동장에 무릎을 꿇고 기도하는 습관을 가지고 있었습니다. 하루는 MBC 기자와 인터뷰를 했습니다. "조이너 씨, 운동장을 달리면서 무슨 생각을 했습니까?" 그녀는 퍽 감동적인 대답을 했습니다. "나는 하나님께 영광을 돌리기 위하여 달렸습니다. 금메달도 명성도 다 안개와 같은 것입니다. 나의 경기를 통해 하나님께서 영광을 받으시는 것만이 나의 만족입니다. 오직 그것을 위해서 나는 뛰었습니다." 얼마나 세상 사람과 다른 모습입니까?

거듭난 사람은 말씀의 은혜로 사는 사람입니다. 전에는 술을 마시면서 기분을 풀고 골프를 치면서 인생 사는 맛을 즐겼습니다. 그러나 이제는 이런 것들이 만족을 주지 못하는 이상한 사람이 되어 버렸습니다. 그러면 거듭난 사람은 무엇으로 삽니까? 하나님의 입에서 나오는 말씀으로 삽니다. 말씀의 은혜를 못 받으면 심령이 갈급해서 견디지 못합니다. 골방에서 하나님을 만나고 말씀을 통해 그분의 인자하신 음성을 들어야만 살 수 있습니다.

기독교의 능력은
변화된 삶에서 나온다

기독교의 힘이 어디에 있습니까? 기독교의 권위가 어디에서 나옵니까? 기독교의 신뢰성이 어디에서 비롯되는 것입니까? 바로 거듭난 사람들의 변화된 삶에서 나옵니다. 변화된 삶이 기독교의 능력이요, 기독교가 이 세상에서 살아남을 수 있는 비결입니다.

20세기 초 미국에 아이언사이드라고 하는 유명한 목사님이 계셨습니다. 그는 당대 능력 있는 전도자요 설교가였으며, 시카고 무디 교회의 담임목사로 사역하고 있었습니다. 그가 쓴 회고록에 참 감동적인 이야기가 있습니다.

그가 신학교를 졸업하고 샌프란시스코에서 사역을 시작할 때였습니다. 어느 주일 오후, 샌프란시스코 베이라고 하는 지역을 걸어가고 있는데 기독교 단체인 '형제단'에 속한 오륙 명이 시장 입구에서 전도 집회를 하고 있었습니다. 그는 그들에게 인사를 했습니다. 아이언사이드를 알고 있었던 그들은 그에게 전도 간증을 요청했습니다. 그래서 자기가 어떻게 예수님을 믿게 되었으며 그분을 믿고 나서 자기의 삶이 어떻게 변했는가를 이야기한 다음, 오직 예수님만이 인류의 구원자요 세상의 소망이라고 소리 높여 외쳤습니다.

그가 전도를 하면서 가만히 보니까 사람들이 죽 둘러섰는데 제일 앞쪽에 정장 차림의 신사 한 명이 자기 말을 듣다가 호주머니에서 명함을 꺼내어 뒷면에다 무엇이라고 적는 것이었습니다. 집회가 끝나자 그 신사는 아이언사이드에게 다가와 정중하게 모자를 벗고 인사하며 명함을 내밀었습니다. 알고 보니 그는 당시 자유주의 신학계에서 널리 알려진 교수였습니다. 20세기 초는 성경을 부인하는 자유주의 신학이 불길처럼 번지던 때였습니다. 많은 지식인들이 이 신학에 동조하면서 교회는 굉장한 위기감을 느끼고 있었습니다.

저명한 사회학자요 불가지론자인 그가 아이언사이드에게 명함을 내밀면서 이렇게 말했습니다. "선생님, 주일 오후 4시에 아카데미 과학관에서 선생님과 토론할 것을 제의합니다. 제목은 '불가지론과 기독교'입니다. 어떻게 생각합니까?" 그 말을 듣고 아이언사이드는 대답했습니다. "좋습니다. 그 도전에 응하죠. 그러나 제가 선생님에게 토론을 약속하는 대신 저도 한 가지 요청을 하겠습니다. 선생님은 그 토론장에 두 사람을 데리고 오셔야 합니다. 과거에 구제불능이라고 할 정도로 부끄러운 생활을 하던 사람들 중에서 선생님의 강의를 들은 뒤 변화를 받아 죄를 멀리하고 새사람이 되어서 지금은 모든 사람에게 칭찬을 받고 있는 사람 둘을 데리고 오십시오. 두 사람 중 한 사람은 남자고 또 한 사람은 여자여야 합니다. 남자는 과거에 알코올중독자였거나 형무소를 갔다 온 전과자면 더 좋겠습니다. 과거는 묻지 않겠습니다. 그리고 여자는 가정이 가난해서 어려서부터 사랑받지 못하고 살다가 사창가에 빠져 걸레 조각처럼 살았던 여자면 더 좋겠습니다. 그가 선생님의 가르침을 받아 과거를 회개하고 경건한 생활을 하고 있으면 됩니다. 선생님이 이런 사람 둘을 데리고 오시면 저는 예수님을 만나자마자 변화된 사람, 과거의 처참한 생활을 벗어버리고 지금은 소망으로 새 생활을 시작한 남자와 여자를 100명 정도 데리고 오겠습니다."

그랬더니 옆에 있던 자매 한 사람이 "목사님, 저도 그 100명 중에 포함시켜주세요"라고 했습니다. 그러자 다른 형제가 "목사님, 저는 그런 사람 60명을 데리고 올게요"라고 말했습니다. 또 한 형제는 "저는 악대를 데리고 오겠습니다. 그래서 토론장에서 우리 예수님 이름을 높이며 한번 대결해봅시다"라고 끼어들었습니다. 이렇게 되자 도전장을 던졌던 그 신사는 당황한 나머지 "선생님, 없었던 일로 합시다"라고 한마디 하고는 도망치듯 사라졌습니다.

기독교의 능력은 예수님을 믿고 거듭난 사람들의 변화된 삶에서 비롯됩니다. 변화된 사람들의 아름다운 이야기를 담은 캡슐이 교회 안에 많이 있을 때 기독교가 세상에 짓밟히지 않을 것입니다. 지금부터 70~80년 전만 해도 한국교회 안에는 변화된 사람들의 이야기가 얼마나 많았는지 모릅니다. 그들에게 감동을 받은 사람들이 자기들 발로 교회를 찾아오기까지 했습니다. 그러나 지금은 이런 변화된 사람들의 이야기가 자꾸 줄어들고 있어 걱정입니다. 입으로 거듭났다고 떠드는 사람은 많은데 변화된 인격과 삶을 가지고 사람들의 귀를 울리는 바람 소리가 교회 안에서 사라지고 있지는 않는지 염려됩니다.

한국교회가 사는 길은 우리가 중생한 하나님의 자녀로서 바람 소리를 내는 것입니다. 사회 각계각층에서 우리가 일으키는 바람 소리를 들을 수 있다면 이 혼란한 사회가 치유될 수 있습니다. 자신이 과연 물과 성령으로 거듭난 하나님의 자녀인지 살펴보기 바랍니다.

11

이처럼 사랑하사

요한복음 3장 14-21절

14 모세가 광야에서 뱀을 든 것같이 인자도 들려야 하리니 15 이는 그를 믿는 자마다 영생을 얻게 하려 하심이니라 16 하나님이 세상을 이처럼 사랑하사 독생자를 주셨으니 이는 그를 믿는 자마다 멸망하지 않고 영생을 얻게 하려 하심이라 17 하나님이 그 아들을 세상에 보내신 것은 세상을 심판하려 하심이 아니요 그로 말미암아 세상이 구원을 받게 하려 하심이라 18 그를 믿는 자는 심판을 받지 아니하는 것이요 믿지 아니하는 자는 하나님의 독생자의 이름을 믿지 아니하므로 벌써 심판을 받은 것이니라 19 그 정죄는 이것이니 곧 빛이 세상에 왔으되 사람들이 자기 행위가 악하므로 빛보다 어둠을 더 사랑한 것이니라 20 악을 행하는 자마다 빛을 미워하여 빛으로 오지 아니하나니 이는 그 행위가 드러날까 함이요 21 진리를 따르는 자는 빛으로 오나니 이는 그 행위가 하나님 안에서 행한 것임을 나타내려 함이라 하시니라

눈부신 백설을 이고 있는 설악산을 보면 그 아름다움을 카메라에 담고 싶어집니다. 그래서 정신없이 셔터를 눌러댑니다. 그런데 돌아와서 설레는 기대감을 가지고 현상해보면 어떤 일이 일어납니까? 열의 아홉은 전부 쓰레기통에 던져버립니다. 왜냐하면 눈으로 직접 본 자연경관이 아름다울수록 작은 필름에 담긴 풍경은 너무나 초라하게 보이기 때문입니다. 장엄한 자연경관을 35밀리미터 필름으로 재생해보겠다고 하는 생각 자체가 얼마나 무모하게 욕심을 부린 것인지 뒤늦게야 깨닫게 됩니다.

저는 요한복음 3장 16절을 읽으면서 비슷한 감정을 느낍니다. 이 짧은 구절에 담겨 있는 하나님의 사랑은 너무나 광대하고 장엄합니다. 얼마나 아름다운 미사여구로 표현해야 그 속에 담긴 하나님의 사랑을 드러낼 수 있을까, 얼마나 풍부한 문장을 동원해야 이 사랑을 청중의 마음에 와닿도록 전달할 수 있을까를 생각하면, 마치 대자연을 사진에 담을 수 없어서 암담해하는 사람의 심정과 비슷한 심정을 느끼게 됩니다.

만약 이 말씀 안에 있는 놀라운 하나님의 사랑을 저의 능력과 문필로 전해야 한다면, 전하는 저는 물론이요 듣는 당신도 틀림없이 실망할 것입니다. 그러나 감사하게도 우리에게는 성령이 계십니다. 성령은 언어의 불완전을 뛰어넘게 하십니다. 성령은 설교자의 모자람을 극복하게 하십니다. 성령은 우리가 지각에 뛰어나신 하나님의 사랑을 알게 하십니다. 그래서 저는 성령의 은혜를 믿고 이 말씀을 전하려고 합니다.

4차원의 공간 개념으로

요한복음 3장 16절은 만인의 사랑을 받는 성경 구절입니다. 글도 없는 미개한 부족을 찾아간 선교사가 그들의 말을 배우고 글을 만들어서 성경을 번역할 준비가 되면 제일 먼저 번역하는 말씀이 창세기 1장이 아니라 요한복음 3장 16절입니다. 그리고 번역된 구절을 가르치며 외우게 한다고 합니다. 우리 어린 자녀들을 주일학교에 보내면 놀랍게도 가장 먼저 외우는 성경 구절이 요한복음 3장 16절입니다. 저도 이 구절을 제일 먼저 외웠던 것으로 기억합니다. 그만큼 우리는 이 구절을 성경 중의 성경으로 애송하고 있습니다.

영국의 설교자였던 헨리 무어하우스가 시카고에 있는 무디교회에서 집회를 할 때, 월요일부터 토요일까지 그가 선택한 본문은 요한복음 3장 16절이었다고 합니다. 아마 그에게는 일주일도 모자랐는지 모릅니다. 발원지에서 솟아나는 샘물처럼 이 구절에 들어 있는 하나님의 사랑은 아무리 퍼내고 또 퍼내도 마르지 않습니다.

16절의 핵심은 하나님이 세상을 이처럼 사랑하셨다는 데 있습니다. 바울은 하나님의 '이처럼 사랑'을 조금이나마 실감 나게 표현하기 위해서 공간 개념을 도입했습니다. 로마 감옥에 갇힌 그는 싸늘

한 돌바닥에 무릎을 꿇고 엎드려, 3년 동안 개척하며 눈물과 땀을 뿌렸던 에베소교회 성도들을 위해 기도하고 있었습니다. 그 내용이 에베소서 3장 18절 이하에 나옵니다.

> 능히 모든 성도와 함께 지식에 넘치는 그리스도의 사랑을 알고 그 너비와 길이와 높이와 깊이가 어떠함을 깨달아 하나님의 모든 충만하신 것으로 너희에게 충만하게 하시기를 구하노라(엡 3:18-19).

그가 말하는 하나님 사랑의 넓이와 길이와 높이와 깊이라는 것은 4차원의 공간 개념을 염두에 둔 표현입니다.

하나님의 사랑은 그 자체가 초자연적인 성격을 가지고 있습니다. 그리고 그 사랑의 질과 양도 초자연적입니다. 이 사실이 우리가 그 사랑을 설명하거나 이해하기 어렵게 만듭니다.

하나님의 초자연적인 사랑을 우리가 눈으로 보고 손으로 만질 수 있는 공간을 만들어 그 속에다 한번 넣어봅시다. 그렇게 해서라도 우리가 하나님의 사랑을 알고 체험할 수 있어야 합니다. 바울처럼 우리도 공간 개념을 빌려 사랑의 높이와 깊이를 그리고 넓이와 길이를 재볼 수 있다면 좀 더 쉽게 그 사랑을 가슴으로 느낄 수 있을 것입니다.

16절은 하나님 사랑의 높이와 깊이가 무엇을 의미하는지 우리에게 말해줍니다. 하나님은 하늘보다 높으신 분입니다(욥 11:8). 그렇게 높으신 하나님이 세상을 이처럼 사랑하셨습니다. 여기서 말하는 세상은 구원을 필요로 하는 모든 인류를 가리킵니다. 유대인은 말할 것도 없고 이방인까지, 구원을 받지 않으면 안 될 모든 사람을 일컬어 세상이라고 말합니다. 이들은 하나님 앞에 용납될 수 없는 죄인들이며, 하나님과 원수가 된 자들입니다. 그러므로 이 세상은 거룩하시고 높은 곳에 계시는 하나님에 비하면 너무도 낮고 천한 존재에 지나지 않습니다. 그럼에도 저 높으신 하나님께서 이 낮은 세상을 사랑하셨습니다. 이 사실이야말로 하나님의 사랑이 얼마나 높으며 얼마나 깊은가를 실감 나게 설명해줍니다. 하늘 위에서 땅 아래까지 뻗친 사랑이기 때문입니다.

얼음 바다에 갇힌 고래처럼

16절 후반부의 "멸망하지 않고 영생을 얻게 하려 하심이라"는 하나님 사랑의 높이와 깊이가 실제로 무엇을 말하는지 구체적으로 들여다보게 해줍니다. 여기서 멸망은 하나님의 심판, 형벌, 지옥을 말합니다. 데살로니가후서 1장 9절이 이를 잘 표현하고 있습니다.

이런 자들은 주의 얼굴과 그의 힘의 영광을 떠나 영원한 멸망의 형벌을 받으리로다.

여기서 "영원한 멸망의 형벌"은 하나님이 말씀하시는 멸망이 무엇인지를 잘 말해주고 있습니다.

흔히 '멸망'이라고 하면 존재가 사라져 없어지는 것으로 생각합니다. 살다가 죽으면 없어지기에 별것 아니라고 여깁니다. 그러나 하나님께서 말씀하시는 멸망은 그렇게 없어지는 단순한 현상이 아닙니다. 영원히 형벌을 받는, 소름 끼치는 현실을 가리킵니다.

이 멸망의 실체를 가장 잘 알고 계시는 분은 하나님 자신입니다. 그 가공할 만한 고통이 어떤 것임을 너무나 잘 알고 계시기 때문에

요한복음 1 요한이 전한 복음

한 사람이라도 거기에 빠지지 않기를 원하시는 것입니다. 그래서 아무도 멸망치 않게 하시는 것이 하나님의 선하신 뜻이요, 소원입니다. 17절에 이 세상을 향한 하나님의 뜻이 나타나 있습니다.

> 하나님이 그 아들을 세상에 보내신 것은 세상을 심판하려 하심이 아니요 그로 말미암아 세상이 구원을 받게 하려 하심이라.

하나님은 한 사람도 그 무섭고 영원한 형벌에 집어넣지 않으시려고 아들을 보내셨습니다. 우리를 향한 하나님의 간절한 소원은 한 사람도 멸망시키지 않는 것입니다.

> 그를 믿는 자는 심판을 받지 아니하는 것이요 믿지 아니하는 자는 하나님의 독생자의 이름을 믿지 아니하므로 벌써 심판을 받은 것이니라 (18절).

여기서 우리는 아들이신 예수님을 믿는 자는 아무도 심판을 받지 않게 하시겠다는 하나님의 엄숙한 선언을 읽게 됩니다.

1988년 겨울에 일어난 사건입니다. 남쪽 바다에 살던 고래 두 마리가 알래스카로 올라갔습니다. 알래스카에는 바다가 육지 안으로 깊이 들어간 만(灣)들이 많았습니다. 고래 두 마리는 먹이를 찾아 만으로 들어가서 고기를 배불리 먹으며 즐겁게 지내고 있었습니다. 그런데 유독 그해에는 알래스카에 겨울이 빨리 찾아와서 얕은 곳부터 물이 얼기 시작하더니 고래가 들어왔던 길목이 다 얼어버렸습니다. 뒤늦게 빠져나가려고 했지만 입구가 이미 얼어서 고래는 꼼짝없이 갇혀버리고 말았습니다. 얼마 후에는 만 전체가 얼어서 고래가 동사할 지경에 이르렀습니다.

고래의 처지를 안타깝게 여긴 에스키모 몇 사람이 큰 나무 기둥을 가지고 와서 고래가 나갈 수 있도록 얼음을 깨어 길을 뚫으려고 했지만 역부족이었습니다. 이 일이 텔레비전 기자와 연결되어 전국적으로 매스컴을 타게 되었습니다. 그러자 본격적으로 고래 구출 작전이 시작되었습니다. 11톤 트랙터를 이용해서 얼음을 깨는가 하면 헬리콥터로 5톤짜리 시멘트 덩이를 위에서 떨어뜨려 얼음을 깼습니다. 그리고 소련에서는 20톤짜리 쇄빙선을 보내 도왔습니다. 이렇게 3주 동안 온갖 어려움을 극복하면서 100킬로미터나 되는 긴 얼음길을 뚫고서야 고래들을 바다로 내보낼 수 있었습니다.

저는 이 기사를 읽으면서 고래의 입장으로 돌아가 한번 생각해 보았습니다. 자기들을 살리려고 살을 에는 추위를 무릅쓰고 많은 돈을 들여 애쓰고 있다는 것을 고래들이 알고 있었을까요? 며칠만 늦으면 자기들이 얼음 속에 갇혀 죽게 될 것이라는 사실을 알고 있었을까요? 만을 빠져나가지 못하게 되자 약간의 위기감을 본능적으로 느끼기는 했겠지만 그들이 사람의 수고를 알 리는 없습니다. 마치 예수님 없이 세상을 즐기고 있는 사람들 같지 않습니까? 죽음을 목전에 둔 고래들을 보면서 답답해하듯, 하나님께서는 멸망을 앞둔 우리 인간들을 보시고 안타까워하시는 것입니다.

사람들은 영원한 형벌에 대해 모르고 있습니다. 동시에 그 형벌을 피할 수 있는 길이 무엇인지에 대해서도 별 관심이 없습니다. 마치 만에 갇힌 고래와 흡사하지 않습니까?

> 그 정죄는 이것이니 곧 빛이 세상에 왔으되 사람들이 자기 행위가 악하므로 빛보다 어둠을 더 사랑한 것이니라(19절).

요한복음 1 요한이 전한 복음

'빛'은 멸망에 처해 있는 인생을 구원하기 위해서 찾아오신 예수 그리스도를 가리킵니다. 예수님은 사랑의 빛이며 구원의 빛입니다. 그분이 찾아와서 지옥문을 가로막고 천국이 가까웠으니 회개하라고 큰 소리로 외치는데도 사람들은 그에게 관심을 두지 않았고, 도리어 미워했으며, 심지어 죽이기까지 했습니다. 자기가 지금 어떤 처지에 놓여 있으며 하나님이 자기를 위해 무엇을 하고 계시는가를 모르는 데서 오는 기막힌 반응이 아닐 수 없습니다. 어쩌면 고래보다 더 못한 것이 인간이 아닌가 합니다. 고래는 길이 뚫리자 지체하지 않고 그곳을 빠져나갔는데 사람들은 하나님이 독생자를 보내어 열어놓으신 구원의 길을 보고도 오기를 거절하고 있으니 얼마나 안타까운지 모릅니다.

확고하고 변치 않는
영생의 약속

영생이 무엇입니까? 눈물과 아픔이 따라오지 아니하는 저 높은 나라, 늙음과 죽음이 접근하지 못하는 저 찬란한 나라에 가서 하나님 자신이 누리고 계신 생명을 우리도 함께 누리는 복을 일컬어 영생이라고 합니다. 하나님의 사랑은 참으로 깊고 높아서 단순히 우리를 멸망치 않게 하시는 것으로는 절대 만족하지 못합니다.

우리는 누가복음 15장에 나오는 탕자의 비유를 잘 알고 있습니다. 탕자가 아버지에게서 받은 재산을 탕진하고 거지가 되어 찾아왔을 때, 아버지는 단지 문을 열어주고 집에 들이는 것으로 만족하지 않았습니다. 돌아온 아들에게 새 옷을 입히고 가락지를 끼우고 신을 신긴 다음, 온 동네가 떠들썩하도록 잔치를 벌였습니다. 아들을 받아들이는 것으로 끝나지 않고 아들의 행복을 위해 자기가 가진 모든 것을 나누어 주기까지 했습니다.

영생이란 우리를 지옥으로 보내지 않는 데서 한 걸음 더 나아가 하나님의 모든 행복을 우리에게 나누어 주시는 것을 의미합니다. 이는 하나님의 확고한 뜻이요 변치 않는 약속입니다. "영생을 얻게 하려 하심이라"라는 말씀에서 우리에게 영생의 복을 주시려는 하나님의 강력한 의지와 간절한 소원을 읽을 수 있습니다.

금세기의 유명한 복음주의 신학자 패커는 "하나님의 사랑은 죄인들의 복락을 하나님 자신의 복락과 동일시하는 의미를 내포하고 있다"라고 말했습니다. 쉽게 말하면 하나님 자신의 행복이 우리의 행복이 되기까지는 결코 만족하지 못하는 것이 하나님의 사랑이라는 말입니다. 이것은 인간도 마찬가지입니다. 누구나 사랑에 빠지면 자기가 사랑을 베푸는 상대방이 만족스러울 만큼 행복해지는 것을 보지 않고는 스스로 행복해하지 못합니다.

어떤 면에서는 약간 모순처럼 보일지 모르지만 이렇게 말할 수 있습니다. "하나님은 '이처럼 사랑' 때문에 우리가 하나님 나라에 들어가 하나님 자신이 누리고 계시는 영생과 복락을 함께 누리는 그날이 오기 전까지는 절대 행복하시지 못할 것이다." 문밖에서 날마다 탕자가 돌아오기를 기다리는 아버지의 비유나 잃어버린 양 한 마리를 찾아 들을 헤매고 다니는 목자의 비유에서 이 사실을 충분히 확인할 수 있습니다. 이것이 바로 하나님의 '이처럼 사랑'입니다.

인자도 들려야 하리니

우리를 향한 하나님의 '이처럼 사랑'은 태초부터 시작하여 세상 끝 날까지 변함없이 이어질 것입니다. 이는 바로 하나님 사랑의 길이와 넓이를 의미합니다. 하나님은 이와 같은 놀라운 사랑을 확증하기 위해 독생자 예수님을 주셨습니다. 예수님은 이 사랑의 넓이를 최대한 넓히기 위해 멸망의 가장 깊은 곳까지 내려가셨습니다. 바로 십자가의 죽음입니다. 인류 역사가 끝나는 날까지 사랑의 폭을 연장시킴으로써 가능한 한 많은 사람이 구원받을 수 있도록 십자가를 지신 것입니다.

> 모세가 광야에서 뱀을 든 것같이 인자도 들려야 하리니 이는 그를 믿는 자마다 영생을 얻게 하려 하심이니라(14-15절).

이 구절을 이해하기 위해서는 민수기 21장에서 일어난 사건을 먼저 알아야 합니다. 이스라엘 백성이 애굽의 압제에서 벗어났습니다. 완전한 자유를 얻은 그들은 처음에 험한 광야 길도 담대히 걸어갔고, 입에서는 찬송이 끊이지 않을 만큼 기쁨이 충만했습니다. 그러나 고생하는 날이 길어지면서 불평이 터져 나오기 시작했습니다. 특히 마실 물이 없거나 양식이 떨어지는 날이면 원망의 소리가 하늘을 찌를 듯했습니다.

그러던 어느 날 백성이 또 모세를 향해서 원망하기 시작했습니다. 하나님께서는 더 이상 참지 않으시고 그들에게 불뱀을 보내셨습니다. 불뱀이라고 해서 이름 그대로 불 같은 뱀이 아닙니다. 한번 물려 독이 퍼지면 몸이 불덩이처럼 달아오르고 나중에는 퉁퉁 부어 죽기 때문에 붙여진 이름이었습니다. 원망하던 사람 중 수만 명이 이 불뱀에 물려 죽어갔습니다.

모세는 이런 참상을 보고 너무나 가슴이 아파서 하나님께 그들을 살려달라고 매달렸습니다. 그의 기도를 들으신 하나님께서 명령하셨습니다. "일어나서 놋으로 뱀을 만들어 장대 높이 달고, 그것을 이스라엘 백성이 볼 수 있는 자리에 세워라. 그리고 모든 사람에게 누구든지 저 장대에 달려 있는 놋뱀만 쳐다보면 살 것이라고 말해라." 이 말씀을 듣고 놋뱀을 쳐다본 자들은 다 살아났습니다.

예수님은 14절에서 모세가 광야에서 뱀을 든 것같이 인자도 들려야 할 것이라고 말씀하셨습니다. 인자는 예수님 자신을 일컫는 이름입니다. 장대 위에 높이 들린 놋뱀에 비유해서 십자가의 죽음을 예언하신 것입니다. 십자가의 죽음은 하나님 사랑의 극치라 할 수 있습니다.

> 우리가 아직 죄인 되었을 때에 그리스도께서 우리를 위하여 죽으심으로 하나님께서 우리에 대한 자기의 사랑을 확증하셨느니라(롬 5:8).

우리가 당해야 할 멸망을 십자가에서 대신 당하실 만큼 하나님은 우리를 사랑하셨습니다. 그러므로 독생자를 주셨다는 것은 우리를 위해 모든 것, 가장 귀한 것을 다 주셨다는 뜻입니다.

> 자기 아들을 아끼지 아니하시고 우리 모든 사람을 위하여 내주신 이가 어찌 그 아들과 함께 모든 것을 우리에게 주시지 아니하겠느냐(롬 8:32).

세상에서도 사랑의 척도는 희생입니다. 얼마나 많이 희생하느냐를 가지고 사랑의 크기를 따집니다. 적게 희생하면 적게 사랑하는 것이고 많이 희생하면 많이 사랑한다고 생각합니다. 전부 희생하면 진짜 사랑하는 것으로 받아들입니다. 하나님의 사랑은 전부 다 희생하는 사랑입니다. 이것을 가리키는 것이 독생자를 주셨다는 말씀입니다. 그만큼 하나님은 우리를 사랑하셨습니다. 십자가에 달리신 예수님을 통해 우리는 하나님의 높고, 깊고, 넓고, 긴 사랑을 볼 수 있습니다. 이것이 '이처럼 사랑'입니다.

'이처럼 사랑'을 받으려면

누구든지 예수님을 믿기만 하면 그분의 '이처럼 사랑'을 받을 수 있습니다. 주님은 누구든지 그를 믿는 자마다 멸망치 않고 영생을 얻으리라고 말씀하셨습니다. 장대 위에 달린 놋뱀을 본 이스라엘 백성처럼 죄인을 위해 십자가에 못 박히신 예수 그리스도를 바라보기 바랍니다. 이스라엘 백성이 놋뱀을 올려다본 것처럼 고개를 들어 십자가에 못 박히신 예수 그리스도를 올려다보기를 바랍니다.

올려다보는 것은 믿는 것을 말합니다. 상상해봅시다. 온몸에 독이 퍼져 입에 거품을 물고 숨을 헐떡이며 죽어가고 있는데 누군가 옆에 와서 "이봐요, 빨리 장대에 달린 놋뱀을 봐요. 그러면 살아요. 빨리요!"라고 소리쳤다고 합시다. 금세 쳐다볼 수 있었을까요? 몸이 움직이지 않는데 어떻게 봅니까? 고개를 돌릴 수도 없고, 눈을 제대로 뜰 수도 없는데 어떻게 볼 수 있겠습니까?

그러나 살기 위해서는 있는 힘을 다해 몸을 일으켜 놋뱀을 보아야 합니다. 이럴 때 본다는 것은 전심으로 하나님을 향하는 것을 의미합니다. 믿음이란 바로 이런 것입니다. 마음을 다하고 뜻을 다하고 힘을 다하여 십자가의 주님을 올려다보는 것이 믿음입니다.

주님을 올려다보십시오. 주님을 올려다보기 위해 돈이나 학력이나 권세 따위의 자격증이 필요한 것은 아닙니다. 마음만 열면 됩니다. 이 시간 주님을 보십시오. 그러면 하나님의 사랑이 당신의 마음을 향해 소낙비처럼 쏟아져 내릴 것입니다.

오래전부터 예수 믿고 하나님이 자기를 이처럼 사랑하신다는 것을 잘 알고 있는 분들에게 말씀드립니다. 사랑은 느끼는 것입니다. 사랑은 마음으로 읽고, 마음으로 노래하고, 마음으로 즐기는 것입니다. 다시 말하면 사랑은 체험하는 것입니다. 하나님께서 이처럼 우리를 사랑한다고 말씀하실 때 머리로는 인정하는데 마음으로는 느껴지지 않는다면 문제가 있다고 생각합니다. 하나님은 그런 사랑을 우리에게 주시지 않기 때문입니다. 그 사랑은 하늘의 천사를 향한 것이 아니라 세상에 있는 죄인 된 우리를 향한 것이기 때문에, 반드시 머리만 아니라 마음에까지 와닿게 되어 있습니다. 다시 말해 체험되는 것이라야 정상입니다.

세상을 이길 수 있는 힘

하나님은 자기 사랑을 체험하라고 성령을 우리에게 주셨습니다.

> … 우리에게 주신 성령으로 말미암아 하나님의 사랑이 우리 마음에
> 부은 바 됨이니(롬 5:5).

하나님의 사랑이 우리의 머리가 아닌 우리의 마음에 부은 바 되었다는 말씀에 주목하기 바랍니다. 여기서 부은 바 되었다는 말은 소낙비처럼 퍼부었다는 뜻입니다. 호우가 쏟아지면 온 세상이 물바다가 되듯이 성령께서는 하나님의 사랑을 부어주셔서 우리 마음이 '사랑 바다'가 되게 하십니다. 세상에서 누구에게 사랑받고 있다는

것을 깨달을 때 느끼는 것보다 더 마력적인 놀라움은 없다고 합니다. 하물며 하나님께 사랑받고 있다는 것을 느낄 때의 놀라움은 어떻겠습니까? 그것은 마치 어깨에 하나님의 손길을 느끼는 것과 같습니다. 하나님의 손길이 내 어깨를 감싸는 것처럼 느낄 수 있는 사랑이 바로 '이처럼 사랑'입니다.

이런 사랑의 체험이 우리에게 얼마나 절실한지 모릅니다. 세상 살기가 너무도 힘들기 때문에 더 그렇습니다. 눈을 뜨면 새로운 걱정이 우리를 기다리며, 행복한 것 같고 다 가진 것 같은데 마음은 여전히 무언가에 짓눌려 있습니다. 나이 들어가는 자신의 모습을 보면서 서러움을 느낍니다. 그렇게 사랑을 쏟아 키운 자식들이 뜻대로 되지 않는 것을 볼 때 허무해집니다. 이처럼 무거운 짐을 지고 인생을 살아가는 것을 결코 쉬운 일이 아닙니다.

그러나 우리에게는 이 피곤을 이길 수 있는 힘이 있습니다. 인생의 무거운 십자가를 가볍게 질 수 있는 비결이 있습니다. 아무리 남 보기에 고생스러워도 감사하고 찬송하면서 태산을 넘어갈 수 있는 능력이 우리에게 있습니다. 하나님의 사랑을 체험하는 것입니다. 인생을 밝게 살 수 있는 능력의 원천이 바로 여기에 있습니다. 까다로운 집안에 시집간 여성이 그렇게 힘든 시집살이를 잘 견디는 힘이 어디서 옵니까? 남편의 사랑입니다. 남편이 자기만 사랑하는 줄 알면 웬만한 것은 다 견딜 수 있습니다.

하나님의 사랑을 깊이 들이마시길 바랍니다. 바위처럼 무거운 인생의 짐도 조그마한 조약돌을 두 손에 든 것처럼 가볍게 느껴질 것입니다. 그럴 때, 우리 입에서는 찬송과 감사가 절로 나올 것입니다. 이왕 예수를 믿으려면 이 사랑이 주는 신비한 힘을 가지고 세상을 살아야 합니다. 나 같은 것을 하나님이 이처럼 사랑하셨다는 사실을 생각할 때마다 세상도 작아 보이고 문제도 작아 보이는 경지를 터득해야 합니다. 바울은 이런 사람이었습니다. 바울은 환난이나 곤고나 박해나 기근이나 적신이나 위험이나 칼, 이 모든 것을 이길 수 있는 비결이 우리를 사랑하시는 주님께 있다고 했습니다(롬 8:37).

언젠가 한 자매가 예수님의 사랑을 찬송하면서 감격하여 눈물로 뺨을 적시는 것을 보았습니다.

> 예수님 날 위해 죽으셨네 왜 날 사랑하나
> 죄 용서 받을 수 없었는데 왜 날 사랑하나
> 왜 주님 갈보리 가야 했나 왜 날 사랑하나

"왜 날 사랑하실까? 왜 날 사랑하실까?" 하는 말 한마디 한마디에 자매의 영혼이 담겨 있었습니다. 저도 기도하다가 가끔 이 찬송을 부르는데 그럴 때마다 하나님의 사랑이 물밀 듯이 밀려오는 것을 느낍니다. 그리고 제 눈에는 눈물이 고입니다.

하나님은 높은 곳에 계시면서 낮고 천한 세상을 이처럼 사랑하셨습니다. 이것이 하나님 사랑의 높이와 깊이입니다. 하나님은 멸망을 받아 마땅한 우리에게 영원한 생명을 주시기 위해서 태초부터 세상 끝 날까지 구원의 문을 열어놓고 계십니다. 이것이 하나님 사랑의 넓이요 깊이입니다. 이 사랑을 증거 하려고 독생자를 보내주셨습니다. 하나님은 이처럼 우리를 사랑하십니다.

오 성령이여, 이 시간 우리의 마음을 여시고 이 놀라운 사랑을 소낙비처럼 쏟아주옵소서. 이 사랑을 아직도 모르고 있는 자에게 십자가에 못 박히신 예수님을 올려다볼 수 있는 믿음의 눈을 열어주옵소서. 주님, 이미 예수님을 믿고 있지만 가슴이 냉랭하여 하나님의 사랑의 은혜와 능력을 체험하지 못하는 자에게는 하나님이 왜 날 사랑하시는지 무릎 꿇고 물어보게 하옵소서. 그럴 때마다 하나님이 날 왜 사랑하시는지를 알게 되는 놀라운 은혜가 이들의 삶에 충만하게 하옵소서. 험악한 세상이 아무리 힘들고 피곤하고 답답해도 하나님께 사랑받는 기쁨 때문에 찬송하면서 사는 귀한 주의 아들딸이 되게 하소서. 아멘.

12

그는 흥하고 나는 쇠하고

요한복음 3장 22-36절

22 그 후에 예수께서 제자들과 유대 땅으로 가서 거기 함께 유하시며 세례를 베푸시더라 23 요한도 살렘 가까운 애논에서 세례를 베푸니 거기 물이 많음이라 그러므로 사람들이 와서 세례를 받더라 24 요한이 아직 옥에 갇히지 아니하였더라 25 이에 요한의 제자 중에서 한 유대인과 더불어 정결예식에 대하여 변론이 되었더니 26 그들이 요한에게 가서 이르되 랍비여 선생님과 함께 요단강 저편에 있던 이 곧 선생님이 증언하시던 이가 세례를 베풀매 사람이 다 그에게로 가더이다 27 요한이 대답하여 이르되 만일 하늘에서 주신 바 아니면 사람이 아무것도 받을 수 없느니라 28 내가 말한 바 나는 그리스도가 아니요 그의 앞에 보내심을 받은 자라고 한 것을 증언할 자는 너희니라 29 신부를 취하는 자는 신랑이나 서서 신랑의 음성을 듣는 친구가 크게 기뻐하나니 나는 이러한 기쁨으로 충만하였노라 30 그는 흥하여야 하겠고 나는 쇠하여야 하리라 하니라 31 위로부터 오시는 이는 만물 위에 계시고 땅에서 난 이는 땅에 속하여 땅에 속한 것을 말하느니라 하늘로부터 오시는 이는 만물 위에 계시나니 32 그가 친히 보고 들은 것을 증언하되 그의 증언을 받는 자가 없도다 33 그의 증언을 받는 자는 하나님이 참되시다는 것을 인쳤느니라 34 하나님이 보내신 이는 하나님의 말씀을 하나니 이는 하나님이 성령을 한량없이 주심이니라 35 아버지께서 아들을 사랑하사 만물을 다 그의 손에 주셨으니 36 아들을 믿는 자에게는 영생이 있고 아들에게 순종하지 아니하는 자는 영생을 보지 못하고 도리어 하나님의 진노가 그 위에 머물러 있느니라

성경에 등장하는 인물 중 세례 요한만큼 예수님께 극찬을 받은 사람은 없는 것 같습니다. 예수님을 그를 '여자가 낳은 자 중에 가장 큰 자'라고 하셨습니다(마 11:11). 그러나 세례 요한의 짧은 생을 잘 알고 있는 우리는 예수님의 평가에 공감하기 어려운 것이 솔직한 심정입니다.

세례 요한은 늙은 부모에게서 기적적으로 태어난 외동아들이었습니다. 그는 삼십 세가 되도록 여느 또래들과는 전혀 다른 환경에서 자랐습니다. 선지자로서 대중 앞에 두각을 나타낼 때까지 광야에서 생활했기 때문입니다(눅 1:80). 그는 포도주를 평생 입에 대지 않았고 결혼도 하지 않았습니다.

세례 요한은 삼십 대 초반에 벌써 이스라엘 백성이 주목하는 위대한 선지자의 위치에 올랐지만 그의 인기도 잠깐이었습니다. 그는 일 년 남짓한 짧은 기간 동안 혜성처럼 나타났다가 초라하게 사라졌습니다. 그리고 마지막은 참으로 비참했습니다. 헤롯의 부도덕함을 직설적으로 나무라다가 투옥되었고, 얼마 후 간교한 헤로디아의 계략으로 목이 베이고 그 머리가 쟁반에 담겨 많은 사람에게 구경거리가 되었습니다(막 6:17-29). 이처럼 비극적인 생을 볼 때, 예수님께서 왜 그를 여자가 낳은 자 중에 가장 큰 자라고 하셨는지 얼른 납득이 되지 않습니다.

중대한 위기 상황에서

예수님께서 천국 복음을 전파하기 시작하셨을 때 세례 요한의 인기는 하늘을 찌를 듯이 대단했습니다. 예루살렘과 온 유대와 요단강 부근의 많은 사람이 그에게 나아가 자신들의 죄를 자복하고 세례를 받았습니다(마 3:5-6). 그는 광야에서 외치는 작은 소리에 지나지 않았지만 그의 메시지는 예루살렘과 유대에 있는 사람들의 마음에 깊이 파고들었고, 갈릴리 사람들의 심금을 울렸으며, 대제사장들과 바리새인들의 양심을 뒤흔들어놓았습니다. 사람들은 "회개하라 천국이 가까웠느니라" 하는 그의 외침에 양심이 찔려 견딜 수 없었습니다. 그래서 허다한 사람이 죄를 고백하고 세례를 받았습니다.

어느새 세례 요한은 이스라엘의 정신적 지도자로 우뚝 섰고 많은 사람의 시선을 한 몸에 받게 되었습니다. 사람들은 세례 요한의 입에서 나오는 한마디 한마디에 귀를 기울였습니다.

이때 예수님이 등장하셨습니다. 처음 한두 달 동안 사람들의 눈에는 세례 요한이나 예수님이나 별다른 점이 없어 보였습니다. 둘의 사역이 거의 엇비슷했기 때문입니다. 세례 요한은 "회개하라 천국이 가까웠느니라"라고 외쳤습니다. 예수님도 "하나님의 나라가 가까웠으니 회개하라"라고 외쳤습니다. 세례 요한도 물로 세례를 주었고 예수님도 그분의 제자들이 행한 것이기는 하지만 물로 세례를 주셨습니다(요 4:2).

요한복음 1 요한이 전한 복음

세례 요한에게 몰렸던 사람들은 예수님이 등장하면서 유사해 보이는 사역 때문에 두 인물을 비교하게 되었고 결국은 어느 한편을 선택하기 시작했습니다. 둘 중에 누가 진짜 메시아인가를 놓고 토론이 벌어졌으며 다툼이 일어나기도 했습니다.

그러나 한두 달 동안의 진통 끝에 상황은 완전히 달라졌습니다. 예수님 주변에는 인산인해를 이루게 된 반면 세례 요한의 주변에는 점점 사람들의 발길이 뜸해지기 시작했습니다. 이제 그는 홀로 버림받은 것 같은 외로운 처지가 되었습니다.

> 이에 요한의 제자 중에서 한 유대인과 더불어 정결예식에 대하여 변론이 되었더니(25절).

아마 세례 요한의 제자와 유대인 사이에서 손 씻는 의식 때문에 논쟁이 있었던 것 같습니다. 논쟁 도중 제자의 마음이 몹시 상했습니다. 다투던 유대인이 "너희 선생보다 예수가 훨씬 더 인기 있다. 봐라. 사람들이 다 그리로 가지 않느냐"라는 말을 했던 것 같습니다. 마음이 상한 제자들이 돌아와서 말한 내용이 26절에 나옵니다.

> 그들이 요한에게 가서 이르되 랍비여 선생님과 함께 요단강 저편에 있던 이 곧 선생님이 증언하시던 이가 세례를 베풀매 사람이 다 그에게로 가더이다(26절).

사람들이 예수님에게만 몰려가는 것을 보고, 가장 민감한 반응을 보인 자들은 세례 요한을 존경하고 따랐던 제자들이었습니다. 그들 중에는 베드로와 요한처럼 처음부터 예수님에게로 가버린 사람들도 있었지만 상당수의 제자들은 여전히 그의 곁을 떠나지 않았습니다. 제자들은 자기 선생에 대한 존경과 사랑이 크면 클수록 예수님에 대한 감정이 좋지 않았을 것입니다. 자기 선생이 하루아침에 사람들의 관심 밖으로 밀려나는 것을 보고 견디지 못했을 것입니다. 동시에 혜성처럼 나타나 백성들의 존경과 신망을 한 몸에 받고 있는 예수님에게는 은근히 질투를 느꼈을 것입니다.

지도자의 입장에서는 이런 상황이 벌어지면 중대한 위기를 맞이합니다. 자기보다 월등히 탁월한 사람이 나타나서 자신의 입지가 약해지면 피해 의식 때문에 파괴적인 경쟁을 일삼다가 돌이킬 수 없는 상처를 입는 일이 얼마든지 일어날 수 있습니다. 따라서 역사의 무대 뒤로 조용히 사라지는 허탈감을 어떻게 처리하느냐는 모든 지혜를 동원해야 하는 중대사가 아닐 수 없습니다. 요한이 바로 이와 비슷한 처지에 놓인 것입니다.

지도자의 입장에서 견디기 어려운 일 가운데 하나는 제자들이 경쟁자를 질투하는 것을 보는 일일 것입니다. 이럴 때 지도자가 어떤 태도를 취하느냐가 매우 중요합니다. 그 지도자의 됨됨이를 재볼 수 있는 잣대가 되기 때문입니다. 우리는 이 점에서 세례 요한에 대한 예수님의 평가가 조금도 과장된 것이 아님을 보게 됩니다.

분수를 아는 사람

> 요한이 대답하여 이르되 만일 하늘에서 주신 바 아니면 사람이 아무것도 받을 수 없느니라(27절).

제자들은 세례 요한에게 모든 사람이 다 예수님께로 가버린다고 말했습니다. 그러자 그는 만일 하늘에서 주신 바 아니면 사람이 아무것도 받을 수 없다고 했습니다. 이 말씀의 뜻은 누구든지 하나님께서 주신 만큼 일할 수 있고 하나님이 높이신 만큼 높아질 수 있다는 것입니다. 그리고 하나님이 주시지 않으면 아무것도 받을 수 없으며 그것을 쓸 수도 없습니다. 세례 요한은 이 진리를 자신에게 적용했습니다.

> 내가 말한 바 나는 그리스도가 아니요 그의 앞에 보내심을 받은 자라고 한 것을 증언할 자는 너희니라(28절).

그는 평소 제자들에게 분명히 밝힌 사실이 있었습니다. "나는 그리스도가 아니다. 나는 메시아로 오시는 예수님을 전하는 작은 소리에 지나지 않는다. 하나님이 나에게 맡기신 것은 바로 작은 소리의 역할이다. 이것이 하나님이 내게 주신 귀중한 소명이다."

세례 요한은 자신이 누구이며 무엇을 위해 하나님의 보냄을 받았는지 정확히 알고 있었을 뿐 아니라, 자기 분수를 넘는 일에는 관심조차 갖지 않았음을 알 수 있습니다. 분수가 무엇입니까? 가장 좋은 대답은 로마서 12장 3절입니다.

> 내게 주신 은혜로 말미암아 너희 각 사람에게 말하노니 마땅히 생각할 그 이상의 생각을 품지 말고 오직 하나님께서 각 사람에게 나누어 주신 믿음의 분량대로 지혜롭게 생각하라.

당시 세례 요한은 마음을 조금만 잘못 먹으면 자신을 메시아로 착각하거나 주장할 수 있는 처지에 있었습니다. 그를 향해 메시아가 아니냐고 떠보는 바리새인들도 더러 있었고, 그를 메시아라고 믿는 자들도 적지 않았습니다. 분위기가 이렇게 돌아가자 위기감을 느낀 그는 새삼 목소리를 높여 자기가 메시아가 아니라는 말을 자주 하기 시작했습니다. 그리고 사람들이 예수님만 주목하게 하고자 혼신의 힘을 다했습니다. 누가 어떤 말로 흔들어도 하나님이 서 있으라고 명령하신 그 자리에서 한 치도 움직이지 않았습니다. 그 자리가 낮으냐 높으냐, 인기가 있느냐 없느냐는 그에게 일고의 가치도 없는 문제였습니다.

경력만 놓고 보면 세례 요한은 예수님보다 앞섰습니다. 예수님은 삼십 세가 되도록 먼지를 뒤집어쓰며 대패질을 하던 목수였지만, 그는 이십 년이 넘도록 광야에서 거룩한 수도 생활을 했습니다. 그런 점에서 그는 사람들에게 훨씬 더 매력을 줄 수 있는 처지에 있었습니다. 하지만 하나님으로부터 받은 것 외에는 욕심을 부리지 않았습니다. 사람들로부터 잊혀질지라도, 자신의 모습이 작아 보인다 할지라도, 제자들이 자기 곁을 떠날지라도 그는 섭섭해하거나 원망하지 않았습니다.

자신이 누구인지를 정확하게 아는 사람은 매우 큰 인물이라 할 수 있습니다. 반면 자신의 분수를 잘 모르고 천방지축으로 날뛰는 사람은 소인배에 지나지 않습니다. 외모가 똑같은 사람이 하나도 없듯이 하나님께 받은 능력이나 역할도 사람마다 다릅니다. 누구든지 받은 것만큼 일할 수 있습니다. 그러므로 자기의 분수가 무엇인가를 아는 것이야말로 지혜 중에 지혜가 아닐 수 없습니다. 이 지혜가 있는 사람은 몸에 맞지 않는 옷을 탐내지 않습니다. 그리고 자기보다 큰 옷을 입은 사람을 시기하거나 그와 경쟁하려 하지 않습니다. 특히 하나님의 종들은 그렇습니다. 하나님이 그에게 큰 옷을 입혀주셨

요한복음 1 요한이 전한 복음

다는 것을 알기 때문입니다.

스펜스라는 잘 알려지지 않은 목회자가 있었습니다. 그는 한동안 사람들에게 훌륭한 지도자로 존경을 받았는데, 무슨 이유였는지 모르지만 나중에는 목회가 신통치 않았다고 합니다. 그때쯤 그가 시무하는 교회에서 큰길 건너 한 블록 떨어진 곳에 있던 교회에 젊은 목사가 부임했습니다. 젊은 목사의 설교가 성도들에게 신선한 감동을 주기 시작했습니다. 많은 사람이 그 교회로 모여들었습니다. 젊은 목사가 인품이 아주 훌륭하고 설교도 참 은혜롭게 한다는 소문이 사방으로 퍼져나갔습니다.

어느 주일 저녁이었습니다. 스펜스 목사가 설교를 하려고 강단에 올라가 보니 앉아 있는 성도 수가 평소보다 적었습니다. 그는 이렇게 물었습니다. "오늘 저녁에 우리 성도들이 다 어디 가셨습니까?" 잠시 무거운 침묵이 흐른 뒤, 교회 사무를 전담하고 있는 집사가 "길 건너 교회 목사님의 말씀이 좋다는 소문을 듣고 은혜를 받고자 그 교회로 간 것 같습니다"라고 대답했습니다. 그 말을 들은 노(老) 목사는 지긋이 눈을 감은 채 잠깐 생각에 잠기더니 조용한 미소를 띠면서 이렇게 말했습니다. "예. 좋습니다. 여러분, 오늘 저녁에는 저와 함께 그곳에 가서 은혜 받읍시다." 그러고는 성도들을 데리고 그 교회로 갔다고 합니다. 누가 더 위대합니까? 노 목사인가요, 젊은 목사인가요? 하나님은 노 목사를 더 크다고 할 것입니다. 요한이 바로 이런 인물이었습니다.

요한처럼 자기 분수를 지키는 사람이 되십시오. 그런 당신을 보고 세상은 소인이라고 할지 모르나 예수님은 큰 자라고 하실 것입니다. 빛도 없고 이름도 없는 작은 일에 부름받았다 할지라도 그 일에 충성하면서 큰일에 부름받은 형제를 비판하거나 질투하지 않길 바랍니다. 그래야 요한을 칭찬하신 것처럼 주님이 우리도 칭찬하실 것입니다.

예수님을 크게 기뻐하는 사람

예수님이 요한을 세상에서 가장 큰 자라고 극찬하신 이유를 29절에서도 발견할 수 있습니다.

> 신부를 취하는 자는 신랑이나 서서 신랑의 음성을 듣는 친구가 크게 기뻐하나니 나는 이러한 기쁨으로 충만하였노라.

세례 요한은 예수님을 보면서 기쁨이 넘쳤습니다. 예수님은 곧 자신의 기쁨이었습니다. 자기를 몹시 초라하게 만든 분임에도 예수님 때문에 기쁨이 충만하다니 얼마나 놀라운 일입니까? 그는 자기의 기쁨을 잔칫집의 신랑 친구에 비유하고 있습니다.

유대 관습에 따르면 낮에 찾아오는 결혼 하객들을 신랑 친구가 맞아서 대접합니다. 그리고 밤이 깊어 신랑이 온다는 소식이 들리면 제일 먼저 달려가서 반갑게 맞이하는 사람도 신랑 친구입니다. 이렇게 해서 결혼식을 마치면 그 친구의 역할은 끝납니다. 신랑이 나타난 자리에서는 누구 하나 그를 주목하지 않습니다. 그럼에도 신랑 친구는 그 자리에 있는 신랑 때문에 기뻐합니다. 세례 요한은 자기가 바로 이러한 기쁨을 가지고 있다고 고백합니다.

세례 요한은 원래 예수님 이름만 들어도 펄떡펄떡 뛰면서 좋아하던 사람이었습니다. 그가 어머니 배 속에 있을 때였습니다. 예수님을 임신한 마리아가 찾아와 자기 어머니와 인사를 나눌 때 그는 배 속에서 기뻐 뛰고 있었습니다. 누가복음 1장 44절을 보면 그의 어머니가 "아이가 내 복중에서 기쁨으로 뛰놀았도다"라고 노래합니다. 태중에서부터 예수님의 이름만 들어도 기뻐 뛰던 그가 세상을 구원할 메시아로 오신 그분을 눈으로 보게 되었을 때 그 기쁨이 얼마나 대단했겠습니까?

요한처럼 예수님을 진정으로 기뻐하는 사람이 하나님께서 보시기에 큰 자입니다. 세상에서 누리는 명예보다도 우리를 구원하기 위해 세상에 오신 예수님 때문에 기뻐하는 사람을 하나님은 큰 자로 보십니다. 세상적인 눈으로는 실패자처럼 보이는 사람일지라도 예수 그리스도를 생각할 때마다 얼굴에 기쁨이 넘치면 하나님은 그 사람을 큰 자라고 말씀하십니다. 왜 그렇습니까? 예수님보다 크신 분이 없기 때문입니다. 하늘과 땅의 모든 권세를 가지신 이는 예수님뿐입니다. 그러므로 이 크신 예수님을 기뻐하는 자는 예수님처럼 큰 자가 되는 것입니다.

케임브리지 대학교 교수였던 C. S. 루이스가 쓴 《천국과 지옥의 이혼》을 보면 이런 우화가 있습니다. 천국 문에 문지기가 서 있었습니다. 사람들이 천국에 들어가려고 몰려왔습니다. 그때 이 문지기가 한 사람씩 붙들고 이렇게 물었습니다. "당신은 예수님을 알고 나서 그 예수님 때문에 참을 수 없는 기쁨을 가지고 사셨나요? 그 기쁨을 가지고 이 자리에 오셨습니까?"

비록 우화지만 매우 중요한 진리를 우리에게 가르쳐주고 있습니다. 문지기가 왜 그런 질문을 했을까요? 신랑 되신 예수님을 가장 기뻐하는 신부가 아니면서 어떻게 그곳에 들어가 살 수 있겠습니까? 천국은 예수님이 최고의 기쁨이라고 고백하는 자만이 들어갈 수 있습니다. 천국은 예수님으로 충만한 곳이기 때문입니다. 모든 영광이 예수님에게 집중되어 있기 때문입니다. 세례 요한처럼 예수

님을 기뻐하는 자가 되십시오. 그리하여 하나님이 인정하는 큰 자가
되길 바랍니다.

낮아지는 사람

예수님께서 요한을 큰 자라고 하신 이유가
하나 더 있습니다. 30절을 봅시다.

> 그는 흥하여야 하겠고 나는 쇠하여야 하리라 하니라.

이 구절을 "그는 더 커져야 하겠고 나는 더 작아져야 하리라"로
바꾸어보면 그 뜻을 더 실감할 수 있습니다. 우리는 이 한마디에서
세례 요한의 간절한 소망이 무엇인지 발견할 수 있습니다. 예수님이
세상 죄를 지고 가는 어린양으로서, 영원히 경배를 받기에 합당한
하나님으로서 높임을 받으시는 것입니다.

이를 위해 자기가 작아져야 한다면 얼마든지 작아지기를 원했습
니다. 자기가 희생해야 할 것이 있으면 마땅히 희생하기를 원했습니
다. 자기가 사람들에게 버림을 받는 것은 아무것도 아니라고 여겼
습니다. 광야의 소리처럼 영원히 사라지기를 원했습니다. "흥하여야
하겠고"와 "쇠하여야 하리라"를 원문으로 보면 상당히 단호한 의지
가 들어 있음을 알 수 있습니다. 반드시 그래야 한다는 의미를 가진
조동사를 사용하고 있기 때문입니다. 즉, "반드시 예수는 흥하여야
하고 반드시 나는 쇠하여야 한다"라는 뜻입니다. 이를 통해 세례 요
한의 마음이 어떠했는지를 충분히 알 수 있습니다.

세례 요한이 자기는 쇠하고 예수님이 흥해야 한다고 믿은 근거는
31절 이하에서 찾을 수 있습니다.

요한복음 1 요한이 전한 복음

위로부터 오시는 이는 만물 위에 계시고 땅에서 난 이는 땅에 속하여 땅에 속한 것을 말하느니라 하늘로부터 오시는 이는 만물 위에 계시나니(31절).

예수님은 어디에서 오셨습니까? 위로부터 오셨습니다. 위로부터 왔다는 말은 그분이 만물 위에 계신 하나님이란 뜻입니다. 그러나 세례 요한은 어디에서 나왔습니까? 땅에서 나왔습니다. 자신은 인간이요 피조물에 불과하다는 말입니다. 신과 인간, 창조주와 피조물이 어떻게 비교가 되겠습니까?

하나님이 보내신 이는 하나님의 말씀을 하나니(34a절).

예수님은 하나님 자신의 말씀을 하시는 분이며 말씀 그 자체였습니다. 그러나 세례 요한이 전하는 메시지는 무엇입니까? 말씀이신 예수 그리스도를 증거 하는 것입니다. 말씀 자체와 말씀의 증거자가 어떻게 비교될 수 있겠습니까?

이는 하나님이 성령을 한량없이 주심이니라(34b절).

하나님이 예수님께는 성령을 한량없이 주셨습니다. 아무런 제한 없이 주셨다는 뜻입니다. 그러므로 예수님은 성령 하나님과 동등한 분입니다. 그러나 세례 요한은 비록 이스라엘 온 땅에서 유명해진 능력 있는 선지자였지만, 그가 가진 성령의 능력은 제한적이요 부분적이었습니다. 권세와 능력 면에서 어떻게 예수님과 비교할 수 있겠습니까?

아버지께서 아들을 사랑하사 만물을 다 그의 손에 주셨으니(35절).

아버지께서 아들을 사랑하사 만물을 다 그 손에 주셨다고 했습니다. 예수님은 하늘과 땅의 권세를 가지신 이 세상의 주권자입니다. 온 우주의 주인입니다. 그러나 세례 요한은 예수님의 백성 중 하나에 불과한 인간입니다.

아들을 믿는 자에게는 영생이 있고 아들에게 순종하지 아니하는 자는 영생을 보지 못하고 도리어 하나님의 진노가 그 위에 머물러 있느니라(36절).

예수님은 누구십니까? 자기를 믿는 자에게 영생을 주시는 구원자입니다. 그러나 세례 요한은 사람들에게 영생을 주는 구원자가 아니며 오히려 구원받아야 할 죄인일 뿐입니다.

이와 같이 예수님과 자기를 비교해볼 때 세례 요한은 자기가 누구인지를 알았고 자신의 분수를 알았습니다. 이 세상 최고의 행복은 참된 하나님이시요 온 우주의 왕이며 구원자이신 예수님 한 분만으로 기뻐하는 것임을 그는 알았습니다. 그래서 예수님이 높아지고, 예수님이 경배와 찬양을 받으시는 일이라면 자기는 얼마든지 작아질 수 있고 낮아질 수 있다고 생각했습니다. 아마 세례 요한의 마음속에는 늘 이런 찬송이 있었을지 모릅니다. 당시에 이 찬송은 없었지만 그의 마음은 이와 동일했을 것입니다.

나의 기쁨 나의 소망 되시며 나의 생명이 되신 주
밤낮 불러서 찬송을 드려도 늘 아쉰 마음뿐일세

요한복음 1 요한이 전한 복음

교회 안에는 분명 두 부류의 신앙인이 있습니다. 한 부류는 예수님의 이름을 빌려 자기가 흥해야 되겠다는 생각을 가진 사람들입니다. 그들이 신앙생활을 하는 목적은 주님의 이름으로 복도 받고 소원 성취도 해서 편하게 사는 것입니다. 이런 사람들이 예상보다 많다는 사실은 큰 충격이 아닐 수 없습니다. 또 다른 부류가 있는데, 요한처럼 예수님을 위하여 자기가 쇠하기를 소원하는 사람들입니다.

당신은 하나님께서 보시기에 큰 자인가요? 아니면 작은 자인가요? 자기 집을 계속 늘리기 위해서는 수천만 원도 아깝지 않게 투자하면서 하나님의 나라를 확장하는 데는 단돈 십만 원 내놓기도 아까워한다면 당신은 소인입니다. 자기의 건강과 여가 활용을 위해서는 시간과 돈을 아끼지 않고 쓰면서 하나님의 나라를 위해서는 만 원을 오천 원짜리로 바꿔서 헌금한다면, 당신은 예수님이 쇠하기를 바라는 소인입니다. 썩어 없어질 몸을 묻을 묘지를 위해서는 수천, 수억을 들여 준비하면서 영원히 찬송과 경배를 받으실 그분의 보좌를 빛내기 위해서는 헌금할 마음이 선뜻 내키지 않는다면, 당신은 분명 예수님보다 자신이 흥하기를 바라는 자입니다.

한동대학교 후원의 밤에 참석한 일이 있었습니다. 저는 그날 저녁에 간증한 분을 통해서 큰 도전을 받았습니다. 그분은 얼마 전에 아버지가 오십 대의 나이로 암에 걸려 갑자기 세상을 떠났다고 합니다. 아버지는 사 남매에게 이십억 원의 현금을 유산으로 남겼습니다. 장례를 치르고 자녀들이 한자리에 모여 기도하면서 이 유산을 어떻게 쓰는 것이 아버지의 죽음을 욕되게 하지 않을까 의논했습니다. 결국 기독교 대학으로 새 출발을 했지만 여러 가지 어려움을 겪고 있는 한동대학교에 기증하기로 결정했다는 것입니다. 저는 간증하는 그 자매의 마음속에서 세례 요한의 소원이 아름답게 피어오르는 것을 보았습니다. "그는 흥하여야 하겠고 나는 쇠하여야 하리라."

세례 요한을 이야기할 때 마태복음 11장 11절에서 예수님이 하신 말씀을 빼놓을 수 없습니다.

> 내가 진실로 너희에게 말하노니 여자가 낳은 자 중에 세례 요한보다 큰 이가 일어남이 없도다 그러나 천국에서는 극히 작은 자라도 그보다 크니라.

주님은 세례 요한이 이 세상에서는 가장 크지만 천국에는 그보다 더 큰 자들이 많다고 말씀하셨습니다. 왜 그렇습니까? 그곳에는 세상에 살 때 주님을 높이기 위해 자기를 최대한 낮추고 하나님 나라가 흥하도록 하기 위해 스스로 철저히 쇠해진 자들이 많이 있기 때문입니다.

인생은 들의 풀과 같고 그 영화는 들의 꽃과 같다고 성경은 말합니다. 세상의 아름다움이 아무리 황홀해도 그것은 영원하지 않습니다. 금세 말라서 바람에 날리는 들꽃과 같고 아침 햇살에 사라지는 안개와 같습니다. 그러나 이렇게 허무한 인생이 역전되어 엄청난 영광을 얻을 수 있는 길이 있습니다. 세례 요한처럼 예수 그리스도를 높이기 위해 자기는 철저하게 쇠하기를 소원하는 것입니다. 그리고 그렇게 되기 위해 헌신하는 것입니다. 그러면 세상에서는 심히 작아 보이겠지만 하나님 나라에서는 큰 자로 보일 것입니다. 이런 인생을 살고 싶지 않습니까?

13

수가성 여인을 찾으신 예수님

요한복음 4장 1-18절

1 예수께서 제자를 삼고 세례를 베푸시는 것이 요한보다 많다 하는 말을 바리새인들이 들은 줄을 주께서 아신지라 2 (예수께서 친히세례를 베푸신 것이 아니요 제자들이 베푼 것이라) 3 유대를 떠나사 다시 갈릴리로 가실새 4 사마리아를 통과하여야 하겠는지라 5 사마리아에 있는 수가라 하는 동네에 이르시니 야곱이 그 아들 요셉에게 준 땅이 가깝고 6 거기 또 야곱의 우물이 있더라 예수께서 길 가시다가 피곤하여 우물 곁에 그대로 앉으시니 때가 여섯 시쯤 되었더라 7 사마리아 여자 한 사람이 물을 길으러 왔으매 예수께서 물을 좀 달라 하시니 8 이는 제자들이 먹을 것을 사러 그 동네에 들어갔음이러라 9 사마리아 여자가 이르되 당신은 유대인으로서 어찌하여 사마리아 여자인 나에게 물을 달라 하나이까 하니 이는 유대인이 사마리아인과 상종하지 아니함이러라 10 예수께서 대답하여 이르시되 네가 만일 하나님의 선물과 또 네게 물 좀 달라 하는 이가 누구인 줄 알았더라면 네가 그에게 구하였을 것이요 그가 생수를 네게 주었으리라 11 여자가 이르되 주여 물 길을 그릇도 없고 이 우물은 깊은데 어디서 당신이 그 생수를 얻겠사옵나이까 12 우리 조상 야곱이 이 우물을 우리에게 주었고 또 여기서 자기와 자기 아들들과 짐승이 다 마셨는데 당신이 야곱보다 더 크니이까 13 예수께서 대답하여 이르시되 이 물을 마시는 자마다 다시 목마르려니와 14 내가 주는 물을 마시는 자는 영원히 목마르지 아니하리니 내가 주는 물은 그 속에서 영생하도록 솟아나는 샘물이 되리라 15 여자가 이르되 주여 그런 물을 내게 주사 목마르지도 않고 또 여기 물 길으러 오지도 않게 하옵소서 16 이르시되 가서 네 남편을 불러오라 17 여자가 대답하여 이르되 나는 남편이 없나이다 예수께서 이르시되 네가 남편이 없다 하는 말이 옳도다 18 너에게 남편 다섯이 있었고 지금 있는 자도 네 남편이 아니니 네 말이 참되도다

삼사 년 전으로 기억하고 있습니다. 미국에서 뜻밖의 전화가 왔습니다. 어떤 부인으로부터 온 전화인데, 그는 통성명을 하기도 전에 듣기 거북한 말로 저를 몹시 당황하게 만들었습니다. 제게 말할 틈도 주지 않은 채 한참을 흥분한 목소리로 쏘아붙이던 그는 전화를 끊으면서 이유를 말했습니다. 제가 쓴 설교집을 읽다가 너무 화가 나서 이렇게 전화를 했다는 겁니다.

통화를 마치고 나서도 무슨 말인지 몰라 한참 동안 생각한 끝에 문득 과거의 일이 떠올랐습니다. 제가 미국에서 공부할 때 만난 어떤 부인 이야기를 설교집에 담은 적이 있습니다. 그는 동두천에서 말 그대로 밑바닥 생활을 하다가 미군을 만나 결혼하고 미국으로 이주했습니다. 그러나 시댁 식구들에게 혹독한 구박을 당해 거의 정신병자처럼 되었습니다. 말도 통하지 않고 한국 사람도 만날 수 없는 지옥 같은 생활을 몇 년 동안이나 겪었습니다. 저는 누군가의 소개로 그를 만났는데, 그는 두 시간 가까이 눈물을 흘리면서 속에 맺힌 것들을 정신없이 털어놓았습니다. 저를 더 곤혹스럽게 만든 것은 그가 쓰는 언어였습니다. 우리말인지 영어인지 분간하기 어려웠을 뿐만 아니라, 눈물, 콧물로 범벅이 된 채 넋두리처럼 이어지는 말이어서 제대로 알아들을 수 없었습니다. 그 부인은 저를 만나면 무언가 위로를 받을 수 있을 것이라는 기대를 가지고 있었고, 저는 복음을 전할 수 있을 것이라는 기대를 가지고 있었습니다. 그러나 틈을 주지 않고 말을 하는 통에 도무지 전도할 기회를 찾기가 어려웠습니다. 그래서 참고 들어주는 것으로 만족할 수밖에 없었습니다. 제가 그 부인 이야기를 간단하게 설교집에 썼습니다.

저에게 전화를 했던 사람도 설교집에 나온 부인과 비슷한 처지에 있었던 것 같습니다. 그리고 제 설교집에서 마음에 거슬리는 내용을 읽었던 모양입니다. 저는 떳떳하지 못한 인생을 살면서 멸시받는 사람, 그래서 정서가 혼란스럽고 인간성마저 크게 손상을 입은 사람들은 너무 연약해서 다치기 쉽다는 사실을 깨닫게 되었습니다. 그리고 그런 사람과는 만나서 이야기하는 것조차 쉬운 일이 아님을 알게 되었습니다.

지금 우리는 너무도 놀라운 이야기를 읽고 있습니다. 모든 사람들이 멸시하고 피하던 수가성의 한 여인을 만나기 위해서 하나님의 아들이 먼 길을 걸어 찾아오셨습니다. 그 여인은 어떤 사람이었습니까? 제가 미국에서 만난 여인이나 저에게 전화를 걸어 욕설을 퍼부었던 여인과 다르지 않다는 생각이 듭니다.

주님께서는 제가 두 번 다시 만나기 싫어했던 부류의 여인을 만나려고 수가성을 찾으셨습니다. 그러나 그 여인은 자기를 찾아온 하나님의 아들을 피했습니다. 우리는 예수님이 찾으시는 사람과 내가 찾는 사람이 서로 다르지는 않은지 자문해보아야 합니다. 예수님이 찾으시는 사람을 우리는 날마다 고의적으로 피하고 있지는 않은지 스스로 돌아보아야 합니다.

모두가 꺼리던 길

예수님과 세례 요한은 그다지 멀지 않은 요단강 가에서 세례를 함께 주었습니다. 이렇게 비슷한 사역을 하니까 바리새인들은 이 두 사람을 어떻게든지 헐뜯어 사람들이 멀리하게 만들고자 많은 궁리를 했던 것 같습니다. 그래서 예수에게 가는 사람이 요한에게 가는 사람보다 더 많다더라, 예수가 요한보다 훨씬 더 능력이 있다더라 하면서 둘 사이를 이간질하려 했습니다. 1절에 그런 사실을 암시하는 내용이 나옵니다.

예수께서 제자를 삼고 세례를 베푸시는 것이 요한보다 많다 하는 말을 바리새인들이 들은 줄을 주께서 아신지라.

바리새인들이 들은 줄을 주님이 아셨다는 말에는, 그들이 음흉한 계교를 꾸미고 있다는 것을 주님이 알고 계셨다는 의미가 들어 있습니다. 예수님과 세례 요한 사이를 이간질하고 경쟁심을 부추기려는 못된 생각을 한다는 사실을 아셨다는 말입니다. 그래서 주님은 그 자리를 피하기로 작정하셨습니다. 요한에게 장애가 되지 않기 위해 한 걸음 뒤로 물러가 북쪽 갈릴리 지방에서 사역을 하기로 하셨습니다. 경쟁이나 분쟁은 사탄이 하나님 나라를 방해하기 위해서 자주 이용하는 전략입니다. 아무리 하나님의 일을 한다고 할지라도 서로 경쟁하고 질투하고 비판하는 일이 벌어지면 그것은 분명히 마귀가 시험하는 것으로 보아야 합니다.

그리고 예수님은 세례 요한의 역할이 끝나는 시점을 택하여 자기의 본격적인 사역을 시작하셨습니다. 마가복음 1장 14절을 보면 알 수 있습니다. "요한이 잡힌 후 예수께서 갈릴리에 오셔서 하나님의 복음을 전파하여." 요한이 감옥에 들어간 후에 비로소 복음을 전하셨다고 했습니다. 주님이 요단강에 계실 때는 아직 요한이 잡히기 전이었습니다.

당시 예루살렘에서 북쪽 갈릴리 지방으로 가는 길은 세 가지였습니다. 하나는 지중해 연안을 따라 올라가는 길이고, 다른 하나는 요단강을 건너서 빙 둘러 가는 길이고, 나머지 하나는 가운데를 질러서 올라가는 길이었습니다. 가운데로 질러가는 길은 빨라서 좋았지만 사마리아를 통과해야 한다는 어려움이 있었습니다. 유대인들은 사마리아 사람들과 접촉하려 하지 않았기 때문입니다.

사마리아 지방은 수백 년 전 앗수르에게 패망했고, 앗수르는 정책적으로 잡다한 종족들을 그 지방에 이주시켜서 남아 있는 이스라엘 사람들과 함께 살도록 했습니다. 대부분 하층 계급에 속했던 그 지역의 유대인들은 선민의 혈통을 지키기 위해 순교를 할 만큼 투지가 강한 사람들이 아니었습니다. 그들은 결국 살아남기 위해 이방 사람들과 통혼을 했습니다. 이것을 안 다른 지방의 이스라엘 사람들은 그들을 개처럼 취급했습니다. 어떤 랍비의 기록에 보면 이런 기도가 실려 있습니다. "하나님 아버지여! 하나님이 이 세상 사람들을 부활시킬 때 사마리아 사람들은 하나도 일어나지 못하게 하소서." 그만큼 유대인들은 사마리아 사람들을 증오하고 멸시했습니다. 그래서 유대인들은 사마리아 사람을 만나는 것조차 금기시했고, 또 만나게 되면 어떤 일이 일어날지 모르기 때문에 사마리아 지방으로 들어가는 것을 극도로 꺼렸습니다. 그래서 상식적으로 생각하면, 유대인이었던 예수님도 둘러 가시든지 아니면 지중해 연안을 따라 올라가시는 것이 자연스러웠습니다.

요한복음 1 요한이 전한 복음

사막 길을 걸어오신 이유

이와 같은 배경을 알면 다음 말씀을 읽고 놀라지 않을 수 없습니다.

> 유대를 떠나사 다시 갈릴리로 가실새 사마리아를 통과하여야 하겠는
> 지라 (3-4절).

'하겠는지라'는 꼭 해야 하겠다는 강한 의지를 담은 말입니다. 어떤 일이 있어도 반드시 통과해야 되겠다는 말씀입니다. 왜 주님은 그런 결심을 하셨을까요? 사마리아로 가는 길이 시간을 아낄 수 있었기 때문일까요? 이 본문을 연구하는 많은 성경학자들은 그렇지 않다는 데 동의합니다. 주님은 마음에 무언가 목적을 가지고 부득불 그 길을 가기로 작정하신 것이 확실하다고 이야기합니다. 그 목적은 다름 아닌 수가성 여인을 만나 구원하는 일이었습니다.

> 예수께서 이르시되 나의 양식은 나를 보내신 이의 뜻을 행하며 그의
> 일을 온전히 이루는 이것이니라(요 4:34).

예수님이 수가성 여인을 구원하시고 나서 하신 말씀입니다. 예수님의 우선순위는 언제나 하나님의 뜻을 행하는 것이었습니다. 이것을 위해 주님은 세상에 오셨고 이것을 위해 사마리아를 통과하기로 작정하셨습니다.

그러면 사마리아에서 행하려고 하신 하나님의 뜻은 무엇입니까? 일차적으로는 수가성 여인을 구원하는 것이고, 그다음에는 여인을 통해서 수가성 사람들에게 복음을 전하는 것이었습니다. 바로 이 일

을 위해 하나님의 아들이 보잘것없는 초라한 여인을 마음에 두시고 일부러 그 길을 택하셨다는 사실은 우리에게 큰 충격이 아닐 수 없습니다.

수가성은 가버나움으로 가는 길과 나사렛으로 빠지는 길이 서로 갈리는 언덕 위에 자리 잡은 작은 마을입니다. 예수님이 피곤하고 목이 말라 앉으셨던 우물은 수가성 사람들에게 생명 줄과 같았습니다. 그 지방은 강수량이 적어서 온 성이 그 우물의 물을 마셨기 때문입니다. 그 우물은 오랜 역사를 가지고 있었습니다. 5절을 보면 야곱이 요셉에게 준 것이라고 했으니까 사람들이 2,000년 이상 사용해 온 우물입니다. 우물은 수가성에서 2킬로미터 넘게 떨어져 있었습니다. 따라서 여자의 몸으로 무거운 물지게를 지고 왕복 4킬로미터 이상의 길을 걷는다는 것은 보통 힘든 일이 아니었을 것입니다.

우리가 여기서 비상한 관심을 가지고 주목해야 할 사실은 하나님의 아들이 어떤 여인을 만나기 위해서 전날 오후에 예루살렘을 떠나 그다음 날 정오까지 비지땀을 흘리며 뜨거운 사막 길을 걸어오셨다는 것입니다. 그 여인이 열두 시쯤 되면 물을 길러 나온다는 것을 미리 아신 주님께서는 그 시간을 맞추기 위해 지체하지 않고 오셨습니다. 니고데모와 같은 유명 인사를 만나기 위해서라면 이해할 만합니다. 그러나 수가성의 여인은 그럴 만한 인물이 아니었습니다.

현대판 수가성 여인을 찾으시는 하나님

물을 길러 나온 이 여인에게는 예수님께서 지적하신 것처럼 결혼을 다섯 번이나 한 부끄러운 과거가 있었습니다. 이제는 결혼식도 올리지 못한 채 어느 건달과 동거 생활을 하던 중이었습니다. 아마 나이는 삼십 대 중반쯤이나 이보다 조금 많지 않았나 추측됩니다. 당시 여인들은 남편을 여의면 재혼까지는 할 수 있었습니다. 하지만 삼혼은 특수한 경우가 아니면 상상할 수 없는 일이었습니다.

이런 점으로 미루어 이 여자는 틀림없이 창녀나 다름없는 최하층 인생을 살고 있던 것이 분명합니다. 자연히 동네 사람들은 그를 따돌렸을 것입니다. 많아야 몇십 가구인 손바닥만 한 동네에서 여인이 받은 수모는 상상을 뛰어넘을 만큼 심했을지도 모릅니다. 누구 하나 찾아갈 사람도 없고 찾아오는 사람도 없어 창살 없는 감옥 생활을 했을 것이 틀림없습니다. 이런 상황에서 그는 사람을 만나기가 두려워 집 밖으로 나오는 것조차 꺼렸을지도 모릅니다. 그래서 물 길러 다니기에 좋은 시간인 아침저녁은 가급적이면 피하고, 사람이 잘 다니지 않는 뜨거운 대낮을 택해 얼굴을 푹 숙인 채로 먼 길을 걸어서 도둑질하듯 물을 길어 왔을 것입니다.

심리학자들은 한 사람이 정상적인 정서를 유지하려면 맘 놓고 이야기를 주고받을 수 있는 사람이 최소한 여섯 명은 되어야 한다고 이야기합니다. 이 여인에게 이런 여섯 명이 있을 리 만무합니다. 그래서 정서지수(EQ)가 형편없이 낮았을 것입니다. 이렇게 되면 대인관계도 원활할 리 없습니다. 게다가 남자들에게 이리저리 짓밟힌 경력을 가진 여인입니다. 살 길이 막막하니까 이제는 돈깨나 있어 보이는 건달한테 얹혀 입에 풀칠이나 해보려고 했는지 모릅니다. 세상적으로 말하자면 죽지 못해 사는 여인이었다고 할 수 있습니다. 이지경에 이르면 사람이 정상적인 생각이나 행동을 하고 산다는 것은 남의 이야기처럼 들릴지 모릅니다.

어느 부인의 편지를 읽은 적이 있습니다. "사실 저는 제 자신의 문제가 무엇인지조차 정확하게 모릅니다. 그냥 가슴이 답답하고 의욕이 없습니다. 죽고만 싶습니다. 만사가 귀찮습니다. 도무지 일이 손에 잡히지 않습니다."

이 여성이 겪는 심리적인 불안, 정신적인 고통은 거의 우울증에 가깝습니다. 이렇게 되면 정서불안에서 우울증으로, 우울증에서 조현병으로 발전하고, 조현병이 심해지면 미쳐버립니다. 저는 수가성의 여인도 이런 심각한 우울증에 빠진 것이 아니었을까 생각합니다. 우울증 환자는 마음속에서 이유를 모르는 화가 날마다 치솟습니다. 그리고 누군가가 죽이고 싶도록 미워집니다. 밤이면 불면증에 시달립니다. 삶에 대한 의욕이 없습니다. 그래서 가끔 자살하고 싶은 충동을 느끼는가 하면 아무하고도 만나려 하지 않습니다. 수가성의 여인도 이와 비슷하지 않았을까요?

오늘날 여성의 지위는 2,000년 전에 비해서 비교도 안될 만큼 높아졌습니다. 생활도 너무 편해져서 손끝에 물 한 방울 묻히지 않고도 살 수 있을 것 같아 보입니다. 옛날처럼 스트레스 받을 일도 별로 없어 보입니다. 그러나 놀라운 사실이 하나 있습니다. 도시에 사는 주부 가운데 두 명 중 한 명은 우울증 증세를 가지고 있다는 것입니다. 신경정신과 전문의인 정성덕 씨의 연구에 의하면 도시 여성 두 명 중 한 명은 이런 증세를 갖고 있는데, 그중에서 삼십 대 중반의 여성이 가장 심하고 학력이 낮을수록 그 수치가 높으며 경제적으로 어려울수록 그런 증세가 나타날 확률이 높아진다고 합니다.

여성들이 겪는 정서적인 혼란은 남편으로부터, 자녀들로부터 소외당하고 갈등하는 데 그 뿌리가 있다고 합니다. 미국에서도 얼마나 많은 사람들이 정서불안이나 우울증에 시달리고 있는지 모릅니다. 세계에서 가장 많이 팔리는 약 열 가지 중 최고의 판매고를 자랑하는 약이 우울증 환자에게 신비의 약으로 통하는 프로작입니다. 이 약을 복용하면 우울증 증상이 70~80퍼센트 정도 완화된다고 하니 환자에게는 영약이 아닐 수 없습니다. 미국에서만 500만 명이 이 프로작을 복용한다고 합니다. 미국 인구 40명당 한 명꼴로 우울증, 정서 불안 때문에 이 약을 복용하고 있는 셈입니다. 제가 이런 자료를 소개하는 이유가 있습니다. 지금 이 사회에는 현대판 수가성 여인이 너무나 많다는 사실을 상기시키기 위해서입니다.

예수님은 니고데모와 같이 유명한 사람도 만나셨습니다. 항상 세리들이나 창녀들만 찾아다니신 것은 아닙니다. 그러나 우리는 예수님께서 늘 마음에 두고 있는 사람들이 있었다는 사실을 잊지 말아야 합니다. 그들이 누구입니까? 이사야 61장에서 말씀하신 대로 가난한 자들, 상한 자들, 갇힌 자들, 포로 된 자들, 슬픔을 안고 눈물을 흘리는 자들입니다. 이런 사람들은 수가성의 여인처럼 대부분 사람 대우를 못 받는 자들이요, 실패자들이며, 정서적으로 무언가 잘못된 자들입니다. 그러나 하나님은 이런 사람들을 먼저 생각하고 계십니다. 우리가 이 사실을 잊어버리면 안 됩니다.

니고데모는 자기 발로 예수님을 찾아온 사람이었지만 수가성 여인은 예수님이 직접 찾아간 사람입니다. 우리는 예수님께서 친히 찾아가신 사람을 자꾸 피하려는 경향이 있습니다. 우리는 대부분 수가성 여인보다 니고데모를 더 좋아합니다.

생수 되신 주님을 마시라

우물가에서 수가성 여인을 만난 주님께서는 그에게 생수를 주시겠다고 약속하셨습니다. 예수님 자신이 그 여인에게는 생수였습니다. 생수는 주님이 주시는 구원을 말합니다. 그러나 주님이 말씀하신 생수는 단지 천국에 들어가는 것만을 의미하지 않습니다.

> 예수께서 대답하여 이르시되 네가 만일 하나님의 선물과 또 네게 물 좀 달라 하는 이가 누구인 줄 알았더라면 네가 그에게 구하였을 것이요 그가 생수를 네게 주었으리라(10절).

> 예수께서 대답하여 이르시되 이 물을 마시는 자마다 다시 목마르려니와 내가 주는 물을 마시는 자는 영원히 목마르지 아니하리니 내가 주는 물은 그 속에서 영생하도록 솟아나는 샘물이 되리라 (13-14절).

예수님은 자신이 이 생수를 주신다고 말씀하셨습니다. 생수는 목마름을 해갈하는 힘을 갖고 있습니다. 이 여인이 예수님을 믿으면 지금까지 그가 안고 씨름하던 고통에서 자유로워질 수 있다는 약속이 생수라는 말에 담긴 것입니다. 이는 목마른 사람이 물을 마시면 갈증의 고통에서 벗어나는 것과 마찬가지입니다.

예수님이 자기가 은근히 기다리던 메시아임을 확인하자 여인은 물통을 던져두고 동네를 향해 소리를 지르며 달려갔습니다. 어떻게 이런 일이 일어날 수 있습니까? 그가 생수를 마셨기 때문입니다. 지금까지 남자 다섯 명을 바꾸어가면서 추구하고 충족시키려 애썼던 영혼의 갈증이 삽시간에 사라져버린 것입니다. 그에게서 우울증이 사라졌습니다. 미움과 증오도 사라졌습니다. 죽고 싶다는 마음도 없어졌습니다.

우리 대부분은 수가성 여인과 비교도 안 될 만큼 모든 면에서 갖추어진 사람들입니다. 그래서 이 여인의 이야기를 들으면 전래동화

요한복음 1 요한이 전한 복음

를 읽는 것처럼 느낄 수도 있습니다. 그러나 우리와 이 여인 사이에는 한 가지 공통점이 있습니다. 마음의 갈증이요 영혼의 갈증입니다. 돈을 아무리 벌어도 해갈되지 않는 갈증입니다. 아무리 즐겨도 없어지지 않는 갈증입니다. 이는 예배를 드리고 있지만 아직 예수님을 영접하지 못한 분들을 두고 하는 말입니다. 그런 분들은 지체하지 말고 수가성 여인을 찾으신 주님을 만나길 바랍니다. 그리고 생수 되신 주님을 마시길 바랍니다. 마음을 열고 그분을 받아들이고, 그분께 모든 것을 맡기십시오. 이런 태도가 바로 '믿음'입니다. 그러면 틀림없이 예수님은 생수가 되어주실 것입니다.

정서적으로 불안한 분이 있습니까? 수가성 여인을 찾아오신 주님을 만나길 바랍니다. 생수 되신 그분을 마시면 마음에 놀라운 일이 생겨납니다. 마치 샘물이 솟아오르듯 내면에서 표현할 수 없는 어떤 변화가 일어날 것입니다. 지체하지 말고 수가성의 우물가로 달려가 주님을 만나십시오. 그러면 당신도 물동이를 집어 던질 것입니다. 환한 얼굴로 마을을 향해 달려갈 것입니다.

예수님을 만나면
생수가 솟는다

인천에서 계속 저에게 전화를 하는 부인이 있었습니다. 사랑의교회 성도가 아닌데도 계속 전화를 해서 옥 목사를 만나게 해달라고 요청했습니다. 어느 날 그가 느닷없이 교회 사무실로 찾아왔습니다. 십 분 정도면 되겠지 하는 생각으로 만났습니다. 그 부인은 사십 대 초반으로 시장에서 장사를 하는 분이었습니다. 찾아온 이유를 물었더니 제 설교집《시험이 없는 신앙생활은 없다》를 읽으면서 자기가 안고 있는 문제를 해결하려면 나를 만나야

겠다는 생각이 들어 달려왔다는 것입니다.

그는 15년 전에 결혼했는데 호랑이같이 무서운 시어머니 밑에서 살게 되었다고 합니다. 어찌나 무서운지 오금을 펼 수 없을 만큼 공포에 떨며 시집살이를 했습니다. 그렇게 오랫동안 살얼음을 걷듯이 생활하다 보니 정서불안이 생겼습니다. 그 형편이 하도 민망했는지 주변에서 교회를 한번 나가보라고 권한 모양입니다. 그래서 교회를 다니게 되었는데 한 집사님의 강요에 못 이겨 아주 능력 있다는 권사님에게 안수를 받게 되었습니다.

그런데 안수 중에 악령이 그를 사로잡았습니다. 그다음부터 귀에서 자꾸만 수군거리는 소리가 들려왔습니다. 하나님을 저주하고 시어머니를 죽이고 싶다는 내용이었습니다. 이런 환청 증세 때문에 지금까지 수년 동안 시달려왔다는 것입니다. 항상 그런 것은 아니고, 어떤 때는 멀쩡했다가 갑자기 악화되는 일들이 반복적으로 발생했습니다. 정신이 멀쩡할 때는 '하나님을 저주한 놈이 어떻게 구원을 받을 수 있을까, 이런 죄를 어떻게 용서받을 수 있을까' 하는 두려움 때문에 말 못할 고통을 겪어왔다고 합니다. 지난 몇 달 동안 하루도 편안히 잠든 날이 없었다고 했습니다.

너무도 불쌍하고 측은해서 성경을 가지고 복음을 하나하나 설명해주었습니다. 어느덧 한 시간 반이나 지나갔습니다. 그리고 함께 기도한 다음 돌려보냈습니다.

그 후, 어느 주일날 4부 예배를 마치고 나오는데 이 부인과 마주치게 되었습니다. 잠은 잘 자냐고 물었더니 아주 편안하게 잤다고 대답했습니다. 얼굴이 굉장히 밝아 보였습니다. 마당에 나오자 저를 붙들고 한 가지 더 궁금한 게 있다는 것입니다. 말해보라고 했더니 제게 이렇게 물었습니다. "예수만 믿으면 하나님을 저주한 죄라도 용서받을 수 있을까요?"제가 어떻게 대답했는지 잘 알 것입니다. 그는 저의 대답을 듣자 환한 얼굴로 돌아갔습니다. 이렇듯 그는 예수님을 만나자마자 마음에서 생수가 솟아나는 것을 경험한 사람입니다.

수가성 여인을 만나기 위해 뜨거운 햇살을 받으며 걸음을 재촉하셨던 주님께서 우리를 찾아오셨습니다. 주님은 우리에게 생수를 주시기 원하십니다. 주님 자신이 생수입니다. 이유 없는 갈증이 있습니까? 마음속에 정서불안이 있습니까? 불면으로 고통을 받고 있습니까? 누군가를 미워하는 마음 때문에 견딜 수 없습니까? 마음에 평안이 없습니까? 정신이 자꾸만 혼란에 빠집니까? 생수 되신 주님을 만나기 바랍니다. 그래서 수가성의 여인처럼 온전히 치유되는 은혜가 있기를 바랍니다.

그리고 또 하나 명심해야 합니다. 예수님이 찾아간 사람이면 우리도 찾아가야 합니다. 아무리 천하고 더러운 여인이라 할지라도 주님이 찾아가는 사람이면 우리도 찾아가야 합니다. 우리는 존경받는 니고데모보다 천대받는 수가성 여인에게 더 많은 관심을 가져야 합니다. 예수님이 그렇게 하셨는데 그의 제자 된 우리가 어떻게 그 일을 피할 수 있겠습니까?

14

생수를 마신 여인

요한복음 4장 15-30절

15 여자가 이르되 주여 그런 물을 내게 주사 목마르지도 않고 또 여기 물 길으러 오지
도 않게 하옵소서 16 이르시되 가서 네 남편을 불러오라 17 여자가 대답하여 이르되
나는 남편이 없나이다 예수께서 이르시되 네가 남편이 없다 하는 말이 옳도다 18 너
에게 남편 다섯이 있었고 지금 있는 자도 네 남편이 아니니 네 말이 참되도다 19 여자
가 이르되 주여 내가 보니 선지자로소이다 20 우리 조상들은 이 산에서 예배하였는
데 당신들의 말은 예배할 곳이 예루살렘에 있다 하더이다 21 예수께서 이르시되 여자
여 내 말을 믿으라 이 산에서도 말고 예루살렘에서도 말고 너희가 아버지께 예배할 때
가 이르리라 22 너희는 알지 못하는 것을 예배하고 우리는 아는 것을 예배하노니 이는
구원이 유대인에게서 남이라 23 아버지께 참되게 예배하는 자들은 영과 진리로 예배
할 때가 오나니 곧 이때라 아버지께서는 자기에게 이렇게 예배하는 자들을 찾으시느니
라 24 하나님은 영이시니 예배하는 자가 영과 진리로 예배할지니라 25 여자가 이르되
메시야 곧 그리스도라 하는 이가 오실 줄을 내가 아노니 그가 오시면 모든 것을 우리에
게 알려주시리이다 26 예수께서 이르시되 네게 말하는 내가 그라 하시니라 27 이때에
제자들이 돌아와서 예수께서 여자와 말씀하시는 것을 이상히 여겼으나 무엇을 구하시
나이까 어찌하여 그와 말씀하시나이까 묻는 자가 없더라 28 여자가 물동이를 버려두
고 동네로 들어가서 사람들에게 이르되 29 내가 행한 모든 일을 내게 말한 사람을 와
서 보라 이는 그리스도가 아니냐 하니 30 그들이 동네에서 나와 예수께로 오더라

지금 우리 앞에 정신이 나간 것처럼 보이는 한 여인이 있습니다. 여인은 물 길러 우물가로 왔다가 물동이를 던져버리고 동네로 달려갔습니다. 그러고는 만나는 사람마다 붙잡고 흥분해서 소리쳤습니다. 그렇다고 그가 횡재를 한 것은 아닙니다. 손에 돈뭉치가 들린 것도 아니고, 신분이 갑자기 높아진 것도 아닙니다. 그럼에도 그의 얼굴은 기쁨으로 충만했고 목소리는 떨렸습니다. 무엇이 여인을 이렇게 만들었을까요? 29절에서 그 해답을 찾을 수 있습니다.

> 내가 행한 모든 일을 내게 말한 사람을 와서 보라 이는 그리스도가 아니냐 하니.

여인은 지금 누구에게도 말하지 못했던 자신의 부끄러운 과거를 낱낱이 다 알고 있는 분을 만났습니다. 여인은 자신의 모든 것을 그토록 세세하게 알 수 있는 분은 그리스도밖에 없다고 생각했습니다. 29절의 "그리스도가 아니냐"는 '우리가 찾던 메시아가 아니냐?', '하나님의 아들이 아니냐?'라는 뜻입니다. 여인은 하나님의 아들을 만나게 된 것이 참으로 기쁘고 감격스러운 나머지 부끄러움을 잊은 채 만나는 사람마다 붙들고 자신이 메시아를 만난 이야기를 하는 것입니다.

여인은 부끄러운 인생을 살아온 사람입니다. 가급적이면 사람을 만나지 않으려고 숨어 살았습니다. 그의 입장에서는 마음의 기쁨이나 평안 혹은 행복이라는 단어들이 사치스러운 말장난에 지나지 않았습니다. 여인은 정서적으로 병들어 있었습니다. 성격은 뒤틀렸고 자기 생각에서 헤어나지 못했습니다. 첩으로 지내며 남편이 던져 주는 쥐꼬리만 한 돈에 목숨을 걸고 살았습니다. 이런 여인이 갑자기 수치심을 잊어버리고 기쁨에 들떠 동네로 달려가더니, 만난 사람마다 붙들고 미친 듯이 이야기하는 이변이 일어난 것입니다.

당신은 여인의 이러한 언행을 이해하고 공감할 수 있습니까? 우리 중에는 메시아를 만나 기뻐서 어쩔 줄 모르는 여인의 감정에 공감하는 사람도 있을 것입니다. 그러나 복권에 당첨되어 펄펄 뛰는 사람은 이해해도 예수님을 만난 기쁨 때문에 펄펄 뛰는 사람은 도무지 공감할 수 없고 이해할 수도 없다는 사람도 있을 것입니다. 당신은 어느 편에 속했습니까?

거듭남과 심령의 치유

수가성 여인은 복음서에서 성령으로 거듭난 사람이 어떻게 변화되는지 보여주는 최초의 사례라고 할 수 있습니다. 우리는 이 여인을 보면서 구원받은 사람의 참모습을 알 수 있습니다. 본문은 여인이 구원받은 것에만 초점을 맞추지 않습니다. 자칫하면 우리는 이 여인이 구원받고 거듭났음을 아는 것으로 본문을 다 이해했다고 생각하여 성경을 덮어버릴 수 있습니다. 하지만 이는 잘못된 생각입니다. 본문은 여인이 구원받았다는 것에만 집중하지 않습니다. 본문이 제시하는 더 큰 도전은 예수님을 믿으면 심령의 병이 치유된다는 것입니다. 심령이라는 말은 영과 마음을 가리키는 혼합된 용어지만 성경에서는 우리의 마음을 의미합니다.

인간에게는 두 가지 병이 있습니다. 하나는 육신의 병이요, 또 하나는 마음의 병입니다. 마음의 병에는 현대 심리학이 말하는 여러 가지 정서적 장애는 물론 생각이 잘못되고 가치관이 뒤집혀서 선한 것과 악한 것을 분별하지 못한 채로 행동하는 것까지 다 포함됩니다. 수가성 여인은 예수님이 우리 마음에 들어오셔서 영생하도록 솟는 생수가 되시면 이와 같은 마음의 병이 고침을 받는다는 것을 우리에게 이야기하는 것입니다. 마음의 병이 치유되는 것을 일컬어 '인격 변화'라고도 합니다.

거듭난 사람은 구원을 받습니다. 동시에 거듭난 사람은 마음의 병까지 치유됩니다. 마음이 건강해지면 모든 면에서 변화가 일어납니다. 정서적인 혼란에서 해방되고, 억눌렸던 감정에서 자유로워지며, 비뚤어진 성격이 교정됩니다. 마음이 건강해지면 지금까지 몸담았던 더럽고 냄새나는 생활을 떨치고 일어날 수 있으며, 상처받은 내면세계가 아물기 시작하고 왜곡되었던 대인 관계가 바로 펴집니다. 우리의 심령에 생수 되신 예수님이 계시면 이런 치유와 변화가 뒤따라옵니다. 이는 예수님을 만난 수가성 여인이 우리에게 증거 하는 것입니다.

예수님을 만나고 나서 너무나 감격한 나머지 동네로 뛰어가 온 동네 사람들에게 메시아를 만났다고 소리치는 여인의 모습은 그의 변화된 모습을 분명하게 보여줍니다. 그런데 여인에 대한 우리의 시선은 여기서 멈추지 않습니다. 예수님을 만난 후 여인의 삶이 과연 어떻게 변했을까요? 마치 복권에 당첨된 사람처럼 하루 동안 잠깐 행복해하다가 다시 옛날로 돌아갔을까요? 부끄러운 첩 생활을 계속하면서 사람들을 피하고 술이나 마시며 하루하루를 흘려보냈을까요? 아무리 생각하고 상상해보아도 이 여인이 옛 생활로 돌아간 것 같지는 않습니다.

만약 여전히 우울증에 시달리면서 밤이면 잠을 이루지 못하고, 낮에는 죄지은 사람처럼 조용히 물 길러 오는 처지로 되돌아갔다면 우물가에서 메시아를 만난 의미가 있겠습니까? 만약 그가 다시 옛날로 돌아가서 개가 토한 것을 다시 먹듯이 생활했다면, 생수가 그 속에서 영생하도록 솟는다는 예수님의 말은 허황된 거짓말이요 무의미한 이야기에 지나지 않을 것입니다. 예수님을 만나 구원은 받았지만 마음의 병은 그대로 안은 채 집에 틀어박혀 병자처럼 지낸다면, "내가 주는 물을 마시는 자는 영원히 목마르지 아니하리니"(요 4:14)라는 예수님의 말씀은 아무런 의미가 없을 것입니다.

치유되지 못한 마음의 병

구원을 받은 것은 분명한 듯한데 교회를 십 년 넘게 다녀도 달라지지 않는 사람이 있습니다. 교회에 나와 예배는 드리지만 병든 정서, 잘못된 성격은 그대로 남아 있고, 여전히 돈만 밝히는 사람이 있습니다. 그렇게 기도를 많이 한다고 하면서도 세상 욕심에서 헤어나지 못하고 날마다 갈증을 느끼는 사람이 있습니다. 누군가 자신에게 사소한 잘못이라도 하면 그를 끝까지 용서하지 못하는 사람이 있습니다. 과거에 입었던 상처가 집사나 권사가 되어도 여전히 쓴 뿌리로 남아 있는 사람이 있습니다. 분명히 예수님을 믿기는 하지만 마음의 병은 치유를 받지 못하여 고스란히 남아 있습니다. 이런 분들을 볼 때마다 목회자인 저는 가슴이 아픕니다. 도대체 무엇이 문제입니까?

많은 현대인들이 영양 과잉으로 몸에 붙은 살을 빼느라 전쟁을 치릅니다. 운동으로는 부족해서 사우나에 들어가 땀을 흘리는 등 온갖 고생을 다 합니다. 고대 그리스 사람들은 평균 수명이 십구 세에 불과했습니다. 그런데 오늘날에는 팔십 세에 이르렀습니다. 그러니 육신의 건강은 전성기를 맞이했다고 볼 수 있습니다. 그럼에도 마음의 건강은 육신과 반대로 가는 것처럼 보입니다. 육신이 건강할수록 마음은 점점 더 병들어갑니다. 그렇게 많이 기도하고, 그렇게 성경을 잘 안다고 하는데도 마음의 병은 점점 깊어지며 치유를 받지 못하고 있습니다.

시골에서 혼자 사는 어머니가 있었습니다. 어머니는 자식이 조금씩 보내주는 용돈을 가지고 어렵사리 하루하루 살아갔습니다. 그러던 어느 날, 어머니는 도시에 사는 아들 집을 방문했습니다. 아들 집에서 머물던 중, 하루는 며느리가 외출을 하고 집 안에 혼자 남게 되었습니다. 방 안에 물끄러미 앉아 있는데, 탁자 위에 놓인 노트 한 권이 눈에 들어왔습니다. 호기심이 발동하여 펼쳐보니 며느리의 가계부였습니다. 거기에는 콩나물을 산 것까지 자세히 기록되어 있었는데, 그중에는 이상한 내용이 있었습니다. '촌년'이라는 항목이 있었고 그 옆에 '5만 원'이라고 적혀 있었던 것입니다. 한두 달도 아니고 매달 꼬박꼬박 그렇게 적혀 있었습니다. 한참을 보고 있던 시어머니는 그것이 며느리가 자신에게 용돈을 보낸 기록이라는 것을 깨닫고 충격을 받았습니다. 시어머니가 아무리 미워도 그렇지, 가계부에다 그렇게 쓰는 여자는 마음이 완전 뒤틀린 사람입니다.

언젠가 서울의 한 정신병동에 입원한 사람 중 70퍼센트가 그리스도인이라는 말을 들은 적이 있습니다. 거듭난 것 같은데, 예수님을 믿는 것 같은데, 마음의 병은 더 심해져서 건강의 균형이 깨어지는 이해할 수 없는 일이 우리 안에서 일어나고 있습니다. 기독교에서 말하는 '거듭난다, 새로운 피조물이 된다, 영생을 얻는다'는 말은 죽은 뒤에 천국에 가는 것만을 의미하지 않습니다. '심령이 고침을 받는다, 사람이 변한다, 행동이 달라진다'는 모든 내용을 수반한 전인적인 구원을 가리킵니다. 그런데 많은 분들이 거듭났다고 하면 그저 천국 들어가는 것이 보장되었다고만 생각하고 마음의 병에 대해서는 부끄럽게 생각하거나 고민하지 않습니다. 이는 그리스도인 모두에게 심각한 문제가 아닐 수 없습니다.

죄 문제를 다루심

우리는 수가성 여인을 다루시는 주님의 말씀에서 문제의 해답을 얻을 수 있습니다. 예수님은 여인을 만나자마자 생수에 관한 이야기를 하셨고, 여인이 생수 얻기를 간구하자 전능하신 하나님으로서 그를 다루기 시작하십니다. 예수님은 먼저 여인이 죽어도 건드리고 싶어 하지 않는 문제를 들춰내셨습니다. 아마도 "가서 네 남편을 불러오라"라는 예수님의 말씀은 여인에게 천둥소리처럼 들렸을 것입니다. 우리는 여인이 예수님의 말씀을 듣고 얼마나 놀라고 정신이 없었을지 상상할 수 있습니다. 여인이 대답하지 못하고 우물쭈물하다가 "나는 남편이 없나이다"라고 말하자 주님은 이렇게 대답하셨습니다.

> 너에게 남편 다섯이 있었고 지금 있는 자도 네 남편이 아니니 네 말이 참되도다(18절).

요한복음 1 요한이 전한 복음

여인은 자신을 완전히 꿰뚫어 보시는 예수님의 말씀에 몸 둘 바를 몰랐습니다. 그래서 빨리 화제를 바꾸고 싶었습니다. "제가 보니 선생님은 선지자시군요. 유대 사람들은 예루살렘에서 예배해야 한다 하고 우리는 사마리아에 있는 그리심산에서 예배해야 된다고 하는데 무엇이 옳습니까?" 예수님은 그가 말을 돌리는 것을 뻔히 알면서도 나무라지 않으셨습니다. 여인은 일단 화제를 바꾸는 데는 성공했지만, 예수님 앞에서 드러난 자기의 추악한 모습을 감출 수는 없었습니다. 그는 비록 말을 하지는 않았지만, 자신이 엄청난 죄인이며 어디를 가도 용서받기 어려운 존재임을 느끼면서 보이지 않는 눈물을 마음으로 삼키고 있었습니다.

하나님 앞에서 자신이 죽어 마땅한 죄인임을 자각하는 것은 마음밭 한가운데 있는 큰 바위를 들어내는 것과 같습니다. 그 바위를 움직여야 샘물을 얻을 수 있습니다. 바위가 누르고 있는 이상 샘물은 솟아나지 않습니다. 주님께서 여인의 죄 문제를 거론하신 이유가 바로 여기에 있었습니다.

종교 문제를 다루심

예수님은 죄 문제를 말씀하신 다음, 여인이 평소에 마음에 두고 갈등하던 종교 문제를 다루셨습니다. 여인은 유대인과 사마리아인이 종교의 정통성 문제 때문에 수백 년 동안 반목해왔다는 사실을 귀가 아프도록 들었습니다. 유대 사람들은 예루살렘에 계시는 하나님이 참된 신이기 때문에 예루살렘에서 드리는 예배만 하나님께서 진정으로 받으시고, 사마리아인들이 찾는 하나님은 거짓 신이기 때문에 사마리아에서 드리는 예배는 거짓 예배라고 말했습니다. 그러나 사마리아 사람들은 예루살렘의 하나님은 거짓 신이며 자신들이 섬기는 하나님이야말로 진짜 하나님이기에, 예배는 사마리아의 그리심산에서 드려야 한다고 주장했습니다. 서로 한 발자국도 양보하지 않고 대립해왔던 것입니다.

여인은 누구의 말이 옳은지 몰라 마음속으로 갈등했습니다. 다시 말하면 여인은 일종의 종교적 의문과 갈등을 가지고 있었습니다. 예수님은 이 여인을 다루시면서 그의 마음에 있는 종교적 갈등과 문제를 풀어주십니다. 왜냐하면 이런 문제들에 사로잡힌 심령에서는 생수가 솟지 않기 때문입니다. 날마다 의심과 갈등으로 마음의 병이 깊어지는데 그 마음이 치유될 것으로 기대할 수는 없는 일입니다.

예수님은 예배의 장소 문제로 고민하는 여인에게 이제 새로운 시대가 열렸기 때문에 더 이상 그런 문제로 고통받지 말라고 말씀하십니다.

> 예수께서 이르시되 여자여 내 말을 믿으라 이 산에서도 말고 예루살렘에서도 말고 너희가 아버지께 예배할 때가 이르리라(21절).

그리고 22절에서 예수님은, 사마리아 사람들은 유대 사람들의 좋은 점을 인정해야 한다고 충고합니다.

> 너희는 알지 못하는 것을 예배하고 우리는 아는 것을 예배하노니 이는 구원이 유대인에게서 남이라.

구원이 유대인에게서 난다는 말은 인류를 구원하실 메시아가 유대인 혈통에서 난다는 뜻입니다. 그러므로 사마리아 사람들은 이 사실을 인정해야 한다고 말씀하십니다. 예수님께서 여인의 종교적인 갈등과 의문을 풀어주신 것은, 그래야만 이 여인이 구원받을 수 있을 뿐만 아니라 심령의 병도 치유될 수 있기 때문입니다.

진정한 예배

이어서 예수님은 여인이 하나님과 바른 관계를 갖지 못하고 있음을 지적합니다. 여인의 관심사는 하나님을 예배하는 것 자체에 있지 않고 어디서 예배 드려야 하는가에 있었습니다. 예배가 무엇입니까? 여인은 예배를 단순히 모이는 장소나 의식으로만 알고 있었습니다. 그러나 주님은 성경에서 계시한 하나님을 정확히 알고 하나님을 찾는 것이 예배라고 말씀하셨습니다.

진정한 예배는 사람이 하나님을 영으로 만나 하나님의 사랑과 지혜와 아름다움과 진리와 거룩과 긍휼과 자비와 은총과 능력과 그분께 속한 모든 거룩한 속성들을 생각하면서 합당한 찬양과 경배를 드리는 것입니다. 그러므로 예배의 장소가 어디인지는 큰 의미가 없습니다. 어떤 순서와 절차를 밟아 예배하느냐도 큰 의미가 없습니다. 우리는 예배의 전통에 묶일 필요가 없습니다. 우리의 영이 하나님 자신으로 행복해지면 그 자체가 예배입니다. 이런 예배를 일컬어 신령한 예배라고 합니다.

아버지께 참되게 예배하는 자들은 영과 진리로 예배할 때가 오나니 곧 이때라 아버지께서는 자기에게 이렇게 예배하는 자들을 찾으시느니라 하나님은 영이시니 예배하는 자가 영과 진리로 예배할지니라 (23-24절).

이런 점에서 여인은 아직까지 하나님을 예배하지 않았으며, 그의 영은 하나님과 깊은 교제를 경험하지 못했습니다. 여인은 하나님을 높이고 그분의 이름을 찬미하려는 영혼의 간절함을 느끼지 못하고 있었습니다. 그는 하나님과 멀리 떨어져 있었습니다. 이처럼 하나님과 진정한 예배 관계가 이루어지지 못할 때 그 심령은 고침을 받지 못합니다.

문제의 해답은 메시아

예수님은 이상과 같은 문제들을 지적하시면서 동시에 죄 문제, 종교적인 문제 그리고 하나님을 예배하는 문제 등 이 모든 문제에 대해 여인 스스로는 해답을 얻을 수 없다는 사실을 인식하게 하셨습니다.

> 여자가 이르되 메시야 곧 그리스도라 하는 이가 오실 줄을 내가 아노니 그가 오시면 모든 것을 우리에게 알려주시리이다(25절).

여인은 마침내 자신의 힘으로는 고민을 해결할 수 없음을 인식했습니다. "나는 이 문제를 해결할 수 없어요. 그러나 메시아, 하나님의 아들이 오시면 이 문제를 해결할 수 있을 것입니다." 여인은 그렇게 마음의 눈을 열어 메시아를 고대하게 되었습니다.

이제 여인은 하나님의 구원을 받아들일 마음의 준비가 되었습니다. 그래서 예수님은 "네게 지금 말하고 있는 내가 메시아, 하나님의 아들이다"라고 말씀하셨습니다. 그 말을 듣는 순간 여인의 영안이 열렸습니다. 여인은 유대 청년 예수에게서 하나님의 아들이 가진 영광을 보았습니다. 그 순간 예수님이 그의 심령을 가득 채우는 생수가 되어 솟아오르는 것을 체험했습니다. 여인을 둘러싼 어둠이 물러

가고 지금까지 어깨를 짓누르던 무거운 짐은 굴러갔습니다. 죄의 쇠
사슬에서 풀려난 것입니다.

그는 가만히 있을 수 없었습니다. 치밀어 오르는 환희와 해방감
을 억누를 수 없었습니다. 이제 부끄러움은 사라졌습니다. 남이 무
엇이라고 하든 더 이상 문제가 되지 않았습니다. 자기가 왜 우물에
왔는지조차 잊어버렸습니다. 그리고 사람들에게 자신이 발견한 메
시아를 전하기 위해 달려갔습니다. 이 여인은 구원을 받았을 뿐만
아니라 마음의 병까지 치유된 것입니다.

마음의 병을 치유하려면

주일 예배는 참석하지만 아직도 예수님을
믿지 않는 분들은 이 여인처럼 하나님의 자녀로 거듭나야 합니다.
그러기 위해서는 마음에 지금 어떤 변화가 일어나는지 주목해야 합
니다. 마음속에 무언가 변화가 일어나는 것을 느낀다면, 그것은 주
님이 당신을 만지고 계신다는 증거입니다. 마음속으로 '나는 죄인
이구나!'라는 자각이 일어납니까? 그렇다면 당신은 생수의 샘 앞으
로 이끌려 나오고 있는 것입니다. 마음속에 종교적인 갈등이나 의
심이 자꾸 고개를 들고 일어나면서 이것은 스스로의 힘으로 도무지
풀 수 없을 만큼 어려운 문제임을 느낍니까? 그렇다면 당신은 이미
주님의 인도를 받고 있는 것입니다. 예배하는 자리에 참석하지만 시
간만 때울 뿐 하나님을 알지 못하는 것 때문에 마음에 갈등이 있습
니까? 이미 주님께서 사마리아 여인을 다루듯이 당신을 다루고 계
신다는 것을 알아야 합니다. 나의 모든 문제에 대한 해답을 예수님
에게서 찾을 수 있을 것 같다는 기대를 품고 있습니까? 당신은 이미
새 생명으로 태어날 순간이 다가오고 있다는 것을 믿어도 좋습니다.

주님이 당신을 그렇게 다루실 것입니다.

예수님을 믿고 구원을 받은 것은 틀림없는데 마음의 병은 그대로 남아 있는 사람이 있습니다. 예수님을 믿은 후 오랜 시간이 지났지만 생각도 예전 그대로고 성격도 별로 달라진 것 같지 않으며, 행동도 겉으로 볼 때 그리스도인 같지 않은 사람이 있습니다. 예수님을 믿지만 정서적으로 불안을 느끼고 우울증으로 고생하는 사람이 있습니다. 용서하지 못하는 고통과 미움 때문에 여전히 괴로워하며 죄를 끊어버리지 못해서 정욕에 끌려 다니는 사람이 있습니다. 수십년 전에 입은 상처 때문에 아직도 고통받는 사람이 있습니다. 이런 사람들은 자신을 수가성 여인과 비교해보기 바랍니다. 그래서 지금 자신의 문제가 어디에 있는지를 찾아야 합니다.

당신은 기도할 때마다 입버릇처럼 죄인이라고 고백하지만, 실은 그 마음속에 깊은 죄의식이 없는 사람일 수 있습니다. 그런 돌덩이 같은 심령을 가지고는 마음의 병을 치유할 수 없습니다. 아무리 성경을 많이 읽었다고 하더라도 잘못을 항상 다른 사람에게 돌리는 사람은 심령의 병을 고칠 수 없습니다. 분명히 구원받은 것은 틀림없는데 아직도 하나님에 대해, 예수님에 대해, 성경에 대해 의문 부호를 달아놓고 의심하며 갈등하는 사람이라면, 당신이 갖고 있는 종교적인 문제와 갈등에 대해서 예수님이 해답을 주시도록 기회를 드리십시오. 그래야만 심령의 병을 치유할 수 있습니다.

예배 시간에 사람만 눈에 들어오고 인간의 소리만 귀에 들어오는 사람이 있습니다. 하나님 자신을 나의 영으로 대면하지 못하는 예배를 드리는 데 습관화되어 있다면 그는 심령의 병을 치유할 수 없습니다. 왜냐하면 영광의 주님을 직접 대면하지 않으면, 내 영이 신령과 진정으로 그분 앞에 엎드리지 못하면, 하나님의 능력이 나를 사로잡지 못하기 때문입니다. 물론 예수님을 믿고 구원을 받았다고 해서 모든 사람이 이 수가성 여인처럼 한순간에 마음의 병까지 낫는 것은 아닙니다. 어떤 사람은 믿을 때 이 놀라운 복을 누리지만, 어떤 사람은 마음의 병을 치유하는 데 5년이 걸릴 수도 있고 10년이 걸릴 수도 있습니다. 심지어 어떤 사람은 임종할 때에야 비로소 마음이 치유되기도 합니다.

사막이 꽃동산으로

예수님을 오래 믿으면서도 마음의 병이 그대로 남아 있다는 것은 자신을 위해 불행한 일이 아닐 수 없습니다. 에베소교회에는 예수님을 믿고 구원받은 것은 틀림없는데 마음의 병을 치유하지 못해서 문제를 일으키는 사람들이 있었습니다. 하나님이 그들을 이렇게 책망하십니다. "이제부터 너희는 이방인이 그 마음의 허망한 것으로 행함 같이 행하지 말라"(엡 4:17). 믿지 않는 사람과 똑같은 마음으로 말하고 행동하지 말라는 말씀입니다. 에베소서 4장 25절 이하를 보면 에베소 성도들은 거짓말, 도둑질, 음담패설, 더러운 말을 부끄러운 줄 모르고 했습니다. 서로의 일을 훼방하고, 교회 안에서 수군거리고, 패거리를 만들고, 서로 상처를 주면서 용서하지 못했습니다. 왜냐하면 심령에 병이 들었기 때문입니다. 마음에 병이 들었기 때문에 생각이나 성격이 뒤틀리고 정서가 불안합니다. 남을 해치면서도 양심의 가책을 받지 않습니다.

그러나 하나님은 이런 사람들을 향해 "너는 이제 구원받기는 틀렸으니 내 앞에서 사라져라"라고 말씀하지 않았습니다.

너희는 유혹의 욕심을 따라 썩어져가는 구습을 따르는 옛사람을 벗어버리고 오직 너희의 심령이 새롭게 되어 하나님을 따라 의와 진리의 거룩함으로 지으심을 받은 새사람을 입으라 (엡 4:22-24).

이 말씀은 거듭나서 구원을 받으라는 뜻이 아닙니다. 이미 에베소 성도들은 예수님을 믿은 사람들입니다. 여기서 "새사람을 입으라"는 마음의 병을 고치라는 뜻입니다.

우리에게도 에베소 성도들이 가졌던 문제가 생길 수 있습니다. 믿음은 있는데 마음의 병은 여전히 치유받지 못했고, 예수님은 믿는데 마음에 생수가 솟아나지 않는다면 병을 고쳐야 한다는 자각을 가져야 합니다. 물이 고갈된 땅을 사막이라고 부릅니다. 사막은 병든 땅이요 생명이 죽어가는 곳입니다. 그러나 이사야 선지자는 사막에 놀라운 일이 일어날 것이라고 단언했습니다. 그는 이사야 35장에서, 하나님의 아들을 모신 자의 마음에서는 광야에서 물이 솟고 사막에서 시내가 흐르는 경이로운 생명의 기적이 일어날 것이라고 예언합니다. 뜨거운 사막이 변하여 못이 되고, 메마른 땅이 변하여 원천이 되고, 승냥이가 눕던 곳에 풀과 갈대와 부들이 날 것이며, 광야와 메마른 땅이 기뻐하고, 사막이 백합화같이 피어 즐거워할 것이라고 말합니다.

생수 되신 예수님을 모신 사람의 마음속에서는 이와 같은 놀라운 기적이 일어납니다. 우리의 마음은 사막같이 메마르고 갈라지고 뒤틀리고 죽고 황폐해져서 형편없이 되었지만, 예수님이 우리 마음에 오셔서 영원토록 솟아나는 생수가 되시면, 우리 마음은 꽃동산을 이룬다는 말씀입니다.

이 말씀은 하나님의 나라가 임하는 미래만을 이야기하는 것이 아닙니다. 예수님을 모시는 자의 마음속에 일어나는 경이로운 사건을 가리키기도 합니다. 수가성 여인의 마음에 이와 같은 놀라운 예언이 성취되는 것을 봅니다. 심령의 병이 치유됩니다. 생수 되신 예수님을 모시면 메마른 사막에 샘이 넘쳐흐르고, 사막에 꽃이 피어 향내가 나고, 사자들이 어린양과 뛰놀며 어린이들과 함께 뒹구는 참사랑과 기쁨의 나라가 내 안에서 일어납니다. 이런 역사가 우리 속에서 일어나야 합니다. 이 세상에서부터 주님이 다스리는 천국이 마음에 임하면, 믿는 사람은 심령의 병이 치유됩니다. 그럴 때 사자처럼 날카롭고 까다롭고 남을 해치는 더러운 자아가 변화되어 어린양과 같이 되며, 갈라지고 거칠고 메마른 사막이 변하여 꽃동산이 됩니다.

우리는 예수님을 샘물로 마셔야 합니다. 죄를 회개하고 의심을 버리고 생수 되신 주님을 마십시다. 신령과 진정으로 예배를 드림으로써 예수를 생수로 마십시다. 오직 그분만을 예배하고 사모함으로 생수 되신 주님을 내 마음에 모십시다. 영생하도록 솟아나는 샘물이 내 안에 퍼지면 병든 마음이 치유를 받습니다. 불안합니까? 두렵습니까? 죄책감이 짓누릅니까? 미운 사람이 있습니까? 사람 만나기가 싫습니까? 기쁨이 없습니까? 감사가 사라졌습니까? 죽고 싶습니까? 이 모든 것은 다 마음의 병으로부터 오는 나쁜 것들인데, 하나님 자녀의 마음으로는 합당치 않습니다.

생수 되신 주님이 내 안에서 영생하도록 솟는 샘물이 되면 마음의 모든 병이 멀리 달아납니다. 그러면 당신도 수가성 여인처럼 동네로 뛰어가서 만나는 사람마다 붙들고 주님 앞으로 데려올 수 있습니다. 이 놀라운 복의 역사가 당신과 당신의 가정과 한국교회에 일어나기를 진심으로 축원합니다.

15

하나님이 찾으시는 예배자

요한복음 4장 21-30절

21 예수께서 이르시되 여자여 내 말을 믿으라 이 산에서도 말고 예루살렘에서도 말고 너희가 아버지께 예배할 때가 이르리라 22 너희는 알지 못하는 것을 예배하고 우리는 아는 것을 예배하노니 이는 구원이 유대인에게서 남이라 23 아버지께 참되게 예배하는 자들은 영과 진리로 예배할 때가 오나니 곧 이때라 아버지께서는 자기에게 이렇게 예배하는 자들을 찾으시느니라 24 하나님은 영이시니 예배하는 자가 영과 진리로 예배할지니라 25 여자가 이르되 메시야 곧 그리스도라 하는 이가 오실 줄을 내가 아노니 그가 오시면 모든 것을 우리에게 알려주시리이다 26 예수께서 이르시되 네게 말하는 내가 그라 하시니라 27 이때에 제자들이 돌아와서 예수께서 여자와 말씀하시는 것을 이상히 여겼으나 무엇을 구하시나이까 어찌하여 그와 말씀하시나이까 묻는 자가 없더라 28 여자가 물동이를 버려두고 동네로 들어가서 사람들에게 이르되 29 내가 행한 모든 일을 내게 말한 사람을 와서 보라 이는 그리스도가 아니냐 하니 30 그들이 동네에서 나와 예수께로 오더라

예수님은 사마리아 수가라는 마을에 잠깐 들러 한 여인을 만나셨습니다. 예수님은 여인과 두 가지 주제로 대화를 나누셨습니다. 영생과 예배였습니다. 영생은 예수님이 끌어내신 주제였고 예배는 여인이 제시한 주제였습니다.

예수님께서는 생수에 관해 말씀을 마친 다음, 여인에게 다섯 남자가 있었고 지금 함께 있는 남자는 남편이 아니라고 하셨습니다. 낯선 남자 앞에서 발가벗은 신세가 된 여인은 그 순간을 모면하고자 예배 문제로 화제를 돌렸습니다. 평소 마음속 깊이 간직해온 예배에 관한 의문을 털어놓은 것입니다. 밑바닥 인생을 살던 여인은 자신의 죄와 고통을 들고 가서 하소연할 수 있는 진지한 예배의 대상이 누구인지가 큰 관심사였을 것입니다. 세상에서 버림받고 기댈 언덕을 찾지 못하면 하나님의 품을 그리워하게 됩니다. 예수님은 그런 자들을 먼저 찾으셨고, 그 가운데 수가성 여인이 있었습니다. 사람들이 손가락질하는 창녀의 예배를 받으실 하나님이 어디 계십니까? 마음의 상처를 싸매주시는 하나님은 어디 계실까요? 이 해답을 찾고 싶어 하는 자들이 세상에는 참 많습니다.

예배자의 조건

예배란 하나님께 합당한 예를 드리는 것입니다. 시편 29편 2절은 "여호와께 그의 이름에 합당한 영광을 돌리며 거룩한 옷을 입고 여호와께 예배할지어다"라고 했습니다. 하나님의 이름에 합당한 영광을 돌리는 것이 예배입니다. 요한계시록을 보면 하나님의 보좌를 둘러싼 천천만만의 천사들이 이렇게 찬양하고 있습니다.

> 큰 음성으로 이르되 죽임을 당하신 어린 양은 능력과 부와 지혜와 힘과 존귀와 영광과 찬송을 받으시기에 합당하도다 하더라(계 5:12).

종교개혁자 루터의 말을 빌리면 "하나님을 모신 자는 반드시 그분께 예배해야 합니다". 그러나 막연하게 그분이 신(神)이라는 의식만으로는 예배할 수 없습니다. 예배자는 몇 가지 전제 조건을 구비해야 합니다. 요한복음 3장에서 예수님이 '반드시 하지 않으면 안 된다'는 강한 뜻이 담긴 조동사(must)를 사용하여 말씀하신 몇 구절에 주의할 필요가 있습니다. 먼저 7절의 "거듭나야 하겠다"입니다. 이것은 반드시 거듭나야 한다는 뜻입니다. 또 "모세가 광야에서 뱀을 든 것같이 인자도 들려야 하리니"(14절)는 '반드시 들려야 한다', 즉 '예수님이 반드시 십자가를 져야 한다'는 뜻입니다. 이상의 내용을 정리하면 예배자의 전제 조건이란 첫째는 중생이요, 둘째는 죄 사함을 받는 것입니다.

하나님 앞에 예배하는 자는 어떤 자격을 갖춰야 합니까? 성령으로 중생을 받아야 합니다. 다시 말해 하나님을 아버지라 부를 수 있는 사람, 곧 그분의 자녀로 태어난 사람이어야 합니다. 그렇지 않고는 어느 누구도 하나님을 예배할 수 없습니다. 하나님을 예배하기 원합니까? 예수님의 십자가 보혈로 죄 씻음 받아야 합니다. 용서받지 못한 죄인은 하나님 앞에 가까이 갈 수 없기 때문입니다. 주님은 우리 모두가 하나님 앞에서 진정한 예배를 드리게 하시려고 죽으셨습니다. 하나님께서 거룩한 백성으로부터 영원히 찬양과 경배를 받으시기 위해, 광야에서 모세가 뱀을 장대에 단 것처럼 자기 외아들을 십자가에 높이 매달았습니다.

우리 가운데 중생 받지 못한 자가 있습니까? 죄 씻음을 받았다는 확신이 서지 않는 자가 있습니까? 참된 예배를 드리기 원한다면 간절히 기도해야 합니다. 하나님 은혜의 옷자락에 매달리기 바랍니다. "주여, 나의 죄를 용서해주시고 주님의 십자가를 볼 수 있는 믿음의 눈을 주옵소서."

하나님을 예배한다는 것이 얼마나 영광스러운 일입니까? 나폴레옹이 이런 말을 했다고 합니다. "만약에 내 방에 소크라테스가 들어온다면 나는 자리에서 일어서서 인사할 것이다. 그러나 내 방에 예수님이 들어오신다면 나는 방바닥에 무릎을 꿇고 절할 것이다."

우리가 믿는 예수 그리스도는 예배를 받으시기에 합당한 분이요, 우리의 모든 것을 다 바쳐서 높이고 찬양하고 영광 돌려야 할 하나님이십니다.

예배의 유일한 대상, 하나님

그러면 어떻게 예배해야 할까요? 바른 예배란 무엇입니까? 23-24절을 가까이 두고 묵상하는 것이 좋습니다.

먼저 예배하는 대상이 하나님이라는 사실을 분명히 해야 합니다.

우리는 아버지께 예배하는 자들입니다. 요사이 예배가 많이 변질된 것 같습니다. 대상이 바뀐 예배가 많다는 말입니다.

미국의 예를 하나 들겠습니다. 19세기 중엽에 헨리 워드 비처라고 하는 유명한 설교자가 있었습니다. 그의 아버지 역시 유명한 설교자였으며, 누이동생은 미국 노예의 참혹상을 폭로한 소설《톰 아저씨의 오두막집》을 쓴 스토 부인입니다. 비처 목사는 당시 많은 사람에게 영향을 끼쳤습니다. 그는 노예 제도를 신랄하게 비판했습니다. 당시 사회 곳곳에 만연한 악을 사정없이 폭로하고 사람들에게 회개를 촉구했던 용감한 설교자였습니다. 많은 사람이 그의 설교를 듣기 위해 모여들었습니다. 때로는 사람이 너무 많아 교회 밖에서 장시간 기다릴 정도였습니다. 요즘처럼 사람들의 가려운 곳을 긁어 주는 설교를 하지는 않았지만 그에게는 사람들의 마음을 움직이는 능력이 있었던 것입니다.

어느 주일이었습니다. 설교 시간이 되었습니다. 성도들은 당연히 비처가 설교할 줄로 알았지만, 강단에는 사람들이 잘 모르는 목사가 올라왔습니다. 그러자 금세 반응이 나타났습니다. 청중들 가운데 실망한 몇몇이 자리에서 일어나더니 예배당 밖으로 나가기 시작한 것입니다. 이 광경을 지켜보던 손님 목사가 이렇게 말했습니다. "여러분, 여러분 가운데서 헨리 워드 비처 목사를 예배하기 위해 오신 분들은 지금 다 나가십시오. 그러나 하나님 아버지께 예배 드리기 위해 오신 분들은 그 자리에 앉으십시오."

이 말에 나가던 사람들이 양심의 가책을 받고 대부분 다시 자리에 앉았습니다. 그의 말을 무시하고 끝내 자리를 뜬 사람은 소수에 지나지 않았다고 합니다.

이 이야기는 우리가 반성해야 할 구석은 없는지 돌아보게 합니

요한복음 1 요한이 전한 복음

다. 주일날 우리는 무엇을 위해 예배를 드립니까? 하나님을 경배하기 위해서입니까? 설교를 듣기 위해서입니까? 물론 두 가지가 다 목적입니다. 그러나 설교만이 목적이요 대상이 된 사람들이 많습니다. '어느 목사가 설교를 참 잘한다더라, 한번 들어보자'라는 생각으로 예배에 나온 사람들이 적지 않습니다. 예수님을 전혀 모르는 사람들이 그렇다면 나무랄 것이 못 됩니다. 신앙생활을 수십 년 한 사람들이 설교가 예배를 드리는 목적인 것처럼 여기고 교회에 나오니 문제라는 것입니다.

이런 자세로는 진정한 예배를 드릴 수 없습니다. 설교는 예배의 한 요소입니다. 설교를 예배 자체라고 하기는 어렵습니다. 잘못하면 유명한 설교자가 하나님의 자리에 서기 쉽습니다. 많은 사람들이 설교자를 보고 예배에 나오기 때문입니다. 청중이 그와 같은 의식에 젖어 있는 이상 하나님은 영광을 받지 못하십니다. 유명한 설교자들은 자주 이렇게 가르쳐야 합니다. "여러분, 저를 보려고 교회에 오시면 안 됩니다. 제 설교를 듣기 위해서 교회에 오시면 안 됩니다. 하나님께 예배하기 위해 오셔야 합니다."

예배의 대상은 하나님입니다. 하나님은 영이십니다. 우리 눈에 보이지 아니하는 존재란 뜻입니다. 보이지 않는 존재에게 예배한다는 것만큼 어려운 일이 없을 것입니다. 동서남북, 어느 쪽을 향해서 절을 해야 할지 우리는 전혀 모릅니다. 이스라엘의 역사를 훑어보면 이 사실을 피부로 느낄 수 있습니다. 왜 그들이 우상숭배를 그렇게 선호했을까요? 영이신 하나님보다 보이는 우상이 훨씬 더 예배하기 쉬웠기 때문입니다. 비슷한 위험은 우리가 드리는 예배에도 얼마든지 도사리고 있다는 사실을 잊으면 안 됩니다.

신령한 예배는
형상이 없는 예배

영이신 하나님을 예배하기 위해 주님이 가르쳐주신 다음의 몇 가지 진리를 명심합시다. 먼저 신령한 예배를 드려야 합니다.

> 하나님은 영이시니 예배하는 자가 영과 진리로 예배할지니라(24절).

개역한글판 성경은 "영과 진리"를 "신령과 진정"이라고 번역했습니다. '신령'이란 말은 예배가 영적이란 의미입니다. 영적 예배라고 할 때 여러 가지를 생각할 수 있습니다. 우선, 하나님을 대신할 형상을 만들어 예배할 수 없습니다. 가톨릭교회처럼 예배당에 성화를 걸어놓는다든지 사람의 모양을 한 상(像)을 만들어 세워놓는 것을 우리는 용납하지 않습니다. 영이신 하나님을 모독할 수 있기 때문입니다. 어린 손자가 갓을 쓰고 흰 수염을 기르고 도포를 입고 있는 점잖은 자기 할아버지를 연극 배우처럼 그려놓고 할아버지에게 보라고 떠든다면 기분 좋을 할아버지가 어디에 있겠습니까? 그것은 할아버지의 인품을 모독하는 행동입니다.

신령한 예배는 형상이 없는 예배입니다. 영이신 하나님을 경배하는 것입니다. 어떤 형상이든 우리 눈을 가리지 말아야 합니다. 그러므로 교회에 나와서 예배를 드릴 때 눈으로 무엇을 찾지 마십시오. 육신의 눈을 감고 조용히 마음의 문을 열어 하나님 앞에 서십시오. 이것이 신령한 예배입니다.

아프리카에 사는 어떤 사람이 처음으로 선교사에게 복음을 들었습니다. 그리고 예수 그리스도에 대한 이야기를 쓴 작은 책자 한 권을 얻었습니다. 그는 글을 읽지 못했습니다. 그렇지만 이웃의 다른 부족을 찾아가 자기가 발견한 예수님을 전했습니다. 놀랍게도 전도를 받은 사람들이 다 예수님을 믿었습니다. 그들은 예수님께 예배를 드려야 한다고 생각하게 되었습니다. 어떻게 예배를 드려야 할지 잘 몰랐던 그들은 큰 돌을 하나 갖다 놓고 그 위에 선교사가 준 책을 얹어놓았습니다. 그런 다음 주변에 둘러앉아 눈을 감은 채 한 시간 동안 있었다고 합니다.

웃음이 절로 나오는 상황이기는 하지만 영이신 하나님을 예배하는 것이 인간에게 얼마나 당혹스러운 것인가를 잘 보여주는 사례라 할 수 있습니다. 저는 왜 교회당 안에 요란한 장식을 그렇게 많이 하려고 하는지 이유를 잘 모르겠습니다. 왜 찬양대원들이 그렇게 요란한 가운을 입어야 하는지 잘 모르겠습니다. 왜 목사가 화려한 줄무늬 가운을 입고 강대상에 서야 하는지 잘 모르겠습니다. 심지어 어떤 때는 왜 그렇게 좋은 꽃으로 강단을 치장해야 하는지도 잘 모르겠습니다.

물론 예배를 위한 최소한의 인간적 성의라는 것은 잘 알고 있습니다. 그러나 도가 지나쳐서 사람들의 눈을 끄는 무엇이 영이신 하나님을 예배하는 데 지장을 준다면 그것이 의식이든지, 프로그램이든지, 인간이든지 간에 단호히 경계해야 합니다. 초대교회가 교회당도 없고 프로그램도 없고 주보도 없고 오르간도 없고 심지어 직분자도 없었을 때, 영이신 하나님과 만나는 아름다운 예배를 얼마나 영감 있게 드렸는지 기억해야 합니다. 지금 우리 예배에 영이신 하나님이 임재해 계십니다. 눈을 감아보십시오. 그분이 우리와 함께하십니다. 우리 마음에 계십니다. 우리의 생각과 감정이 그분으로 충만하지 않습니까?

예배의 본질은
공동체로 드리는 것

신령한 예배를 위해 한 가지를 더 생각해야 합니다. 하나님을 어떤 장소에 국한시켜서는 안 된다는 것입니다. 수가성 여인에게는 이것이 문제가 되었습니다. 유대 사람들은 예루살렘에 있는 성전에서 예배해야 한다 하고, 사마리아 사람들은 그리심산에서 예배해야 한다고 주장했습니다. 이런 주장은 이미 수백 년간 계속되어왔습니다. 여인의 입장에서는 누구의 말이 옳은지 알 수 없었습니다. 여인은 사마리아 사람이라 그동안 그리심산에서 예배를 드렸는데 그때마다 예루살렘 성전으로 가야 하지 않을까 고민했던 것 같습니다.

예수님은 장소에 구애받는 예배는 이제 끝났다고 하십니다. 하나님은 영이시기 때문에 온 우주에 충만하십니다. 어디에나 계십니다. 이렇게 광대하신 하나님을 특정 공간에 한정할 수 있다고 여기는 것은 그분의 본성을 위배하는 처사입니다.

> 그러나 지극히 높으신 이는 손으로 지은 곳에 계시지 아니하시나니 선지자가 말한 바 주께서 이르시되 하늘은 나의 보좌요 땅은 나의 발등상이니 너희가 나를 위하여 무슨 집을 짓겠으며 나의 안식할 처소가 어디냐 이 모든 것이 다 내 손으로 지은 것이 아니냐 함과 같으니라(행 7:48-50).

아마 우리 중에는 이런 생각을 하는 사람들이 있을지 모르겠습니다. '그렇다면 꼭 예배당에 나와서 예배를 드려야 할 필요가 없지 않은가? 가정에서도 예배 드릴 수 있고 봄날에는 저 백운대에 가서도

예배 드릴 수 있는 것 아닌가?'

예배는 본래 공동체로서의 교회가 드리는 것을 의미합니다. 하나님의 백성이 모여서 함께 드리는 것이 예배라는 말입니다. 왜 그렇습니까? 하나님은 어느 한 개인의 예배 대상으로 머물지 않으십니다. 그분은 구원을 얻은 모든 백성이 경배드려야 할 만유의 주가 되십니다. 그러므로 예배라는 것은 하나님의 자녀들이 교회를 통해 한 무리가 되어 하나님을 경배하는 행위입니다. 그런 의미에서 예배는 교회에서 드리는 것이 원칙입니다. 미국의 제26대 대통령인 시어도어 루스벨트의 말을 들어봅시다.

"여러분, 하나님은 영이시기 때문에 어느 장소에서나 하나님을 예배할 수 있고 어떤 시간에도 하나님을 예배할 수 있습니다. 그러나 그것은 한 가지 조건이 충족되어야 합니다. 당신이 어느 장소에서나 하나님을 예배하는 자가 되고 싶다면 먼저 특정한 시간인 주일날, 특정한 장소인 교회에서 예배 드리는 사람이 되어야 합니다."

교회가 이 땅에 존재하는 이유는 무엇입니까? 하나님 앞에 마땅히 드려야 할 예배를 드리기 위해서입니다. 그러므로 어느 학자의 말처럼 만약에 예배가 없어진다면 교회가 존재할 이유도 없어질 것입니다.

하나님을 아버지로 부르는 자들은 마음속 깊은 곳으로부터 성도와 함께 모이기를 원하는 본능적 갈망을 가지고 있습니다. 함께 모여 우렁차게 찬송하고 기도하는 그 아름다운 시간을 사모합니다. 이와 같은 거룩한 예배 본능을 교회에서 경험하지 않은 사람이 가정에서나 일터에서 자기 혼자 하나님 앞에 예배 드릴 수 있을까요? 교회 생활을 등한히 하는 사람이 어디서나 영이신 하나님을 전심으로 예배 드리는 것을 보았습니까? 저는 한 번도 본 적이 없습니다. 교회는 모든 경건 생활의 모체가 된다는 사실을 잊지 말아야 합니다. 교회에 모여 바른 예배를 드리면 이것이 가정 예배와 생활 예배로 이어집니다.

이런 의미로 주일날 교회에서 드리는 예배가 중요한 것입니다. 봄이 성큼 다가오면 우리를 시험하는 유혹의 손길을 보게 됩니다. 장미꽃을 가지고 찾아올 것입니다. 아름다운 새소리로 귀를 간지럽게 할 것입니다. 그러나 주일 예배를 빼먹고 들로 산으로 가는 일이 없기를 바랍니다. 산에 가서 예배 드리면 된다는 생각은 하지 마십시오. 예수님이 하신 말씀에 다시 한번 주의를 기울이십시오. "너희가 아버지께 예배할 때가 이르리라"라고 하셨지 "네가 아버지께 예배할 때가 이르리라"라고 말씀하지 않으셨습니다.

예배의 본질은 혼자 드리는 데 있지 않습니다. 세상으로부터 부름받은 거룩한 성도들이 함께 드리는 것입니다. 교회에서 드리는 예배가 중요한 이유는 여기에 있습니다.

하나님은
영적 예물을 원하신다

신령한 예배를 이야기하면서 한 가지 더 살펴야 할 원칙이 있습니다. 하나님께 드리는 예물이 영적이어야 한다는 것입니다. 하나님은 우리의 옷을 보지 않습니다. 우리 손에 들고 있는 헌금의 액수를 세고 계시지 않습니다. 하나님이 보시는 것은 영적인 예물입니다. 무엇이 영적 예물입니까? 우리의 진실하고 깨끗한 마음입니다. 하나님이 예배 시간에 받기를 원하시는 것은 바로 이 마음입니다. 마음을 다하고 힘을 다하고 뜻을 다하여 하나님을 사랑하는 마음을 원하십니다. 우리가 드리는 찬양에도 이 마음이

요한복음 l 요한이 전한 복음

들어 있어야 합니다. 기도는 물론이고 헌금에도 이 마음이 담겨 있어야 합니다. 심지어 말씀을 들을 때에도 이 마음을 가지고 귀를 기울여야 합니다. 그렇지 않으면 하나님께 신령하게 드리는 예배라 할 수 없습니다.

주님의 탄식을 들어보십시오. "이 백성이 입술로는 나를 공경하되 마음은 내게서 멀도다"(마 15:8). 이렇게 드리는 우리의 모든 예배 행위는 하나님을 슬프게 하는 것이 되어버릴 것입니다.

하나님을 바로 알고 드리는
진정한 예배

끝으로, 진정한 예배가 무엇인지를 생각해 보겠습니다. 진정한 예배란 하나님을 바로 알고 드리는 예배를 의미합니다. 다시 말하면, 무식한 예배는 안 된다는 것입니다. 분명히 알고 드리는 예배라야 합니다. 하나님이 누구십니까? 하나님이 우리를 위해 무엇을 해주셨습니까? 왜 하나님을 예배해야 합니까? 하나님이 기뻐하시는 예배가 무엇입니까? 이런 문제에 대답할 수 있는 지식을 가지고 드리는 예배라야 하나님이 받으십니다. 설교가 예배의 중요한 요소가 되는 원인이 여기에 있습니다. 설교는 하나님이 누구신지 가르쳐줍니다. 하나님의 뜻을 보여줍니다. 어두운 사람들의 마음을 깨우쳐줍니다. 이런 의미에서 설교는 예배의 요소 중에 지성소와 같다고 할 수 있습니다.

목사가 되면 가끔 중요한 모임에 초청을 받아 설교할 때가 있습니다. 저는 원래 텔레비전을 자주 보지 못합니다. 신문도 굵은 글자만 읽고 끝날 때가 많습니다. 그래서 모임에 나가 서로 인사를 하다 보면 결례를 범할 때가 더러 있습니다. 상대방이 얼마나 대단한 사람인지 잘 몰라 실수를 합니다. 그들을 알아보지 못한다거나 명함을 받고서야 깜짝 놀라는 식입니다. 이런 태도는 유명 인사의 기분을 건드릴 수도 있습니다. 알아주어야 할 사람은 알아주는 것이 예의요 아름다운 미덕입니다.

제가 사는 아파트 바로 아래층에 천하가 다 아는 아나운서 차 모 씨가 살고 있는데, 어느 날 엘리베이터에서 그를 만났습니다. 그런데 제가 그만 못 알아본 것입니다. 아마 그는 '이런 무식한 사람이 다 있나?' 하고 생각했을 것입니다. 사회에서 인정받아야 할 사람을 알아주지 못하는 것은 무례한 짓이요 부끄러운 일입니다. 유명 인사에 대해 무식해도 이렇게 실례가 되는데 우리가 예배 드리는 하나님에 대해 잘 모른다면 이것만큼 무례한 일이 어디 있겠습니까? 무식하면 하나님이 원하시는 예배를 드릴 수 없습니다. 유명 인사를 잘 모르는 것과 영이신 하나님을 잘 모르는 것은 하늘과 땅 차이에 비교할 수 있을지 모르겠습니다. 영이신 하나님을 잘 모른다고 할 때에는 그 무식의 깊이가 대단하기 때문입니다. 그러므로 우리는 성경을 열심히 배워야 합니다.

제자훈련을 인도하면서 발견한 사실이 있습니다. 말씀으로 은혜를 받으면 하나님을 더 잘 알게 되고 하나님을 더 잘 알수록 정성스러운 예배자가 된다는 것입니다. 예배 드리는 자세가 달라집니다. 이런 사람이 드리는 예배가 바로 진정한 예배입니다. 우리가 잘 알지도 못하는 하나님, 잘 알고 싶은 관심조차 보이지 않는 하나님을 진정으로 예배 드릴 수 있다는 망상은 버리시기 바랍니다.

우리는 하나님께 참으로 큰 은혜를 받은 자들입니다.

아버지께 참되게 예배하는 자들은 영과 진리로 예배할 때가 오나니

요한복음 1 요한이 전한 복음

곧 이때라 아버지께서는 자기에게 이렇게 예배하는 자들을 찾으시느니라(23절).

우리는 하나님이 찾고 계신 예배자들입니다. 얼마나 영광스럽습니까? 하나님이 우리를 사랑하십니다. 그렇기 때문에 수많은 사람들 중 우리를 선택하셔서 중생을 받게 하시고 예수 그리스도의 십자가 보혈로 깨끗하게 하신 다음, 신령과 진정으로 자기를 예배하게 하신 것입니다.

북한에서 비행기를 몰고 월남한 이웅평 씨가 새문안교회를 방문한 적이 있었습니다. 그 교회는 북에서 피란 온 사람들이 주를 이루고 있습니다. 그래서 특별히 그곳을 찾은 것 같습니다. 백발이 성성한 장로님들이 둘러서서 그 사람을 가운데 놓고 기도하는데, 그는 눈을 뜨고 있었다고 합니다. 그리고 북에서는 종교를 아편으로 가르치기 때문에 교회도 없고 예배도 없다고 했습니다. 또한 그는 북은 지금 전쟁할 준비를 다 갖추고 있는데 이렇게 교회에 모여 예배만 드린다고 전쟁에 이길 수 있느냐는 말을 했다고 합니다.

이런 말을 들으면 휴전선 너머에 지옥이 있다는 생각이 듭니다. 하나님을 예배하는 소리가 끊어진 곳은 지옥입니다. 지옥에는 예배가 없습니다. 찬송도 기도도 없습니다. 하나님이라는 이름도 없습니다. 아무것도 없습니다. 그런 곳이 바로 지옥입니다. 우리에게는 이렇게 값진 자유와 평화를 주셔서 한자리에 모여 하나님을 찬송하고 경배할 수 있게 하셨으니, 무엇으로 이 은혜에 감사할 수 있겠습니까? 하나님은 신령과 진정으로 예배하는 자들을 찾으십니다. 우리가 바로 주님이 찾으시는 예배자가 되어야 합니다. 삶이 다할 때까지 주님만을 찬송하는 예배자가 됩시다.

16

일어나 걸어라

요한복음 5장 1-15절

1 그 후에 유대인의 명절이 되어 예수께서 예루살렘에 올라가시니라 2 예루살렘에 있는 양문 곁에 히브리 말로 베데스다라 하는 못이 있는데 거기 행각 다섯이 있고 3 그 안에 많은 병자. 맹인. 다리 저는 사람. 혈기 마른 사람들이 누워 〔물의 움직임을 기다리니 4 이는 천사가 가끔 못에 내려와 물을 움직이게 하는데 움직인 후에 먼저 들어가는 자는 어떤 병에 걸렸든지 낫게 됨이러라〕 5 거기 서른여덟 해 된 병자가 있더라 6 예수께서 그 누운 것을 보시고 병이 벌써 오래된 줄 아시고 이르시되 네가 낫고자 하느냐 7 병자가 대답하되 주여 물이 움직일 때에 나를 못에 넣어주는 사람이 없어 내가 가는 동안에 다른 사람이 먼저 내려가나이다 8 예수께서 이르시되 일어나 네 자리를 들고 걸어가라 하시니 9 그 사람이 곧 나아서 자리를 들고 걸어가니라 이날은 안식일이니 10 유대인들이 병 나은 사람에게 이르되 안식일인데 네가 자리를 들고 가는 것이 옳지 아니하니라 11 대답하되 나를 낫게 한 그가 자리를 들고 걸어가라 하더라 하니 12 그들이 묻되 너에게 자리를 들고 걸어가라 한 사람이 누구냐 하되 13 고침을 받은 사람은 그가 누구인지 알지 못하니 이는 거기 사람이 많으므로 예수께서 이미 피하셨음이라 14 그 후에 예수께서 성전에서 그 사람을 만나 이르시되 보라 네가 나았으니 더 심한 것이 생기지 않게 다시는 죄를 범하지 말라 하시니 15 그 사람이 유대인들에게 가서 자기를 고친 이는 예수라 하니라

요한복음을 보면 예수님께서 큰 명절이 있을 때마다 예루살렘에 올라가셨다고 기록되어 있습니다. 본문에서도 명절을 맞아 예수님께서 예루살렘으로 올라가셨다고 했습니다. 이 명절은 오순절로 추측됩니다.

예루살렘에 가신 예수님은 일부러 사람들이 잘 가지 않는 베데스다로 발길을 옮기셨습니다. 이 연못은 성전에서 그다지 멀지 않은 곳에 있었고, 근처에는 성전에서 제사를 지낼 때 쓸 양들을 몰고 들어가는 문이 있었습니다. 연못에서 얼마 떨어지지 않은 곳에 시장이 있었는데, 그곳은 성전에서 제사를 드릴 양이나 소를 사려는 사람들로 늘 붐볐습니다.

당시 베데스다를 두고 이상한 소문이 돌았습니다. 그 연못에는 가끔씩 밑바닥에서부터 물이 끓어오르는 현상이 있었는데, 과학적인 지식이 거의 없었던 당시 사람들 눈에는 마치 하늘에서 천사가 내려와 물을 휘젓고 가는 것처럼 보였습니다. 그런데 천사가 와서 물을 휘저을 때 누구든지 먼저 연못으로 뛰어들기만 하면 어떤 병이라도 깨끗하게 낫는다는 것입니다. 이 내용을 기록한 3-4절이 괄

호 안에 들어 있는데, 그 이유는 이 이야기가 사람들에게 널리 퍼져 있던 미신적인 이야기였기 때문입니다.

병이 낫는다는 소문을 듣고 많은 병자들이 가족의 부축을 받아 그곳으로 몰려들었습니다. 그들은 연못 네 귀퉁이에 있는 기둥 아래에 자리를 깔고 천사가 내려와 물을 휘젓기를 밤낮없이 기다렸습니다. 어쨌든 베데스다는 인생 비극의 전시장을 방불케 하는 장소였음에 틀림없습니다.

하나님의 아들로서 찾아오신 예수님

건강한 사람들은 베데스다에 잘 가지 않습니다. 그러나 예수님은 일부러 시간을 내어 혼자 그곳으로 가셨습니다. 여기저기에 자리를 깔고 누운 병자들의 틈을 비집고 한쪽 모퉁이에서 홀로 하염없이 하늘을 바라보는 한 남자 곁으로 걸어가셨습니다. 허리를 굽히고 그를 내려다보신 예수님은 그가 병을 얻은 지 38년이나 된 것을 아셨습니다. 이십 대 초반에 발병했다고 해도 벌써 회갑을 바라보는 나이에 접어든 비참한 사람이었습니다.

예수님이 수가성 여인을 일부러 찾아가셨던 것처럼 이 남자도 일부러 찾으신 것이 틀림없습니다. 주님은 허리를 굽히시고 물으셨습니다. "네가 낫고자 하느냐"(6절).

아무도 말을 걸어주지 않는 자신에게 다정스레 물으시는 주님의 말씀은 그를 퍽 감동시켰을 것입니다.

> 병자가 대답하되 주여 물이 움직일 때에 나를 못에 넣어주는 사람이 없어 내가 가는 동안에 다른 사람이 먼저 내려가나이다(7절).

그의 대답을 들으신 주님께서 작은 음성으로 명령하셨습니다. 아마 그 병자만 들을 수 있게 귀에 대고 말씀하셨는지도 모릅니다.

… 일어나 네 자리를 들고 걸어가라 하시니(8절).

얼마나 감동적이고 얼마나 가슴이 젖어 드는 장면입니까? 무려 38년 동안 누워 있었으니 관절은 이미 돌처럼 굳었고 다리에는 아무런 힘도 남아 있지 않았을 것입니다. 그런 사람이 어떻게 일어날 수 있었겠습니까? 그런데 환자는 벌떡 일어나더니 누워 있던 자리를 둘둘 말아 걸었습니다. 주님이 말씀하시자 성령의 능력이 그를 일으킨 것입니다. 그는 예수님에게 고맙다는 인사도 제대로 못한 것 같습니다. 너무 흥분해서 환호성을 지르며 이리저리 뛰니까 순식간에 사람들이 몰려들었을 것입니다. 그 사이에 예수님은 자리를 피하셨습니다.

예수님이 행하신 많은 표적과 기사 중에서 요한이 이 사건을 특별히 기록한 이유는 무엇일까요? 먼저, 예수님이 하나님의 아들로서 하나님의 일을 하고 계심을 선포하기 위해서였습니다. 또 하나는 유대인들이 예수님을 죽이려고 한 동기가 어디에 있었는지를 드러내는 중요한 사건이기 때문입니다. 그러므로 우리 모두는 이 이적을 통해 하나님 아들의 영광을 보아야 합니다. 38년 된 병자를 일으키시는 예수님에게서 하나님의 아들 되심을 보아야 합니다.

성령이 마음을 열어주실 때 우리는 볼 수 있습니다. 그때 우리는 모세처럼 신을 벗을 수 있을 것입니다. 엘리야처럼 얼굴을 가리고 땅에 엎드릴 수 있을 것입니다. 세례 요한처럼 "보라 세상 죄를 지고 가는 하나님의 어린양이로다"(요 1:29)라고 외칠 수 있을 것입니다.

하나님의 아들로서 베데스다를 찾으신 예수님은 오늘도 우리를 찾아오십니다. 38년 된 병자처럼 스스로 어찌할 수 없는 문제를 안고 신음하는 우리를 만나주십니다.

생명을 걸고 찾아오신 은혜

우리 중에 예수님이 하나님의 아들 되심을 믿지 못하는 사람이 있다면 베데스다에 찾아오셨던 예수님과 만나는 은혜가 있기를 바랍니다. 그의 육신은 38년 된 병자가 아닐 것입니다. 그러나 영혼은 38년 된 병자나 다름없습니다. 혼자 예수 믿을 힘이 전혀 없는 사람입니다. 하나님이 원하시는 선한 일이나 의로운 일을 전혀 행할 수 없는 죄인에 불과합니다. 38년 된 병자와 다를 게 뭐가 있습니까?

예수님은 병자를 만나시자마자 말씀하셨습니다. "일어나 네 자리를 들고 걸어가라!" 주님은 우리를 향해 똑같이 말씀하십니다. 하나님의 아들이 일어나라고 명령하시면 반드시 일어나게 됩니다. 빛이 있으라 말씀하시자 빛이 비쳤습니다. 해가 있으라 하시니 하늘에 광명한 해가 모습을 드러냈습니다. 나사로더러 나오라고 하시자 죽은 시체가 일어나서 걸어 나왔습니다. 하나님의 아들이 명령하시면 만물이 순종합니다.

그러므로 우리도 불신앙의 앉은뱅이였던 자리에서 "주여, 믿습니다"라고 소리치며 일어나는 믿음의 사람이 될 수 있습니다. 당신의 영혼에 새로운 생명의 꽃이 피기 시작할 것입니다. 그리고 요한복음 5장 24절에 약속된 영생의 복을 누리게 될 것입니다.

내가 진실로 진실로 너희에게 이르노니 내 말을 듣고 또 나 보내신 이

를 믿는 자는 영생을 얻었고 심판에 이르지 아니하나니 사망에서 생
명으로 옮겼느니라.

'수많은 환자 중에서 예수님은 왜 38년 된 남자 한 사람만 고쳐
주시고 모습을 감추셨을까?' 본문을 보면서 이런 의문을 가질 수 있
을 것입니다. 여기에 큰 진리가 숨어 있습니다. 예수님은 병을 고치
는 의사로 세상에 오신 분이 아닙니다. 그분은 우리의 영혼을 구원
하기 위해 오셨습니다. 따라서 그분이 병자를 고치실 때는 병 고침
자체가 목적이 아니었습니다. 세상을 구원하는 방편의 하나로 병을
고치셨습니다. 그러므로 그 자리에 있는 환자를 다 고쳐줄 의무는
없었던 것입니다.

이 사실이야말로 38년 된 환자의 처지에서는 놀라운 복음이 아
닐 수 없습니다. 예수님이 자기만 찾아와서 고쳐주셨다는 사실 하나
만으로도 그는 감당할 수 없는 은혜를 받은 것입니다. 누가 그에게
"왜 당신만 콕 찍어서 고쳐주셨다고 생각하는가?"라고 묻는다면 그
는 "나도 모르겠다"라는 대답으로 일관할 것입니다. 이것이 복음이
요, 은혜입니다.

우리도 마찬가지 아닙니까? 왜 많고 많은 사람 중에 나를 불러
하나님의 자녀가 되게 하셨는지 수없이 물어보지만 대답은 "모른
다"입니다. 이것이 은혜입니다.

예수님이 38년 된 병자를 고쳐주실 때에는 생명의 위험을 각오
해야 했습니다. 그날은 안식일이었습니다. 당시 유대에서는 안식일
에 일을 할 수 없었습니다. 심지어 의료 행위까지도 일로 보고 금했
습니다. 만약 환자를 치료하면 그것은 고의로 안식일을 범하는 행위
처럼 여겨졌기 때문에 어떤 수모와 핍박을 당할지 모를 일이었습니

다. 그럼에도 예수님은 환자를 찾아가 "일어나 네 자리를 들고 걸어가라"라고 말씀하신 것입니다.

이 사실은 우리 모두에게 바로 적용될 수 있습니다. 예수님은 자기 생명을 내놓으시고 우리를 찾아주셨습니다. 우리가 하나님 나라에 들어가는 복을 누릴 수 있다면 본인은 어떤 희생을 치러도 만족하시는 분입니다. 지금 예수님이 당신을 만나기 위해 여기까지 오셨는데 마음을 닫고 있어야 되겠습니까? 마음을 열고 그를 믿으십시오. 그러면 당신의 가슴에 생수의 강이 흐를 것입니다. 자리를 들고 일어나는 놀라운 기적을 체험할 것입니다.

**절망의 자리에
함께 계시는 은혜**

주님께서 이 시간 찾기를 원하시고 만나기를 원하시는 또 다른 부류가 있습니다. 우리 중에는 수년 넘게 신앙생활을 해온 사람들이 많습니다. 그럼에도 38년 된 병자처럼 인생의 거센 폭풍 앞에서 날개가 꺾여 좌절과 고통을 겪는 자들이 없지 않습니다. 믿음이 좋아도 호된 고통을 당할 수 있습니다. 38년 된 앉은 뱅이가 느꼈던 참담한 심정을 맛볼 때가 있습니다.

베데스다 못가에 와 있던 이 병자는 자기 병을 고칠 사람이 아무도 없다는 것을 알았을 때 이미 죽음을 맛보았습니다. 베데스다에 와서 물이 동하기를 기다리는 그날부터 그는 날마다 죽는 사람이 되고 말았습니다. 왜 그렇습니까? 물이 동할 때마다 다른 사람들이 먼저 뛰어들었기 때문입니다. 그에게는 하루하루가 죽음을 맛보는 절망의 삶이었습니다.

소망도 힘도 없는 자의 삶은 죽음의 연속에 지나지 않습니다. 이

요한복음 1 요한이 전한 복음

것은 오랜 역경에서 헤어나지 못하고 허우적거리는 우리 자신의 모습일 수 있습니다. 예수님은 이런 우리를 조용히 찾아오십니다. 당신이 절망하고 있는 그 자리에 주님이 와 계신다는 사실을 믿기 바랍니다.

> 네가 물 가운데로 지날 때에 내가 너와 함께할 것이라 강을 건널 때에 물이 너를 침몰하지 못할 것이며 네가 불 가운데로 지날 때에 타지도 아니할 것이요 불꽃이 너를 사르지도 못하리니(사 43:2).

우리가 즐겨 부르는 찬송이 있습니다. 최용덕 씨가 작사 작곡한 복음성가입니다.

> 나의 등 뒤에서 나를 도우시는 주
> 평안히 길을 갈 땐 보이지 않아도
> 지치고 곤하여 넘어질 때면
> 다가와 손 내미시네

건강하고 자식들이 잘 자라며 마음먹은 일들이 잘 풀리면 예수님이 우리 눈에 보이지 않을 때가 많습니다. 그러나 38년 된 병자처럼 지치고 곤해서 일어날 힘조차 없으면 예수님이 다가와 손을 내밀어 일으키십니다. 그 주님을 바라보기 바랍니다.

예수님은 말하지 않아도 우리의 형편을 다 알고 계신다는 사실을 잊지 말아야 합니다. 예수님은 38년 된 병자의 병력(病歷)을 다 알고 계셨습니다. 우리가 스스로 감당하기 어려운 고난에 처하면 누구에게 호소할 기력마저 잃어버리곤 합니다. 그러면 누구를 만나거나 말하는 것 자체를 기피합니다. 처음에는 가슴이 너무 답답하여 떠들지만, 그 고통이 계속 이어지면 결국에는 말을 잃어버립니다. 혼자 기도원에 가서 무릎을 꿇고 "주여" 하며 불러보지만 더 이상 말이 이어지지 않습니다. 그럴 때 주님은 우리 사정을 다 알고 계신다는 사실을 꼭 기억합시다. 우리 사정을 속속들이 다 알고 계시는 그분이 곁에 와 계신다는 사실을 꼭 믿기 바랍니다.

예수님이 찾으시는
작은 소망의 불씨

우리가 기억해야 할 사실이 하나 더 있습니다. 아무리 어려운 처지에 놓여도 소망을 잃지 말아야 한다는 것입니다. 베데스다에 있는 환자를 보시고 주님이 던진 첫 번째 질문은 "네가 낫고자 하느냐?"였습니다. 어떤 면에서는 쓸모없는 질문처럼 들립니다. 그에게는 기분 나쁜 말일 수도 있습니다. 그렇게 오랫동안 병상에 있으면서 낫고 싶지 않은 사람이 천하에 어디 있겠습니까? 그러나 그의 병은 낫지 않았습니다. 아무도 그를 고쳐주지 않았습니다. 그래서 희망을 버린 지 오래였습니다. 못가에 와서 앉아 있는 것도 행여나 하는 요행에서였지 꼭 나을 거라는 확신은 없었습니다. 이런 사람에게 낫고 싶으냐는 질문은 놀리는 것이나 별 차이가 없는 말이었습니다. 그런데도 주님은 왜 그런 질문을 던지셨을까요? 소망의 불꽃이 사그라진 그의 가슴에 작은 불씨를 심어주기 위해서였습니다.

완전히 좌절한 사람에게는 하나님의 능력도 별 도움이 되지 못할 수 있습니다. 실낱 같은 희망이라도 가지고 있는 사람에게 그 능력이 역사하기 때문입니다. 주님의 질문에 "저 물이 동할 때 뛰어가고 싶지만 아무도 나를 도와주지 않아 못 들어가고 있습니다"라고 대답하는 것을 보아 그가 아직도 가냘픈 기대를 가지고 있음을 알 수 있습니다. 그에게서 포기하지 않는 의지가 엿보였습니다. 주님은 이 작은 기대감을 발견하시자마자 일어나 걸으라고 명령하셨습니다. 이를 통해 사람이 힘든 고비를 만났을 때 끝까지 포기하지 않고 희망을 갖는 것이 얼마나 중요한가를 배울 수 있습니다.

예수님을 안 믿는 사람들 중에도 절망스러운 처지에서 절대로 좌절하지 않고 승리를 거둔 이들이 종종 있습니다. 미테랑은 1981년에 프랑스 대통령으로 당선되고 나서 뼛속까지 암이 퍼져 있다는 진단을 받았습니다. 대통령에 당선된 사람이 암 환자라는 소문이 나면 국가적으로 큰 어려움을 당할 것은 자명한 일이었습니다. 그래서 입을 막았습니다. 그러고는 보통 사람이 상상할 수도 없는 정신력으로 병과 싸웠습니다. 그 결과 재선까지 합해 14년 동안 대통령으로서 거뜬하게 임무를 수행한 뒤 명예롭게 퇴임했습니다.

믿지 않는 자도 이렇다면 예수님을 믿는 우리가 쉽게 절망해서야 되겠습니까? 당신의 형편이 어떠하든지 절대 좌절하지 마십시오. 믿음을 잃지 마십시오. 포기하지 마십시오. 주님은 그런 사람을 원하십니다.

일어나 걷게 하시는 은혜

한 가지 더 생각할 것이 있습니다. 주님은 실제로 우리를 일으켜 걷게 하신다는 사실입니다. 주님은 고난당하는 사람 곁에서 단순히 위로만 하시는 분이 아니십니다. 실제로 일어나 걸으라고 하십니다. 그리고 일어날 수 있는 힘을 주십니다. 예수님이 명령하시면 아무리 불가능한 것도 가능하게 됩니다. 하나님의 아들이 명령하셨기 때문입니다.

우리가 어려움에 빠졌을 때 성경을 읽으면 종종 일어나라고 하시는 주님의 음성을 듣게 됩니다. 너무 답답해서 새벽 일찍 교회에 나와 하나님을 찾으면 자리를 들고 일어나 걸어가라고 하시는 말씀을 들을 때가 있습니다. 이런 음성이 들리면 그동안 우리를 둘러싸고 있던 어둠이 물러가는 것을 보게 됩니다. 이 음성이 들리는 순간부터 막혔던 담이 허물어지는 것을 보게 됩니다. 이 음성을 듣는 순간 내 몸의 병이 치유되는 것을 보게 됩니다. 이 음성을 듣는 순간 빗나간 자식이 회개하고 돌아오는 놀라운 기적을 보게 됩니다. 이 음성을 듣는 순간 등을 돌렸던 부부가 서로 손을 잡고 화합하는 은혜를 맛보게 됩니다. 이 음성을 듣는 순간 난감하던 생활고가 물러가고 하나님이 길을 열어 복 주시는 것을 보게 됩니다.

은혜로운 소설로 사람들에게 많은 감동을 주고 있는 김성일 씨의 글을 읽으면서, 베데스다를 찾으셨던 주님이 그를 만나주신 아름다운 장면을 회상하게 되었습니다. 그는 어렸을 때 예수님을 믿었지만 머리가 커지면서 믿음을 버렸습니다. 예수님을 저버린 직접적인 계기는 사르트르의 책이었습니다. 그의 책을 읽고 사르트르가 주장한 '자유의 길'이라는 사상에 공감했던 것입니다.

이 사상은 누구든지 자기 식대로 살아야 하고 그러다가 저지르는 행동은 자기가 전적으로 책임을 져야 한다는 내용입니다. 적어도 현대인이라면 자신의 행동에 대해 그 정도의 책임은 질 줄 알아야 한다는 것입니다. 그는 그 말이 너무나도 가슴에 와닿았습니다. 그래서 쩨쩨하게 날마다 "주여" 하며 애걸할 필요 없이 자기가 하는 행동은 끝까지 책임질 줄 아는 자신감 있는 인생을 살아보자고 결심했습니다. 그러고는 예수님을 마음속에서 지워버렸습니다. 그렇게 해방감과 자유를 누리면서 몇십 년을 보냈다고 합니다.

그러나 아내가 위암 선고를 받고 수술을 하게 된 바로 그 순간, 자신은 38년 된 병자처럼 아무것도 책임질 수 없는 무력한 존재라는 사실을 깨닫게 되었습니다. 그리고 아내를 병들게 한 장본인은 바로 자신이라는 것을 알았습니다. 술 먹고 집에 와서는 아내를 들볶았고 어떤 때는 외박을 해 아내에게 스트레스를 주었기 때문입니다. 아내가 심한 스트레스를 연일 받으니 위벽이 헐어버렸고 나중에는 암이 생기게 되었다는 결론을 얻은 것입니다. 아내를 병들게 한 사람이 자기였기 때문에 자신이 책임을 져야 했습니다. 그러나 자유의 길을 택했노라고 큰소리쳤지만 막상 아내가 병들자 아무런 책임도 질 수 없었습니다. 그는 몹시 부끄러웠습니다. 가룟 유다처럼 목을 맨다고 해서 해결될 문제가 아니었습니다. 그렇게 매력적이었던 사르트르도 아내의 병 앞에서는 아무런 도움이 못 된다는 것을 알고 그는 고통스러워했습니다.

바로 그때 그를 찾아온 분이 계셨습니다. 중학교 3학년 때 거침없이 발로 차버렸던 예수라는 사나이였습니다. 그는 뼈아픈 고독 속에서 몸부림치는 그를 찾아와 함께 울어주셨습니다. 함께 아파하셨습니다. 니체도 사르트르도 다 도망쳐버린 그 자리에서 예수님이 자기를 위해 십자가 위에서 신음하고 계시는 모습을 보았습니다. 그는 작심하고 새벽 기도회에 나가기로 했습니다. 예수님의 옷자락을 붙들고 매달렸습니다. 어느 새벽, 주님께서 "일어나 걸어라" 하는 음성을 들려주셨습니다. 그 후 아내가 병에서 자유함을 얻었습니다. 그는 완전히 고침을 받은 아내와 함께 지금 15년이 넘도록 기쁘게 살고 있습니다.

받은 은혜를 쏟아버리는 어리석음

끝으로 한 가지 더 생각할 것이 있습니다. 예수님은 한번 받은 은혜를 쉽게 쏟아버리는 어리석은 사람이 되지 말라고 경고하십니다. 병을 고친 환자가 며칠 후에 성전에서 예수님을 만났습니다. 그때 예수님께서 기가 막힌 말씀을 하셨습니다.

그 후에 예수께서 성전에서 그 사람을 만나 이르시되 보라 네가 나았으니 더 심한 것이 생기지 않게 다시는 죄를 범하지 말라 하시니(14절).

이 남자는 38년 전에 어떤 죄를 짓고 병이 들었던 모양입니다. 예수님은 그에게 언제 무슨 죄를 지었느냐고 캐묻지 않으셨습니다. 그러나 주님은 다 알고 계셨습니다. 또한 주님은 이 사나이가 건강을 회복하면 과거에 지었던 죄를 다시 지을 가능성이 있음을 아셨습니다. 이적을 체험한다고 사람이 다 변하는 것이 아닙니다. 은혜를 받아 변해도 완전히 변해야지 적당하게 변하면 옛날 버릇이 또 나오게 마련입니다.

주님은 우리에게도 똑같이 말씀하십니다. 우리는 고통을 당할 때 자신을 돌아보면서 회개합니다. 그러면 주님은 우리를 불쌍히 여기시고 깊은 수렁에서 건져주십니다. 그러나 고난의 기억이 희미해지면 자신도 모르게 건방진 생각을 할 때가 있습니다. 손을 대서는 안 될 일에 손을 댑니다. 절대 생각하지 말아야 할 것을 마음에 둡니다. 이런 잘못은 대단히 위험합니다. 왜냐하면 처음으로 잘못해서 맞는 매는 그렇게 아프지 않지만 두 번 세 번 반복해서 맞는 매는 피멍이 들 만큼 아프기 때문입니다. 한번 은혜 받았으면 그 은혜를 쏟아버리는 어리석은 짓은 하지 말아야 합니다. 악인 줄 알면서 손을 대고 있습니까? 하나님이 기뻐하지 않으시는 일인 줄 알면서 아직도 끌려가고 있습니까? 매를 맞기 전에 빨리 돌아서기 바랍니다.

지금 당신의 모습이 38년 된 병자와 흡사합니까? 주님을 만나 자리를 들고 돌아가는 자가 되기를 바랍니다.

17

하나님의 아들과 심판

요한복음 5장 16-30절

16 그러므로 안식일에 이러한 일을 행하신다 하여 유대인들이 예수를 박해하게 된지라 17 예수께서 그들에게 이르시되 내 아버지께서 이제까지 일하시니 나도 일한다 하시매 18 유대인들이 이로 말미암아 더욱 예수를 죽이고자 하니 이는 안식일을 범할 뿐만 아니라 하나님을 자기의 친아버지라 하여 자기를 하나님과 동등으로 삼으심이러라 19 그러므로 예수께서 그들에게 이르시되 내가 진실로 진실로 너희에게 이르노니 아들이 아버지께서 하시는 일을 보지 않고는 아무것도 스스로 할 수 없나니 아버지께서 행하시는 그것을 아들도 그와 같이 행하느니라 20 아버지께서 아들을 사랑하사 자기가 행하시는 것을 다 아들에게 보이시고 또 그보다 더 큰 일을 보이사 너희로 놀랍게 여기게 하시리라 21 아버지께서 죽은 자들을 일으켜 살리심 같이 아들도 자기가 원하는 자들을 살리느니라 22 아버지께서 아무도 심판하지 아니하시고 심판을 다 아들에게 맡기셨으니 23 이는 모든 사람으로 아버지를 공경하는 것같이 아들을 공경하게 하려 하심이라 아들을 공경하지 아니하는 자는 그를 보내신 아버지도 공경하지 아니하느니라 24 내가 진실로 진실로 너희에게 이르노니 내 말을 듣고 또 나 보내신 이를 믿는 자는 영생을 얻었고 심판에 이르지 아니하나니 사망에서 생명으로 옮겼느니라 25 진실로 진실로 너희에게 이르노니 죽은 자들이 하나님의 아들의 음성을 들을 때가 오나니 곧 이때라 듣는 자는 살아나리라 26 아버지께서 자기 속에 생명이 있음 같이 아들에게도 생명을 주어 그 속에 있게 하셨고 27 또 인자됨으로 말미암아 심판하는 권한을 주셨느니라 28 이를 놀랍게 여기지 말라 무덤 속에 있는 자가 다 그의 음성을 들을 때가 오나니 29 선한 일을 행한 자는 생명의 부활로, 악한 일을 행한 자는 심판의 부활로 나오리라 30 내가 아무것도 스스로 할 수 없노라 듣는 대로 심판하노니 나는 나의 뜻대로 하려 하지 않고 나를 보내신 이의 뜻대로 하려 하므로 내 심판은 의로우니라

예수님이 베데스다 못을 찾아가 38년 된 병자를 고쳐주신 날은 안식일이었습니다. 당시 유대인들은 안식일에 해서는 안 될 백여 가지 행위를 법으로 정해놓았습니다. 그중에는 병을 고치는 것도 들어 있었습니다. 병자가 누워 있던 자리를 들고 가는 것도 허용되지 않았습니다. 이런 형편인지라 안식일에 병을 고쳤다는 이유로 예수님은 핍박을 받으셨고(16절), 병이 나은 환자는 누웠던 자리를 들고 갔다고 해서 책망을 들어야 했습니다(요 5:10).

기독교의 생명,
하나님의 아들 되심

예수님은 비판하는 자들을 향해 말씀하셨습니다. "내 아버지께서 이제까지 일하시니 나도 일한다"(17절). 이 대답은 대단히 민감한 두 가지 문제를 야기했습니다. 하나는 하나님을 '내 아버지'라 부른 것이고 다른 하나는 '병을 고치는 것은 안식일을 범하는 것이 아니라'고 한 것입니다. 예수님은 하나님 아버지가 지금도 병든 자, 가난한 자, 세상에서 천대받는 자들을 위하여 일하고 계시는데, 아들인 자기가 왜 그 일을 못 하느냐고 반문하신 것이나 다름이 없었습니다. 이 말을 들은 유대인들은 예수님이 고의적으로 안식일을 범하고 있으며 자신을 하나님으로 주장하고 있다는 결론을 내렸습니다. 그래서 예수님을 죽이려는 결심을 하게 됩니다(18절).

예수님은 왜 이처럼 생명의 위험을 무릅쓰면서 자신이 하나님의 아들이라는 주장을 굽히지 않으셨습니까? 요한복음 5-6장을 보면, 예수님은 자기를 죽이려는 자들 앞에서 한 치의 양보도 없이 자신이 하나님의 아들이라고 말씀하십니다. 우리가 잘 알고 있는 것처럼, 하나님의 아들이라는 주장은 주님이 십자가에서 죽음을 당하는 가장 큰 원인이 되었습니다.

기독교의 생명은 '예수님이 하나님의 아들 되심'에 있습니다. 그렇지 않다면 기독교는 세기적인 사기극이 될 것입니다. 만약 예수님이 하나님의 아들이 아니라면 그분은 세상을 구원할 자격이 전혀 없는 사람일 것입니다. 만약 예수님이 하나님의 아들이 아니라면 그분은 구약의 선지자들이 예언한 성경적인 메시아가 절대 아닐 것입니다. 만약 예수님이 하나님의 아들이 아니라면 그분의 모든 말은 신성모독죄에 걸릴 것입니다. 조쉬 맥도웰 목사님이 말한 것처럼, 만약 예수님이 하나님의 아들이 아니라면 예수님은 거짓을 말했기 때문에 마귀일 것이며, 만약 예수 그리스도가 하나님의 아들이 아니라면 죽을 줄 뻔히 알면서 끝내 자신이 하나님의 아들이라고 주장한 바보일 것입니다.

예수님이 하나님의 아들이라는 사실이 거짓이라면 기독교는 쓰러집니다. 예수님은 분명히 하나님이 보내신 아들입니다. 이 사실은 누가 뭐라고 하든 양보할 수 없는 진리입니다. 역사를 보면 사탄과 그 무리가 기독교를 박멸하기 위해 제일 먼저 그리고 가장 끈질기게 물고 늘어진 교리가 바로 "예수님은 하나님의 아들이다"였습니다. 이 문제로 얼마나 자주 교회를 공격하고 얼마나 많은 피해를 입혔는지 모릅니다.

예수님의 신성에 대한
도전과 응전

초대교회가 오랜 핍박에서 벗어나 부흥기로 접어들면서 예수님의 신성을 부인하는 이단들이 등장하기 시작했습니다. 그들은 예수님이 하나님의 아들이 아니라는 주장을 폈습니다. 이런 사탄의 공격에 많은 성도들이 미혹되어 잘못된 길로 빠져들었습니다. 이런 현실에 위기를 느낀 교회 지도자들은 로마 황제의 도움을 받아 기독교 역사상 처음으로 종교회의를 개최하게 되었는데, 이것이 주후 325년에 열린 니케아종교회의였습니다. 회의 주제는 예수님이 하나님의 아들이냐 아니냐는 것이었습니다. 그 자리에 약 300명의 감독들이 모여 연일연야 토론을 했지만 대립된 두 견해가 팽팽하게 맞서고 있었습니다.

아리우스 감독은 예수님이 하나님의 아들이 아니라고 주장했습니다. "만약 예수님이 하나님의 아들이라고 한다면 이것은 하나님이 둘이라는 의미다. 구약에 보면 나 외에 다른 신이 없다고 했는데 하나님 외에 다른 하나님은 있을 수 없다. 그러므로 예수님은 하나님의 아들이 아닐 뿐만 아니라 하나님은 더더욱 아니며 단지 하나님과 비슷한 분일 뿐이다." 반면에 아타나시우스 감독은 "예수님은 하나님의 아들이다. 나는 그분이 나의 구속자임을 믿는다. 예수님은 하나님과 동등하신 분이다"라고 주장했습니다. 결국 투표로 결론을 내리게 되었는데 아타나시우스 감독 쪽이 승리를 거두었습니다. 그때부터 세계 모든 교회가 예수님은 하나님이시요, 하나님과 그 본성이 동등하다고 하는 교리를 함께 고백하게 된 것입니다.

그러나 사탄은 한번 패했다고 해서 호락호락 물러서는 존재가 아닙니다. 끈질기게 발악하는 것이 사탄입니다. 우리가 잘 아는 대로 1900년대 초반만 해도 영국 교회가 얼마나 부흥했습니까? 교회마다 사람들로 가득 찼습니다. 그런데 오늘날 영국 교회는 텅텅 비어 있습니다. 영국 교회를 저렇게 송장으로 만들어버린 것은 독일에서 일어난 자유주의 신학이었습니다. 자유주의 신학의 핵심은 '예수님은 하나님의 아들이 아니다'입니다. 이 사실을 그럴듯한 신학적 이론으로 증명하는 신학자들의 농간에 수많은 영국의 신학자, 목회자들이 놀아나고 말았습니다. 따라서 하나님의 아들이 아닌 예수를 반드시 예배해야 할 명분과 신앙을 잃어버리게 되었습니다. 그 결과 썰물처럼 사람들이 교회에서 빠져나갔습니다.

오늘날 영국 교회를 가보십시오. 텅텅 빈 건물밖에 남아 있지 않습니다. 지금도 사탄은 발악을 하면서 예수님이 하나님의 아들이 아니라는 생각을 갖게 하려고 온갖 수단을 다 동원하여 공격하고 있습니다. 우리는 예수님이 하나님의 아들 되심을 철저하게 믿는 믿음을 가져야 합니다. 큰 소리로 이 신앙을 어디에서든지 고백할 수 있어야 합니다.

19절 이하를 보면, 예수님은 자기만 알고 계시던 비밀을 사람들에게 말씀하고 계십니다. 그것이 무엇입니까? 자기가 하나님 아버지와 함께 계시면서 하나님 아버지가 하시는 일을 다 보았다는 사실입니다. 그리고 자기는 본 그대로 지금 일하고 계신다는 것입니다. 이것은 아버지와 아들만 알고 계신 비밀이었습니다. 20-21절에서는, 아버지께서 자기를 사랑하셔서 이 세상을 심판하는 권세를 자기에게 맡기셨다고 합니다. 살릴 자는 살리고 죽일 자는 죽이는 막강한 권세를 하나님께서 사랑하는 독생자에게 위임하셨다는 것입니다. 더 나아가 23절에서는, 누구든지 아들을 공경하면 아버지를 공경하는 것이 되고 아들을 배척하면 아버지를 배척하는 것이라고 말씀합니다. 이 모든 내용은 예수님께서 자신이 하나님과 동등하다는 것을 말씀하는 것입니다. 아마도 유대 지도자들은 그 말씀에 기절초풍했을 것입니다.

이미 시작된 심판

저는 예수님께서 이 세상을 심판할 권세를 가지셨다는 것에 큰 감동을 받습니다. 24-30절을 보면 예수님의 심판이 어떤 것인지 알 수 있습니다. 예수님이 심판주로서 이 세상을 주관하고 계신다는 것을 생각하면 얼마나 마음이 든든한지요. 예수님이 위임받으신 심판권은 전 인류를 놓고 생명의 길로 갈 자들과 죽음의 길로 갈 자를 갈라놓는 권세를 의미합니다. 예수님 앞에서는 중간 길이 없습니다. 살든지 죽든지 양자택일만 있을 뿐입니다. 그의 판단은 한번 내려지면 영원히 되돌릴 수 없는 완전한 심판이요, 최후의 심판입니다. 이 심판권이 우리가 믿고 사랑하는 하나님의 아들 예수 그리스도의 손에 있습니다. 얼마나 감사한 일입니까?

그러면 예수님께서 무엇을 기준으로 심판하십니까? 예수님에 대한 인간의 반응입니다. 예수님을 하나님의 아들로 믿는 자는 천국에서 영원히 살 것이라고 선언하십니다. 예수님이 하나님의 아들이심을 부인한 사람에게는 영원한 죽음을 선언하십니다.

여기서 예수님의 심판에 대해 기억해야 할 중요한 사실이 있습니다. 심판이라고 하면 흔히 세상 마지막 날, 천사의 나팔 소리가 울릴 때 있을 일로 생각합니다. 그러나 성경을 보면 그렇지 않습니다. 예수님의 심판은 이미 시작되었고 지금 진행 중입니다. 살 자와 죽을 자가 지금부터 나뉘고 있습니다. 살 자는 벌써 생명을 얻었습니다. 죽을 자는 지금부터 사망을 가슴에 안고 있습니다. 그러므로 이미 진행 중에 있는 심판입니다. 이것을 24절이 명료하게 말씀합니다.

> 내가 진실로 진실로 너희에게 이르노니 내 말을 듣고 또 나 보내신 이를 믿는 자는 영생을 얻었고 심판에 이르지 아니하나니 사망에서 생명으로 옮겼느니라.

본문에서 과거 시제로 나오는 '영생을 얻었고'가 원문에서는 현재 동사로 사용되고 있습니다. 이것은 벌써 우리가 영생을 가지고 있다는 것을 의미합니다. 우리는 사망에서 생명으로 옮겼습니다. 이것은 앞으로 될 일이 아니라 이미 시작된 일입니다. 그러므로 이 심판은 우리가 이미 체험하고 있는 사건이라 할 수 있습니다.

25절은 영적 부활을 이야기합니다.

> 진실로 진실로 너희에게 이르노니 죽은 자들이 하나님의 아들의 음성을 들을 때가 오나니 곧 이때라 듣는 자는 살아나리라.

이것은 마지막 날 일어날 사건이 아니라 지금 일어나고 있는 사건입니다. 왜냐하면 이 말씀은 예수님을 믿자마자 우리의 죽은 영혼이 살아나는 중생의 복을 가리키고 있기 때문입니다. 지금도 예수님을 믿으면 누구든지 중생하는 은혜를 누릴 수 있습니다.

요한복음 1 요한이 전한 복음

반면에, 예수님이 하나님의 아들이심을 믿기를 거부하면 그는 영원한 사망을 선고받는 자가 됩니다. 죽음의 심판 역시 이미 시작되었고 진행 중에 있습니다.

> 그를 믿는 자는 심판을 받지 아니하는 것이요 믿지 아니하는 자는 하나님의 독생자의 이름을 믿지 아니하므로 벌써 심판을 받은 것이니라 (요 3:18).

> 아들을 믿는 자에게는 영생이 있고 아들에게 순종하지 아니하는 자는 영생을 보지 못하고 도리어 하나님의 진노가 그 위에 머물러 있느니라(요 3:36).

하나님의 진노가 그 위에 머물러 있다는 말씀은 심판을 받고 있다는 것을 의미합니다. 그러므로 이 세상 마지막 때에 예수님이 재림하셔서 하실 심판은 새삼스러운 것이 아니라 이미 세상에서 진행된 심판을 마무리하는 작업입니다. 다만 지금과 차이가 있다면 그때는 육신이 부활한다는 것입니다. 28-29절은 마지막 때에 육신이 부활하는 것을 말씀합니다.

> 이를 놀랍게 여기지 말라 무덤 속에 있는 자가 다 그의 음성을 들을 때가 오나니 선한 일을 행한 자는 생명의 부활로, 악한 일을 행한 자는 심판의 부활로 나오리.

인류에게 있어 영원히 죽느냐 영원히 사느냐의 문제는 오늘이 내일을 좌우하는 양태로 나타납니다. 오늘 예수님에 대해 어떤 반응을 보이느냐에 따라 내일의 운명이 판가름 납니다. 예수님의 심판은 정확합니다. 거기에는 억울하다는 말을 할 여지가 전혀 없습니다. 예수님은 사람의 마음을 정확하게 꿰뚫어 보십니다. 입으로만 "주여, 주여" 하는 사람인지 마음으로 "주여, 주여" 하는 사람인지 분명하게 알고 계십니다. 그 고백의 진의에 따라 주님이 심판하십니다.

1975년부터 1985년까지 10년 사이에 사형선고를 받고 서울구치소에서 형장의 이슬로 사라진 사형수들이 여러 명 있었는데 그 가운데 두 사람은 자기 목에 밧줄이 걸리는 순간까지 "나는 억울합니다. 내가 죽어서라도 재심을 원합니다"라고 하소연하며 숨을 거두었다고 합니다. 당시 법조계에서는 두 사람의 재판이 잘못되었을지도 모른다는 말을 많이 했습니다. 사람이 하는 재판에는 오판이 있을 수 있습니다. 그러나 예수 그리스도께서 내리는 판결에 오판이라는 것은 절대 있을 수 없습니다.

우리는 예수님이 하나님의 아들이심을 믿습니다. 이미 시작된 예수님의 심판에 따라 우리는 벌써 영생을 얻은 하나님의 자녀입니다. 그 생명이 우리 안에서 뛰고 있습니다. 이제는 내가 사는 것이 아니요, 내 안에 그리스도께서 사시는 것입니다. 멸망은 벌써 우리로부터 멀리 옮겨갔습니다. 남은 것은 마지막 날 우리 몸이 부활하면서 하나님이 준비하신 천국으로 향하는 거룩한 백성의 행렬에 줄을 서는 것뿐입니다.

우리 가운데는 이 놀라운 은혜에 감격해서 사는 사람이 많습니다. 가진 것은 없지만 얼굴은 환하고 모든 것을 다 가진 것처럼 만족하며 사는 사람들이 있습니다. 어떻게 그럴 수 있을까요? 이미 주님이 주신 영생의 복을 체험하며 살기 때문입니다. 환난과 핍박 중에 생명을 바친 위대한 믿음의 선배들을 보면 불꽃 속에서도 하나님을 찬송하는 일들이 많았습니다. 영생을 주신 하나님의 은혜에 감격했기 때문입니다.

지옥의 유행어 '걸걸'

사람들은 영생과 멸망에 대해 '설마' 하는 경향을 보입니다. 그런 일이 일어나리라고는 생각하지 않습니다. 이러한 태도는 500여 년 전에 스페인 사람들이 보인 모습과 비슷합니다. 그때만 해도 스페인은 대서양을 지배하고 유럽을 호령하던 강대국이었습니다. 스페인 동전에는 지브롤터해협이 그려져 있었고 그 밑에는 '논 플루스 울트라'(Non plus ultra)라고 새겨져 있었습니다. 이 말은 '저 너머에는 없다'라는 뜻입니다. 다시 말하면 지브롤터해협이 있는 대서양 너머에는 땅이 없다는 말이었습니다. 많은 사람들이 그대로 믿고 살았습니다. 아무도 대서양 너머에 갈 생각을 하지 않았습니다.

그때 콜럼버스는 배를 타고 대서양을 횡단하여 아메리카 대륙이 뻗어 있는 것을 보았습니다. 그가 아메리카 대륙을 발견하고 돌아와서 자신이 본 것을 보고하자 스페인 사람들의 생각이 바뀌었습니다. 그래서 동전의 글귀를 '논 플루스 울트라'에서 저 너머에도 있다는 뜻의 '플루스 울트라'로 바꾸었습니다. 그리고 많은 사람들이 대서양을 건너 신대륙으로 몰려갔습니다.

스페인 사람들이 콜럼버스의 말을 듣고 생각을 바꾼 것처럼 세상 사람들도 하나님의 아들이 하신 말씀을 듣고 생각을 바꾸어야 하는데, 항상 그 말을 듣지 않고 '저 너머에는 없다, 아무것도 없다, 죽으면 다 끝이다'라는 생각만 하고 삽니다. 참으로 가슴 아픈 일입니다. 이런 사람들이 우리 주변에 너무도 많습니다.

지옥에 가면 사람들이 전부 다 '걸걸' 한다고 합니다. 그것은 '이웃집에서 전도를 할 때 믿을걸', '친구가 예수 믿으라고 할 때 믿을걸' 하며 후회의 나날을 보내는 것을 빗대어 만들어낸 말입니다. 웃고만 넘기기에는 너무 심각한 경고가 들어 있는 것 같습니다.

운명을 바꿀 기회

예수님을 하나님의 아들로 믿기만 하면 죽음은 물러가고 지금 당장 영생이 복으로 임합니다. 지금은 누구든지 자기 운명을 바꿀 수 있습니다. 그러나 마지막 날에는 자기 운명을 스스로 바꾸지 못합니다. 천사가 지시하는 대로 오른쪽 아니면 왼쪽으로 가야 합니다.

빅터 프랭클의 이야기를 읽은 일이 있습니다. 정신과 의사이자 유대인이었던 그는 제2차 세계대전 때 독일군에게 체포되어 악명 높은 아우슈비츠수용소로 끌려갔습니다. 며칠을 짐짝 취급을 받으며 열차를 타고 수용소에 도착하자 독일군 장교 한 명이 오른쪽 팔꿈치를 왼쪽 손바닥으로 괴고 서 있었습니다. 그는 한 사람씩 내릴 때마다 손가락으로 오른쪽 왼쪽을 가리켰습니다. 그 손가락의 방향에 따라 기차에서 내린 사람들은 오른쪽으로 가고 왼쪽으로 가야 했습니다. 나중에 알고 보니 오른쪽으로 간 사람들은 당일 가스실에서 죽었고 왼쪽으로 간 사람들은 살아남았습니다. 비록 살아남은 자들도 제2차 세계대전이 끝날 무렵에는 약 10퍼센트만이 밝은 세상을 볼 수 있었지만, 어쨌든 장교가 내민 손가락의 향방이 사람의 운명을 좌우한 것입니다.

프랭클은 이런 말을 했습니다. "이쪽 혹은 저쪽을 가리키는 손가락의 단순한 동작에 의해 개인의 운명이 결정된다면 정말 불공평하고 어처구니없는 일이 아닐 수 없다. 그러나 그것이 바로 우리의 현실이었다. 누군지 모르는 낯선 사람의 손가락에 의해 우리의 운명이 결정되었던 것이다." 얼마나 숨 막히는 순간입니까?

마지막 날 예수님이 재림하시는 그때에 비슷한 장면이 우리 눈앞에 펼쳐집니다. 물론 심판석에 앉으신 그분은 낯선 분이 아닙니다. 예수님이기 때문입니다. 그는 자기 마음대로 오른쪽 왼쪽을 가리키는 일을 하시는 분이 아닙니다. 세상에 살면서 사람들이 스스로 결정한 운명대로 오른쪽 왼쪽을 가리키실 뿐입니다. 예수님을 하나님의 아들로 믿었으면 오른쪽으로, 믿지 않았으면 왼쪽으로 가라고 지시할 것입니다. 아무도 그것을 놓고 불공평하다고 말할 사람이 없습니다. 믿어도 내가 믿은 것이고 안 믿어도 내가 안 믿은 것입니다. 영생을 얻은 것도 내가 믿어 얻은 것이요, 영생을 거부한 것도 내가 안 믿어 거부한 것입니다.

나가서 믿지 않는 이웃을 만날 때마다 예수님이 하나님의 아들이라고 선언하십시오. 그리고 그 음성을 듣는 자는 살아난다고 말씀하십시오. 이미 하나님의 아들의 음성이 온 세상에 퍼지고 있습니다. 귀를 막지 않는 이상 다 들을 수 있습니다. 우리 주위에 죽어 있는 수많은 영혼이 우리가 선포하는 하나님 아들의 음성을 듣고 살아나는 역사가 일어나도록 기도합시다.

18

성경은 예수를 증언한다

요한복음 5장 31-47절

31 내가 만일 나를 위하여 증언하면 내 증언은 참되지 아니하되 32 나를 위하여 증언하시는 이가 따로 있으니 나를 위하여 증언하시는 그 증언이 참인 줄 아노라 33 너희가 요한에게 사람을 보내매 요한이 진리에 대하여 증언하였느니라 34 그러나 나는 사람에게서 증언을 취하지 아니하노라 다만 이 말을 하는 것은 너희로 구원을 받게 하려 함이니라 35 요한은 켜서 비추이는 등불이라 너희가 한때 그 빛에 즐거이 있기를 원하였거니와 36 내게는 요한의 증거보다 더 큰 증거가 있으니 아버지께서 내게 주사 이루게 하시는 역사 곧 내가 하는 그 역사가 아버지께서 나를 보내신 것을 나를 위하여 증언하는 것이요 37 또한 나를 보내신 아버지께서 친히 나를 위하여 증언하셨느니라 너희는 아무 때에도 그 음성을 듣지 못하였고 그 형상을 보지 못하였으며 38 그 말씀이 너희 속에 거하지 아니하니 이는 그가 보내신 이를 믿지 아니함이라 39 너희가 성경에서 영생을 얻는 줄 생각하고 성경을 연구하거니와 이 성경이 곧 내게 대하여 증언하는 것이니라 40 그러나 너희가 영생을 얻기 위하여 내게 오기를 원하지 아니하는도다 41 나는 사람에게서 영광을 취하지 아니하노라 42 다만 하나님을 사랑하는 것이 너희 속에 없음을 알았노라 43 나는 내 아버지의 이름으로 왔으매 너희가 영접하지 아니하나 만일 다른 사람이 자기 이름으로 오면 영접하리라 44 너희가 서로 영광을 취하고 유일하신 하나님께로부터 오는 영광은 구하지 아니하니 어찌 나를 믿을 수 있느냐 45 내가 너희를 아버지께 고발할까 생각하지 말라 너희를 고발하는 이가 있으니 곧 너희가 바라는 자 모세니라 46 모세를 믿었더라면 또 나를 믿었으리니 이는 그가 내게 대하여 기록하였음이라 47 그러나 그의 글도 믿지 아니하거든 어찌 내 말을 믿겠느냐 하시니라

30여 년 전의 일입니다. 시골에서 보낸 돈을 찾기 위해 우체국에 가서 송금 증서와 도장을 창구에 있던 여직원에게 내밀었습니다. 여직원은 신분 확인을 위해 신분증을 달라고 요구했습니다. 그런데 서둘러 옷을 갈아입고 오는 통에 주민등록증이 든 지갑을 집에 두고 왔다는 것을 그제야 알게 되었습니다. 그래서 사정을 했습니다. "내가 본인이 틀림없으니 지불을 해주세요." 그랬더니 여직원이 저를 똑바로 쳐다보며 "제가 그 말을 어떻게 믿어요? 주민등록증을 가지고 오세요. 그렇지 않으면 돈을 지불할 수 없어요"라고 하는 것이었습니다. 난감해하고 있는데 마침 남자 직원이 나오다가 저를 알아보았습니다. 그 직원이 저의 사정을 듣더니 여직원에게 "이 청년은 내가 잘 아는 사람인데 내가 보증하지. 돈을 내줘요"라고 했습니다. 물론 여직원은 두말없이 돈을 내주었습니다.

세상에서는 종종 말로는 해결할 수 없는 상황을 겪습니다. 객관적인 증거를 보이기 전에는 통하지 않습니다. 예수님도 비슷한 일을 당하셨습니다. 본문이 그 이야기를 하고 있습니다. 유대인들은 예수님이 안식일에 병 고치신 것을 보고 규율을 어겼다며 비판했습니다.

특히 예수님이 자기가 하나님의 아들이며, 하나님은 자기 아버지라고 하시자 그 말씀을 믿으려 하지 않았습니다. 도리어 증거를 내놓으라고 요구했습니다. 이에 대해 예수님은 이렇게 대답하셨습니다.

내가 만일 나를 위하여 증언하면 내 증언은 참되지 아니하되(31절).

다시 말해 예수님이 만약 하나님의 아들이라고 스스로 주장하면 그 증언은 거짓으로 오해를 받을 수 있다는 뜻입니다. 예수님께서도 자신이 하나님의 아들이라는 주장을 하기 위해서는 객관적인 증거가 필요하다는 것을 간접적으로 인정하셨습니다. 그리고 세 가지 명확한 증거로 자신이 하나님의 아들 되심을 입증하셨습니다. 바로 세례 요한의 증거, 이적 기사, 구약성경입니다.

세례 요한의 증거와 이적 기사

위대한 선지자 세례 요한은 예수님이 하나님의 아들이심을 충실하게 증언했습니다. 그는 예수님이 하나님의 아들로서 영광을 받으시도록 자신은 철저하게 작아지기를 원했고 결국은 조용히 무대 뒤로 사라졌던 인물입니다. 경건한 사람들은 세례 요한의 말을 듣고 예수님을 찾아왔고, 예수님을 하나님의 아들로 고백했으며, 예수님에게서 하나님의 영광을 보았습니다.

그러나 세례 요한의 증언(33절)을 듣고도 많은 사람들은 고개를 흔들면서 예수님을 받아들이지 않았습니다. 그래서 하나님은 더 큰 증거를 주셨습니다.

내게는 요한의 증거보다 더 큰 증거가 있으니 아버지께서 내게 주사

요한복음 1 요한이 전한 복음

이루게 하시는 역사 곧 내가 하는 그 역사가 아버지께서 나를 보내신 것을 나를 위하여 증언하는 것이요(36절).

세례 요한의 증거보다 더 큰 증거란 하나님께서 이루신 역사입니다. 이는 예수님이 세상에 계실 때 행하신 수많은 이적 기사를 가리킵니다. 요한은 예수님의 행하신 일을 책에 낱낱이 기록한다면, 그 책들을 쌓아둘 자리가 부족할 것이라고 말했습니다.

예수님이 이적 기사를 행하신 이유는 자신이 하나님의 아들이라는 사실을 증언하기 위해서였습니다. 하나님께서는 예수님이 자신이 보낸 아들이요 세상의 구원자라는 것을 사람들이 분명히 확인할 수 있도록 예수님의 손에서 초자연적인 이적이 일어나게 하셨습니다. 그리고 요한은 그 많은 이적 기사 가운데서 우리가 예수님을 하나님의 아들로 믿는 데 결정적인 증거가 될 몇 가지만 정리하여 기록했습니다. 물로 포도주를 만든 이적, 왕의 신하의 아이를 멀리서 말씀으로 고치신 이적, 38년 된 병자를 고치신 이적, 떡 다섯 덩이와 물고기 두 마리로 오천 명을 먹이신 이적, 죽은 지 나흘이 되어 부패한 나사로를 무덤에서 불러내 살게 하신 이적 그리고 십자가에 죽은 지 삼 일 만에 부활하신 이적 등이 요한복음에 기록되었습니다.

예수님의 이적을 본 많은 사람들이 처음 얼마 동안은 믿는 듯 보였습니다. 분명히 이적은 믿음을 고무시키는 힘을 가졌고 이적을 보면 약한 믿음이 강해지기도 합니다. 이적이 일어나는 현장에서는 돌같이 굳은 마음도 부드러워질 수 있습니다. 그러나 이적은 뿌리를 깊이 내리는 믿음을 심지는 못합니다. 복음서를 보면, 이적 기사에 감동한 수많은 사람이 호산나를 외치면서 예수님을 따라다녔지만 결국은 떠나고 말았습니다. 이적 기사에 근거한 그들의 믿음은 돌밭에 뿌려진 씨앗처럼 싹이 나다가 말라서 쓰러지고 말았습니다. 왜냐하면 이적 자체가 우리에게 믿음을 보장해주지 못하기 때문입니다.

마지막 증거인 성경

하나님께서는 예수님이 하나님의 아들 되심을 입증하는 두 가지 증거 즉, 세례 요한의 증거와 예수님이 행하신 이적 기사를 보고도 사람들이 믿기를 거부하자 최종적인 증거를 내놓으셨습니다.

> 또한 나를 보내신 아버지께서 친히 나를 위하여 증언하셨느니라…
> (37절).

하나님이 어떻게 증언하시는 것일까요?

> 너희가 성경에서 영생을 얻는 줄 생각하고 성경을 연구하거니와 이 성경이 곧 내게 대하여 증언하는 것이니라(39절).

하나님은 예수님이 자기의 아들임을 입증하는 마지막 증거로 구약성경을 제시하셨습니다. 그러나 성경에 대한 전문 지식이 없는 우리가 창세기에서 말라기까지 읽어도 예수라는 이름을 발견할 수는 없을 것입니다. 하나님께서 예수님이 자기 아들이라고 증언하시는 말씀을 찾는 일은 결코 쉽지 않습니다. 레위기를 읽으면서 십자가에 못 박히신 예수님을 만나기란 어려운 일입니다. 사사기의 그 많은 이야기들이 예수님과 무슨 관계가 있는지 이해가 잘 안 되는 것이 사실입니다.

그러나 사복음서를 통해 예수님께서 구약성경을 가지고 자기가 하나님의 아들인 것을 어떻게 입증하시는가를 살펴보면 구약성경이 예수님에 대해 증언하고 있음을 어렵지 않게 발견할 수 있습니다. 요한복음은 12장까지의 전반부와 13장 이하의 후반부로 나눌 수 있는데, 전반부에서는 예수님이 하나님의 아들이심을 증언하는 이적 기사를 다룹니다. 이 이적 기사들을 설명하면서 '기록되었으되'라는 말을 아홉 번 정도 사용하고 있습니다. 어디에 기록되었다는 것입니까? 구약성경입니다.

복음서에서 반복하여 등장하는 어구 중 하나가 "이루려 하심"입니다. 요한복음 후반부는 예수님이 십자가에 못 박히시는 수난을 기록하고 있는데 그 사건들이 모두 구약에 기록된 예언의 말씀이 성취되는 것임을 강조하고 있습니다. 예를 들어 가룟 유다가 예수님을 배반한 사건은 "내가 신뢰하여 내 떡을 나눠 먹던 나의 가까운 친구도 나를 대적하여 그의 발꿈치를 들었나이다"라는 시편 41편 9절이 이루어진 것으로 보았습니다.

이와 같이 예수님은 구약성경에 기록된 구절들을 자신이 하나님의 아들 됨을 증언하는 말씀으로 보셨습니다. 다시 말하면 하나님께서는 예수님이 자기 아들임을 구약성경으로 증거하신 것입니다.

최고의 권위, 성경

하나님께서는 이렇게 세 가지 증거를 가지고 예수님이 하나님의 아들이심을 입증해 보이셨습니다. 지금은 광야에서 외치는 세례 요한의 증거를 들을 수 없습니다. 예수님이 직접 행하시는 이적을 볼 수도 없습니다. 대신 이 두 가지 증거가 신약성경에 기록되어 있습니다. 그러므로 우리가 성경을 갖고 있으면 예수님이 하나님의 아들임을 입증하는 세 가지 증거를 다 가진 셈이 됩니다. 구약의 예언, 세례 요한의 증거, 예수님 자신의 이적 기사가 담긴 성경을 보면서도 예수님이 하나님의 아들이심을 믿지 못한다면 그는 소망이 없는 사람이요 정말 불행한 사람이라 할 것입니다.

누구든지 마음을 열고 하나님의 말씀을 읽으면 하나님의 아들이신 예수 그리스도를 만날 수 있습니다. 러시아 문호 도스토옙스키는 사회주의 운동에 뛰어들었다가 체포되어 사형을 선고받았습니다. 그가 다른 사형수들과 함께 기차를 타고 수용소로 가던 도중 간이역에서 잠깐 머물게 되었습니다. 이때 어떤 부인이 조그마한 책 한 권을 죄수들에게 건네주었는데, 그것이 도스토옙스키의 손에까지 전해졌습니다. 다름 아닌 신약성경이었습니다. 그는 사형이 집행되는 당일까지 그 성경을 읽고 또 읽었습니다. 그러고는 이런 고백을 했습니다. "누군가 내게 그리스도는 진리가 아니라고 증명한다 하더라도 나는 그리스도와 함께 있고 싶다. 나는 진리보다도 차라리 예수와 함께 있고 싶다. 예수가 진리인지 아닌지는 지금 내게 중요하지 않다. 중요한 것은 내가 신약을 읽다가 만난 그 예수와 함께 살고 싶다는 사실이다." 그가 예수님을 만날 수 있었던 것은 신약성경이 예수님이 하나님의 아들임을 증언하고 있기 때문입니다.

예수님께서는 성경을 살아 계신 하나님의 말씀으로 믿었고 절대적인 권위로 받아들이셨습니다. 그분은 말씀이 일점일획이라도 땅에 떨어지지 않고 다 이루어진다고 확신하셨습니다. 예수님에게 성경은 모든 문제의 최종적인 답이었습니다. 그래서 생명을 걸고 말씀에 순종하셨습니다. 사탄의 시험을 이기는 유일한 무기도 하나님의 말씀이었습니다. 하나님의 뜻을 찾는 유일한 수단도 하나님의 말씀이었습니다. 성경은 예수님에게 최고의 권위였던 것입니다.

당신은 어떤 마음으로 성경을 대하고 있습니까? 어거스틴은 "내가 성경책을 펴놓고 읽을 때는 글을 읽는 것이 아니라 하나님이 직접 하늘에서 들려주시는 음성을 듣고 있는 것이다"라고 고백했습니다. 성경을 절대적인 권위로 받아들이십시오. 그러면 말씀 속에서 그리스도를 만날 것이며 인생의 모든 문제에 대한 궁극적 해답을 발견할 것입니다.

현대판 바리새인

그러나 한 가지 주의할 점이 있습니다. 성경을 우상으로 삼으면 안 된다는 사실입니다. 예수님 당시에 바리새인들이나 율법사들이 저지른 치명적인 실수는 구약성경을 우상화한 것입니다. 성경 자체가 그들에게는 하나님이 되어버렸습니다. 성경을 베껴 쓸 때도 어느 글자가 중앙에 와야 되느냐 끝에 와야 되느냐 하는 문제로 씨름했습니다. 이런 이유로, 구약성경에 정통한 율법사들과 서기관들이 평생을 바쳐 읽고 베끼고 가르쳤지만 구약의 주제인 예수 그리스도는 발견하지 못했습니다.

요즘도 가끔 보면 성경을 우상시하는 경향이 없지 않습니다. 성경을 창세기부터 요한계시록까지 열 번만 통독하면 신경통이 사라지고 만병에서 벗어날 수 있다는 식의 말이 교회 내에 떠도는 것이 단적인 예입니다. 창세기 1장부터 요한계시록 22장까지를 직접 쓰면 가정에 우환이 사라진다는 말을 듣고 날마다 성경을 베끼는 데 몰두하는 사람들이 있습니다.

물론 성경을 읽고 직접 써보는 것 자체가 잘못된 일은 아닙니다. 그러나 아무리 성경을 처음부터 끝까지 백 번을 쓴다고 해도 말씀 안에서 살아 계신 예수 그리스도를 만나고 그분의 음성을 들으며 그분 앞에서 무릎 꿇는 은혜가 없다면 다 헛것에 지나지 않습니다. 어떤 사람들은 성경 지식만 있으면 모든 문제가 해결될 것처럼 생각합니다. 그런데 가만히 보면 성경은 많이 아는 것 같은데 예수 그리스도를 만난 증거는 보이지 않습니다. 이런 사람들은 현대판 바리새인과 다를 바 없습니다. 예수님을 아는 것과 성경을 아는 것이 반드시 일치하지는 않습니다. 성경을 많이 읽는다고 반드시 영적으로 성장하는 것도 아닙니다. 성경을 매일 몇 시간씩 읽어도 예수님을 만나지 못하는 사람들이 있습니다. 이런 자들은 하나님 아들의 발에 입 맞추지 못합니다. 그분의 영광을 보지 못하기 때문입니다.

주님의 음성이 들릴 때까지

우리는 성경을 펼 때마다 주님의 음성을 들어야 합니다. 우리가 하나님의 말씀을 읽고 배우고 기억하면, 예수님의 음성이 들리고 그 음성이 우리 생각을 지배하며 우리 마음을 사로잡습니다. 그 음성 때문에 행동이 달라지고 다른 사람들이 볼 수 없는 것을 보게 됩니다. 이것이 성경을 통해서 하나님의 아들을 만나는 사람의 특징입니다.

리빙스턴은 죽음의 대륙 아프리카에 성경 한 권 들고 가서 평생토록 흑인들에게 복음을 전하며 문명의 길을 열어주는 데 헌신한 인물입니다. 그가 가장 좋아했던 구절은 마태복음 28장 20절, "볼지어다 내가 세상 끝 날까지 너희와 항상 함께 있으리라"입니다. 그는 이 말씀을 수십 년 동안 가슴에 안고 살았습니다. 말라리아에 걸려 사경을 헤맬 때도 이 말씀을 기억하며 병상에서 일어났고, 독사에게 위협을 당하는 순간에도 이 말씀을 기억함으로 담대할 수 있었습니다. 그는 선교 활동을 하는 동안 수없이 직면했던 생명의 위기 앞에서 이 말씀을 통해 주님의 음성을 들을 수 있었습니다. 조그만 오두막에서 임종하던 그날 밤에도 그는 이 말씀을 곁에 두었습니다. 그이유가 무엇이겠습니까? 예수님은 오늘도 살아 계셔서 말씀을 통해자신이 하나님의 아들이심을 증언하고 계시기 때문입니다.

마음속에 슬픔이 있습니까? 남이 모르는 무거운 걱정을 안고 잠을 이루지 못합니까? 주님의 음성이 들릴 때까지 성경을 읽기 바랍니다. 리빙스턴에게 "볼지어다 내가 세상 끝 날까지 너희와 항상 함께 있으리라"라는 말씀이 평생 자신을 떠나지 않는 음성이 된 것처럼, 근심과 걱정에 빠진 당신을 바로 일으켜 세우는 하나님의 말씀이 성경 속에 있습니다.

문제는 하나님께서 성경을 통해 말씀하고 계시지만 우리가 듣지못하는 데 있습니다. 말씀 속에서 주님의 음성을 듣기만 하면 그 말씀은 모든 근심과 걱정을 날려버릴 것입니다. 고통 속에서 십자가를지고 찬송할 수 있는 사람으로 바뀔 것입니다. 성경은 문자화된 고상한 책이 아니라 살아 계신 주님의 음성입니다. 그 말씀이 하나님의 아들이신 예수 그리스도를 증언하고 있기 때문입니다. 모두가 성경을 통해 주님의 음성을 듣고 날마다 주님을 만나는 기쁨을 누릴수 있길 바랍니다.

19

보리떡 다섯 개로 오천 명을

요한복음 6장 1-15절

1 그 후에 예수께서 디베랴의 갈릴리 바다 건너편으로 가시매 2 큰 무리가 따르니 이는 병자들에게 행하시는 표적을 보았음이러라 3 예수께서 산에 오르사 제자들과 함께 거기 앉으시니 4 마침 유대인의 명절인 유월절이 가까운지라 5 예수께서 눈을 들어 큰 무리가 자기에게로 오는 것을 보시고 빌립에게 이르시되 우리가 어디서 떡을 사서 이 사람들을 먹이겠느냐 하시니 6 이렇게 말씀하심은 친히 어떻게 하실지를 아시고 빌립을 시험하고자 하심이라 7 빌립이 대답하되 각 사람으로 조금씩 받게 할지라도 이백 데나리온의 떡이 부족하리이다 8 제자 중 하나 곧 시몬 베드로의 형제 안드레가 예수께 여짜오되 9 여기 한 아이가 있어 보리떡 다섯 개와 물고기 두 마리를 가지고 있나이다 그러나 그것이 이 많은 사람에게 얼마나 되겠사옵나이까 10 예수께서 이르시되 이 사람들로 앉게 하라 하시니 그곳에 잔디가 많은지라 사람들이 앉으니 수가 오천 명쯤 되더라 11 예수께서 떡을 가져 축사하신 후에 앉아 있는 자들에게 나눠 주시고 물고기도 그렇게 그들의 원대로 주시니라 12 그들이 배부른 후에 예수께서 제자들에게 이르시되 남은 조각을 거두고 버리는 것이 없게 하라 하시므로 13 이에 거두니 보리떡 다섯 개로 먹고 남은 조각이 열두 바구니에 찼더라 14 그 사람들이 예수께서 행하신 이 표적을 보고 말하되 이는 참으로 세상에 오실 그 선지자라 하더라 15 그러므로 예수께서 그들이 와서 자기를 억지로 붙들어 임금으로 삼으려는 줄 아시고 다시 혼자 산으로 떠나가시니라

요한복음을 쓴 사도 요한은 예수 그리스도가 하나님의 아들이심을 증언하기 위해서 네 번째 표적을 우리에게 소개합니다. 배고픈 군중을 보리떡 다섯 개와 물고기 두 마리로 배불리 먹이고 심지어 열두 바구니를 남기기까지 한 이적입니다. 얼마나 충격적이고 감동적이었는지 사복음서를 기록한 저자들은 이 사건을 빠짐없이 다루었습니다. 먹은 사람의 수를 들으면 입이 딱 벌어집니다. 남자 성인만 줄잡아 오천 명으로 계산했으니까 부인과 자녀를 다 합하면 만 단위가 넘는 어마어마한 인파였습니다. 사람들은 본문을 읽으면서 '어떻게 이런 일이 있을 수 있을까? 이런 허황된 이야기를 어떻게 사실로 믿을 수 있을까?' 하는 생각을 자주 합니다.

이 표적을 믿지 못하겠다며 고개를 설레설레 흔드는 현대인들의 비위를 맞추기 위해 기발한 해석을 하는 사람들도 가끔 있습니다. 예를 들면 이런 것입니다. 예수님의 표적과 기사를 보기 위해 수많은 군중이 갈릴리 바다 북쪽에 있는 평지로 몰려들었습니다. 그 지역은 먹을 것을 구하기 어려운 빈 들이었기 때문에 성격이 치밀한 유대인들은 나름대로 식량을 준비해서 왔다는 것입니다. 물론 그렇게 하지 못한 사람들도 얼마는 있었겠지요. 시간이 흘러 다들 시장기를 느꼈지만 얼른 자기 도시락을 꺼내는 사람이 없었습니다. 입에 넣기 전에 빼앗길지도 모른다는 불안감 때문이었습니다.

그런데 어린 소년이 자기 도시락을 예수님께 드렸습니다. 이것을 받아 드신 예수님은 감격에 겨워 무리 앞에서 감사 기도를 드렸습니다. 이 광경을 본 사람들은 비로소 숨겨놓았던 자기 도시락을 꺼내어 먹기 시작했습니다. 간혹 도시락을 가지고 오지 않은 사람이 보이면 나누어 먹었는데 그러다 보니 자연스럽게 그 자리에 있던 모든 사람이 허기를 채울 수 있었습니다. 그리고 오랜 시간이 지나 제자들이 당시의 일을 회상하면서 예수님이 마치 보리떡 다섯 개와 물고기 두 마리를 가지고 무리를 배불리 먹이신 것처럼 과장해서 기록했다는 것입니다.

사람들은 이렇게 말해야 '그러면 그렇지. 어떻게 보리떡 다섯 개로 오천 명을 먹였다는 소리를 할 수 있어?'라고 하면서 고개를 끄덕입니다. 그러나 이런 식으로 예수님을 이해하려는 자들은 아무도 그를 하나님의 아들로 믿을 수 없을 것입니다. 우리와 똑같은 능력을 가진 이를 하나님의 아들로 믿고 경배할 이유가 없습니다. 예수님이 하나님 되심을 철저하게 부인하는 자들이 모이는 교회에 가 보면 사람들이 사람들이 다 떠나고 없다는 사실을 알게 됩니다. 미국이나, 한국이나, 유럽이나 어디든지 마찬가지입니다. 믿을 이유가 어디 있습니까? 자기나 예수나 똑같은데 말입니다.

예수님은 태초에 하나님과 함께하신 분이요, 만물이 그로 말미암아 지은 바 되었기 때문에 지은 것이 하나도 그가 없이는 된 것이 없습니다. 이는 사도 요한이 요한복음 1장 서두에서 선언한 영구불변의 진리입니다. 예수님은 친히 만드신 모든 육체에게 먹을 것을 주시는 하나님이십니다. 들짐승과 우는 까마귀 새끼에게까지 먹을 것을 주시는 하나님이십니다(시 147:9). 하나님 되신 그분이 어떻게 떡 다섯 덩이로 배고픈 군중을 먹이지 못한다고 말할 수 있습니까? 예수님을 하나님으로 고백하는 자에게 오병이어의 기적은 너무나 자연스러운 일이 아닐 수 없습니다.

영혼뿐 아니라 육신까지

우리는 본문을 통해 몇 가지 교훈을 배울 수 있습니다. 먼저 예수님이 배고픈 군중을 불쌍히 여기시고 먹이셨다는 사실입니다. 당시의 장면을 마음에 그려봅시다. 사람들이 넓은 초원을 가득 메웠습니다. 그들은 예수님의 은혜로운 말씀에 푹 젖어 있었고 즉석에서 고침 받은 환자들이 환호하는 뜨거운 열기 속에 묻혀 해가 지는 줄도 모르고 있었을 것입니다. 그런 분위기에서는 배고픔을 잘 느끼지 못할 것입니다. 비슷한 일이 몇 달 후에 또 한 번 있었습니다. 그때는 무리가 빈 들에서 사흘을 예수님과 함께 있었습니다. 얼마나 은혜에 깊이 젖었던지 시간 가는 줄도 배고픈 줄도 모르다가, 예수님이 이제는 돌아갈 때가 되었다고 하시자 비로소 시장기를 느꼈습니다. 그때 예수님은 떡 일곱 개로 사천 명을 먹이는 기적을 행하셨습니다.

종종 풍성한 은혜는 먹고 마시는 것을 잊게 합니다. 광복 후 유명한 부흥사인 박재봉 목사님이 전국을 다니면서 집회 인도를 했는데, 가끔 앉은뱅이가 일어나고 눈먼 사람이 눈을 뜨는 기적들이 일어났습니다. 당시 초등학교 4학년이던 저는 어른들 틈에 끼여 은혜를 받았습니다. 시간마다 은혜가 넘치니까 사람들이 일어날 줄 모르고 먹을 생각도 안 하는 것을 보았습니다. 아침 10시에 시작된 집회가 오후 2시나 3시가 되어도 끝나지 않았습니다. 강사가 설교를 마치고 교회를 떠나도 청중은 일어날 줄 몰랐습니다. 기도하는 사람, 찬송하는 사람, 끼리끼리 모여 서로 받은 은혜를 나누는 사람들까지, 아름다운 장면이 이어졌습니다. 가끔 환자가 고침 받는 일이 발생하면 마치 변화산에 올랐던 세 명의 제자들처럼 세상일을 망각한 것처럼 보였습니다. 하물며 하나님의 아들을 모시고 빈 들에 머물렀던 사람들이야 그 은혜가 오죽했겠습니까?

우리가 이 말씀을 읽으면서 감격하는 이유는 예수님이 배고픈 군중의 심정을 아시고 그들의 어려움을 덜어주셨기 때문입니다. 가끔 은혜를 좀 받았다고 티를 내고 다니는 사람들을 보면 약간 잔인한 데가 있는 것 같습니다. "하나님 말씀 듣고 그만큼 은혜 받았는데 배가 좀 고프면 어때요. 금식해요. 먹고 마시는 것이 우상이 되면 안 돼요." 이런 식으로 말하면서 배고픈 것, 고달픈 것, 잠 못 자는 것 등은 대수롭지 않게 취급하려 듭니다.

예수님은 그렇게 하지 않으셨습니다. 아무리 은혜를 많이 받아도 배고프면 먹어야 한다는 것을 너무 잘 알고 계셨습니다. 군중이 배고프다는 말을 하기 전에 예수님은 그들의 배고픔을 아셨습니다. 영혼만 아니라 육신까지 중요하게 보시는 자비로운 하나님을 우리는 예수님을 통해 봅니다. 사천 명을 떡 일곱 덩이로 먹이시던 날 주님이 하신 말씀을 잊을 수 없습니다. 마태복음 15장 32절을 봅시다. "예수께서 제자들을 불러 이르시되 내가 무리를 불쌍히 여기노라 그들이 나와 함께 있은 지 이미 사흘이매 먹을 것이 없도다 길에서 기진할까 하여 굶겨 보내지 못하겠노라." 참으로 인자하고 자상하신 하나님이심을 느끼지 않을 수 없습니다.

떡 다섯 덩이로 큰 무리를 먹이신 예수님을 보면서 크게 깨닫는 또 하나의 진리가 있습니다. 먹고 마시는 것 모두가 하나님의 손에서 온다는 것입니다.

풍요로운 세상을 사는 우리에게는 먹고 마시는 문제가 옛날처럼 절실하게 마음에 와닿지 않을 수 있습니다. 돈이 많으면 많은 대로 좋은 것 골라 먹을 수 있고, 돈이 적으면 적은 대로 배를 채울 수 있습니다. 끼니마다 하나님이 주신 것이라는 믿음으로 먹고 마셔야 하는데 그러지 못합니다. 먹고 마시는 것이 하나님의 손에서 왔다는 믿음이 왜 필요한지 잘 모르고 넘어갈 때가 있습니다. 그러나 이는 하나님의 자녀로서 마땅한 자세가 아닙니다. 예수님이 바로 이것을 우리에게 교훈하시는 것입니다.

평생 이렇게 풍요로운 세상을 살 수 있을 것이라 장담할 수 있는 사람은 아무도 없습니다. 사람이 살다 보면 입에 풀칠하는 일로 하루 해를 다 넘기는 절박한 상황을 만날 수 있습니다.

어떤 부인은 사업하는 남편과 함께 평생을 돈 아쉬운 줄 모르고 살았습니다. 그러다가 남편이 먼저 세상을 떠났습니다. 남편은 아내가 남에게 천대받지 않을 정도로 재산을 남겨놓았습니다. 그러나 못난 자식들이 이거 한다고 돈 달라, 저거 한다고 돈 달라 하면서 계속 돈을 뜯어 갔습니다. 그러다 보니 가진 돈이 거의 다 바닥나고 말았습니다. 가슴 아프게도 자식들이 하던 일까지 다 망해버렸습니다. 결국 그 부인은 오갈 데 없는 신세가 되어 어느 달동네에서 연탄불도 변변히 때지 못하는 방을 얻어 고생하고 있다는 말을 들었습니다. 사람의 일이라는 게 아무도 장담할 수 없습니다. 그러므로 하나님의 은혜를 망각하는 교만한 자가 되면 안 됩니다.

비관론과 낙관론

21세기는 어떤 일이 일어날지 예측하기 어려워 늘 불안한 시대입니다. 우리는 지난 백여 년 동안 하나님이 선물로 주신 자원들을 지나치게 탕진하여 고갈되게 만들었습니다. 얼마 못 가 석유가 바닥난다고 합니다. 나무를 너무 베어버렸기 때문에 지구의 허파가 호흡곤란을 일으키는 날이 올지도 모른다고 합니다. 벌써부터 식량 위기를 예고하는 소리들이 높아지고 있습니다. 비축량이 여러 해의 가뭄과 한발로 인해 점점 감소되고 있어서, 잘못하면 식량을 무기로 이용하는 살벌한 세상이 올 수 있다고 경고하는 소리를 듣습니다.

물론 이와 같은 비관론을 일축하려는 사람들도 있습니다. 사람은 태어날 때 자기 먹을 것은 다 가지고 나온다는 옛말처럼, 인구가 늘면 느는 만큼 식량도 증산될 수 있다고 보는 것입니다. 어느 시대나 낙관론과 비관론은 항상 대립해왔습니다. 미래에도 그럴 것입니다.

스탠퍼드 대학의 생물학 교수였던 폴 얼릭 박사는 비관론자였습니다. 그는 인구 폭발로 세계가 점점 위기를 맞을 것이라고 보았습니다. 지금 전 세계의 인구는 빠른 속도로 불어나고 있습니다. 3년마다 미국이 하나씩 생겨난다고 보면 됩니다. 계속 이렇게 가다 보면 식량 위기를 피할 수 없게 되고, 자원은 고갈되며, 환경은 오염되어 끔찍한 재앙이 발생할 것이라고 얼릭 박사는 자기 책에서 경고하고 있습니다.

반면에 메릴랜드 대학의 경제학 교수인 줄리안 사이먼 박사는 전혀 다른 입장을 펴고 있습니다. 그는 세상이 점점 더 살기 좋아질 것이라고 주장합니다. 물론 먹어야 할 입이 많아지면 그만큼 더 많은 양식이 필요하겠지만, 사람은 누구나 일할 손과 창조할 머리를 가지고 태어나기 때문에 단기적으로는 약간 어려움을 당한다 하더라도 장기적으로 보면 반드시 자급자족하게 된다는 것입니다.

이 주장을 뒷받침하듯 1965년부터 1990년까지 15년 동안 세계 인구가 갑절로 늘었지만 이와 동시에 식량 생산도 갑절 이상으로 늘었습니다. 희한하게도 인구 밀도가 높은 나라일수록 더 잘산다는 통계가 나오고 있습니다. 세계의 석유 소비량이 1970년에 비해 7배로 늘었지만 기술의 발달로 채굴이 가능한 석유 매장량 역시 늘어나고 있습니다. 이런 증거들을 등에 업고 1980년에 사이먼 박사가 비관론을 제기한 얼릭 박사에게 도전장을 던졌습니다. 앞으로 10년 동안 누구 주장이 옳은지를 놓고 내기해서 지는 쪽이 돈을 내자는 것이었습니다. 물론 낙관론을 편 쪽이 승자가 되었습니다.

그래서 그런지 현대인들은 부에 대해 점점 자신 있어 하는 것 같습니다. 먹고 마시는 것이 하나님의 손에서 오는 것이 아니라 마치 자기 손으로 만들어내는 것처럼 착각하고 있습니다. 사람은 낙관주의자가 될수록 하나님보다 인간의 창조적 재능과 자립심을 더 의존하게 됩니다. 자신의 잠재력에 기초한 장밋빛 시나리오를 계속 쓰려고 합니다. 따라서 하나님과는 자꾸만 멀어져가는 것입니다.

일용할 양식은
하나님 손에서

그러면 예수님을 믿는 우리는 어떻습니까? 낙관론자입니까, 비관론자입니까? 성경을 보면 인류의 미래가 결코 밝지 않다는 것을 알 수 있습니다. 물질적으로 풍요해지면서 인간성은 더 악해질 것이라고 예언합니다. 세계적인 기근과 지진과 전쟁이 우리를 기다리고 있다는 경고를 모른 체하면서 성경을 읽을 수 없습니다. 언젠가는 인간이 의존했던 모든 것을 송두리째 뺏기는 날이 온다고 성경은 우리에게 경고합니다.

그러므로 우리는 배고픈 군중을 손수 먹이시는 예수님을 통해 일용할 양식이 전적으로 하나님 손에서 온다는 것을 다시 한번 고백할 수 있어야 합니다. 일용할 양식은 하나님의 손에서 옵니다. 그분이 거두시면 우리는 모든 것을 한순간에 잃어버릴 수 있습니다. 우리가 풍요로운 생활을 누리고 있을 때 하나님이 주셔서 먹고 마신다는 확실한 믿음을 가져야 합니다. 그렇게 해야 끼니를 때우기가 어려운 역경을 당해도 두려워하지 않을 수 있습니다. 부유할 때 먹이시는 하나님이시라면 가난할 때도 먹이신다는 것을 의심하지 않고 믿을 수 있기 때문입니다. 형통할 때 하나님이 주시는 은총을 믿지도 의지하지도 않은 사람이 어떻게 가난할 때 그분의 손길을 의지할 수 있겠습니까?

진정한 감사는 기적을 낳고

우리가 배워야 할 진리가 하나 더 있습니다. 예수님께서 떡과 물고기를 손에 들고 하늘을 향해 축사하셨다는 것입니다. 축사라는 말은 감사 기도를 뜻합니다.

보리떡은 당시 가장 값싼 음식 가운데 하나입니다. 웬만큼 살면 먹지 않습니다. 그래서 주로 가난한 사람들이 많이 먹었습니다. 부잣집에서는 보리를 가축에게 사료로 먹이기도 했습니다. 이처럼 천한 음식이라, 간음죄를 범한 여자가 자기 죄를 용서받기 위해 바치는 제물용으로 사용되기도 했습니다. 짐승에게 주는 사료를 가지고 와서 제사를 드림으로 자신이 짐승처럼 천하다는 것을 고백하는 셈이 되었던 것 같습니다.

요한복음 1 요한이 전한 복음

물고기 두 마리라고 하니까 굴비 두 마리를 들고 온 것처럼 생각할지도 모르지만 사실은 그렇지 않습니다. 갈릴리 바다에 흔하게 잡히는 피라미나 멸치 같은 작은 생선이었습니다. 메마른 보리떡을 입에 넣으면 목에 걸려 잘 넘어가지 않습니다. 그래서 소금에 절인 작은 물고기를 밑반찬으로 곁들여 싸 가지고 온 것입니다. 그러니 보리떡이나 물고기가 얼마나 초라한 음식입니까? 이런 것들이 감사할 거리가 되겠습니까?

그럼에도 우리 예수님은 하나님께 감사를 드렸습니다. 이것은 어떤 교훈을 줍니까? 아무리 초라한 음식이라도 먹을 때마다 하나님을 기억하고 감사해야 된다는 것입니다. 아무리 메마른 떡 한 조각이라도 감사 없이 입에 넣을 수는 없습니다.

우리는 식사 기도를 합니다. 그런데 식사 기도가 너무나 습관화되어 있지는 않습니까? 정말 하나님이 주신 일용할 양식으로 알고 감사하는 것인지, 새삼스럽게 자문해야 할 것입니다.

외국 사람들은 식당이나 공식 만찬 같은 데서 감사 기도를 요란하게 하지 않습니다. 몇 마디 간단히 기도하고 맙니다. 그러나 그들의 삶을 보면 본받을 점이 한두 가지가 아닙니다. 식사 기도를 요란하게 하는 것으로는 한국 성도들을 따라갈 수 없을 듯합니다. 미국의 교포들이 모이는 곳에 가 보면 그 넓은 식당에서 큰 소리로 감사 기도를 드립니다. 그게 나쁜 것은 아닙니다. 단지 우리 모두가 기도를 요란하게 하는 데 비해 구린 데가 많다는 것이 문제입니다.

보리떡 다섯 개와 물고기 두 마리는 축사하신 주님의 손에서 오천 명을 배불리 먹이고 열두 바구니를 남기는 기적을 일으켰습니다. 감사를 잊지 않는 자의 손에서는 아무리 보잘것없는 것이라도 기적을 일으킬 수 있음을 보여줍니다. 작은 빵 한 조각을 들고 감사하면 먹는 식구들이 모두 건강하게 되는 복을 누릴 수 있습니다. 우리나라가 한참 어려웠던 반세기 전에는, 밥상을 받으면 영양가로 따져 모자라는 것이 한두 가지가 아니었지만, 눈물로 감사 기도를 드린 부모 밑에서 자녀들이 건강하게 자랐습니다. 감사하는 자의 밥상에 하나님의 기적이 임한다는 사실을 의심할 수 없습니다.

남편이 들고 오는 얇은 월급 봉투지만 그것을 손에 들고 감사하는 자에게는 모자람이 없도록 하시는 하나님의 기적을 체험합니다. 계산을 하면 턱없이 부족할 것 같지만 써보면 그렇게 모자라지 않습니다. 하나님이 역사하시는 것입니다.

> 기록된 것같이 많이 거둔 자도 남지 아니하였고 적게 거둔 자도 모자라지 아니하였느니라(고후 8:15).

낭비는 하나님을
모욕하는 것

마지막으로 한 가지 교훈을 더 배우도록 합시다. 예수님은 작은 떡 조각이라도 버리지 못하게 하셨습니다.

> 그들이 배부른 후에 예수께서 제자들에게 이르시되 남은 조각을 거두고 버리는 것이 없게 하라 하시므로(12절).

보리떡은 먹다가 남기면 다시 먹을 생각이 들지 않습니다. 요즘 보리떡은 건강식품이라고 해서 먹기 좋게 잘 만들어냅니다. 값도 비쌉니다. 그러나 제가 어릴 때만 해도, 보리떡을 먹다가 남겨두면 굳어버리는데 그것을 다시 먹기는 어려웠습니다. 저는 많이 먹어보았기 때문에 잘 압니다. 먹다 남은 것은 마당에 있는 강아지에게 던져 주는 일이 많았습니다.

그럼에도 예수님은 버리지 말라고 하셨습니다. 천지를 만드시고 모든 생물들을 먹이고 입히시는 하나님이 명령하십니다. 보리떡 한 조각이라도 허비하지 말고 모으라고 말입니다. 우리는 이 말씀을 진지하게 들어야 합니다.

절약은 부단히 저축을 하는 것이라기보다는 부단히 낭비하지 않는 것이라는 말이 있습니다. 아껴 쓰고 나누어 쓰고 바꾸어 쓰고 다시 쓰는 것이 절약이라고 합니다. 앞으로 인류가 당할 재해가 있다면 거의가 하나님이 주신 선물을 아껴 쓰지 않고 함부로 버리며 없애는 데서 자초하는 인재라고 생각합니다. 먹다 남은 보리떡 한 조각도 모아야 하고, 먹다 남은 생선 한 토막도 버리지 말아야 한다면, 이것이 우리에게 하신 하나님의 명령이라고 한다면, 우리가 그동안 얼마나 많이 낭비하고 살았는가를 반성해야 합니다. 자식 중 하나가 돈을 얻어 가는 족족 낭비하여 금세 탕진해버린 뒤 다시 와서 또 내놓으라고 떼를 쓴다면 어떻게 하겠습니까? 더 주고 싶지 않을 것입니다. 하나님도 낭비하는 자를 인색하게 대하실 것입니다.

미국에 가면 가끔 한식 뷔페 식당에 가곤 합니다. 깔끔하고 한국처럼 그렇게 턱없이 비싸지 않은 가격이어서 부담스럽지 않습니다. 식당 문을 열고 들어갈 때마다 금세 눈에 들어오는 쪽지가 하나 있습니다. "음식을 남기면 벌금 5불입니다." 오죽하면 그런 것을 써 붙였을까요? 한국 사람들은 음식 욕심이 많아서 막 담아 옵니다. 두 번, 세 번 가지고 와서 먹다 보면 나중 접시는 반 이상을 못 먹습니다. 대대로 가난하게 산 것이 한이 되어 그런지 있는 대로 먹어보자는 식입니다. 이런 태도는 하나님이 주신 것을 낭비하는 악한 행위라는 사실을 알아야 합니다.

한번 생각해봅시다. 빈 들판은 보리떡 다섯 개와 물고기 두 마리를 가지고 만여 명이 넘는 사람들을 배불리 먹인 하나님의 아들이 계시는 자리였습니다. 이제 먹을 것 걱정할 일이 뭐가 있습니까? 배고플 때마다 그분 손에서 기적이 일어날 것인데 말입니다. 그 자리에 있던 청중이 나중에는 예수님을 임금으로 삼으려고 했습니다. 충분히 이해되는 행동입니다. 이런 기적의 하나님이 계시는 자리에서 먹다 남은 보리떡 조각을 모으러 다니는 제자들을 한번 상상해보세요. 얼마나 어울리지 않는 장면입니까? 얼마나 모순처럼 보입니까? 그러나 여기에 중요한 진리가 있습니다.

빵 한 조각이라도 함부로 버리면 그것을 주신 하나님을 모욕하는 행위가 됩니다. 마구 사서 냉장고에 쌓아놓았다가 유통기간이 지나면 내버리는 것도 하나님이 좋아하지 않으시는 행동임을 알아야 합니다. 꼭 기억하십시오. 풍요할 때 낭비하면 가난할 때 달라는 소리를 할 자격이 없습니다. 남아돌 때 절약해서 그 남은 것을 선한 일에 쓸 줄 알아야 모자랄 때 달라는 말을 떳떳하게 할 수 있습니다. 예수님이 우리에게 가르쳐주시는 교훈이 바로 이런 것입니다. 보리떡 한 조각이라도 하나님에게는 천한 것도 없고, 버릴 것도 없음을 우리는 배워야 합니다.

배고플 때 먹이시는 예수님, 보잘것없는 보리떡과 물고기 두 마리를 들고 하나님 앞에 감사 드리신 예수님, 남은 떡 조각을 거두고 버리는 것이 없도록 하라고 권면하시는 예수님, 그 예수님을 우리가 조용히 마음에 모시고 성령이 들려주시는 그분의 음성을 들어봅시다. 우리가 깊이 깨달아야 할 진리는 무엇입니까? 고쳐야 할 잘못이 무엇입니까? 자녀들에게 가르쳐야 할 교훈이 무엇입니까? 세상 사

요한복음 1 요한이 전한 복음

람들 앞에 모범으로 보여주어야 할 행동이 무엇입니까? 조용히 성령께서 들려주시는 음성에 귀 기울이는 시간이 되기를 바랍니다.

20

풍랑 중에 찾아오신 예수님

요한복음 6장 16-21절

16 저물매 제자들이 바다에 내려가서 17 배를 타고 바다를 건너 가버나움으로 가는데 이미 어두웠고 예수는 아직 그들에게 오시지 아니하셨더니 18 큰 바람이 불어 파도가 일어나더라 19 제자들이 노를 저어 십여 리쯤 가다가 예수께서 바다 위로 걸어 배에 가까이 오심을 보고 두려워하거늘 20 이르시되 내니 두려워하지 말라 하신대 21 이에 기뻐서 배로 영접하니 배는 곧 그들이 가려던 땅에 이르렀더라

보리떡 다섯 개와 물고기 두 마리로 오천 명을 배불리 먹이시는 기적을 직접 목격한 유대인들이 예수님을 왕으로 추대하려고 하자, 예수님은 그들을 피해 산으로 올라가셨습니다. 한편 예수님의 제자들은 해가 기울어 밤의 그림자가 조금씩 드리우기 시작할 무렵, 배에 몸을 싣고 노를 저어 갈릴리 바다를 건너기 시작했습니다. 장정이 열두 명 정도 탈 수 있는 크기라면 작은 배가 아닙니다. 저도 노를 저어 보았지만 그만한 규모의 배를 노로 저어서 간다는 것은 결코 쉽지 않습니다.

때는 마침 유월절을 앞두고 있어서 둥근 달이 물속에도 휘영청 떠 있었고, 노를 저을 때마다 삐걱거리는 소리와 함께 바닷물이 부서지면서 마치 은가루를 뿌려놓은 듯한 장관을 이루어 갈릴리 바다는 그 아름다움을 한껏 뽐냈을 것입니다.

그러나 노를 저은 지 얼마 지나지 않아 맞바람이 세차게 불기 시작했습니다. 배를 타고 갈 때는 바람의 방향이 대단히 중요합니다. 뒤에서 바람이 불어주면 노를 젓기도 쉽고 빨리 나아갈 수 있지만 맞바람을 안고 가면 아무리 저어도 힘만 들고 배는 잘 나가지 않습니다. 제자들이 교대로 노를 저으면서 열심히 배를 저었지만 파도가 점점 거세게 일면서 배는 제자리를 벗어나지 못하고 있었습니다. 밤이 깊어갈수록 풍랑은 거세만 가고 제자들은 더 이상 노를 저을 기력조차 남아 있지 않을 만큼 지쳐버렸습니다. 그때 예수님은 기도를 마치시고 언덕에서 제자들이 풍랑과 싸우는 모습을 내려다보고 계셨습니다. 마가복음에는 예수님께서 제자들이 매우 힘겹게 노 젓는 것을 보셨다고 기록되어 있습니다(막 6:48).

예수님은 언덕에서 내려와 풍랑과 싸우고 있는 제자들을 향해 물 위로 걸어가셨습니다. 한밤중에 사람이 물 위로 걸어온다는 것은 상상할 수도 없는 일이었기에 제자들은 처음에 유령인가 하고 소리를 질렀습니다. 주님은 두려움으로 떨고 있는 제자들에게 부드러운 음성으로 "내니 두려워하지 말라"라고 말씀하시면서 배에 오르셨습니다. 그분이 배에 오르시자 바다는 잠잠해지고 어느덧 배는 건너편 벳새다 해안 가까이 접어들었습니다. 상상하는 것만으로도 우리의 가슴을 뛰게 하는 아름다운 장면이 아닐 수 없습니다.

표적의 의미

이 표적은 예수님이 하나님의 아들이심을 다시 한번 제자들에게 보여줍니다. 욥기 9장 8절은 하나님이 홀로 하늘을 펴시며 바다의 물결을 밟으신다고 말씀합니다. 하늘과 바다와 육지를 창조하시고 보존하시며 그 생명을 공급하시는 창조자 하나님이 아니시면 누가 바다 위를 걸어갈 수 있습니까? 그러므로 예수님이 바다 위로 걸어오신 이유는, 제자들에게 자신이 하나님의 아들이심을 보여주시기 위해서였습니다. 마태복음을 보면, 제자들은 예수님이 배에 오르시자마자 그분 앞에 무릎을 꿇고 절하면서 "진실로 하나님의 아들"이시라고 고백했습니다(마 14:33). 우리도 예수님의 제자들처럼 하나님 되신 예수님 앞에 마음의 무릎을 꿇고 그분이 나의 하나님 되심을 고백할 수 있기를 바랍니다.

이 표적은 오늘을 사는 우리에게 하나님이 주시는 풍성한 영적 메시지를 담고 있습니다. 인생살이는 풍랑이 이는 컴컴한 갈릴리 바다와 같습니다. 너무 어두워서 앞이 잘 보이지 않습니다. 맞바람이 불어와서 아무리 노를 저어도 배가 잘 나가지 않습니다. 결국은 너무나 피곤해서 살고 싶지 않다는 생각까지 듭니다. 이것이 우리의 인생길입니다. 그러므로 갈릴리 바다는 우리의 험한 인생을 상징하는 좋은 비유가 될 수 있습니다.

제자들이 풍랑과 오랜 시간 씨름하고 있을 때, 예수님은 그들을 위해 기도하고 계셨습니다. 갈릴리 바다의 풍랑과 싸우는 제자들처럼 우리가 인생을 살면서 고생하고 힘들어할 때, 예수님은 우리를 위해 기도하고 계십니다. 기도를 마치신 예수님은 괴롭게 노를 젓는 제자들을 보고 계셨습니다. 제자들이 얼마나 고생하는가를 훤히 알고 계셨다는 말입니다. 마찬가지로 주님은 우리의 고통스러운 형편을 낱낱이 꿰뚫어 보시며 다 알고 계십니다.

예수님은 풍랑이 치는 바다 위를 걸어오셔서 제자들을 고통 가운데서 건져주셨습니다. "내니 두려워하지 말라." 이 한마디에 바다만 고요해졌을 뿐 아니라 제자들의 마음에도 평안이 찾아왔습니다. 지금도 예수님은 인생의 풍랑을 만나 땀과 눈물로 얼룩져 있는 자녀들을 찾아오셔서 "내니 두려워하지 말라"라고 말씀하십니다. 그러므로 하나님을 진실로 사랑하고 예수님이 나의 구주임을 확신하는 사람은 예수님 없이 고요한 바다를 건너가는 것보다 차라리 예수님을 모시고 풍랑이 이는 바다를 건너가는 것이 더 좋다고 생각합니다.

참으로 성숙한 믿음을 가진 사람은 예수님 없는 행복한 인생을 살다가 죽는 것보다 예수님 모시고 고생하면서 사는 것이 훨씬 낫다고 생각합니다.

예수님은 고통 중에 있는 우리를 보시고 기도하십니다. 사람들은 우리의 형편을 알지 못해도, 예수님은 속속들이 알고 계시기에 때가 되면 찾아오시어 위험에서 건져내십니다. 길이 없으면 바다 위를 걸어서라도 찾아오셔서 도와주십니다. 이러한 말씀의 은혜를 마음에 담고 기도하면, 마치 피난처를 찾아 몸을 숨긴 사람처럼 마음이 평안해지고 알 수 없는 새 힘이 우리 안에서 솟아오르는 것을 느낄 수 있습니다.

우리 가운데는 인생의 풍랑을 잔잔케 하시고 마음에서 공포를 쫓아주신 예수님을 체험한 이들이 많습니다. 병상에 누워 있을 때 주님의 도우심을 체험한 분들도 있으며, 사랑하는 가족이 내 곁을 떠나 눈물짓고 잠을 이루지 못할 때 주님께서 바다 위를 걸어오셔서 위로의 음성을 들려주시는 경험을 한 분들도 있습니다.

이해할 수 없는 고통, 하나님의 무관심

풍랑 속에 있는 모든 사람이 주님의 손길을 체험하는 것은 아닙니다. 우리가 거센 풍랑을 만났을 때, 아무리 주님을 찾아도 보이지 않는 것처럼 생각되기도 합니다. 믿음이 좋고 신실한 사람들도 마찬가지입니다. 풍랑을 만나 죽을 고생을 하고 있는데 예수님은 기도를 듣지 않으시는 것 같고 도리어 무관심하신 것 같은 느낌을 받을 때가 있습니다. 심지어 예수님이 자기와 아무런 관계도 없다는 듯이 냉정하게 대하시는 것처럼 보일 때도 있습니다. 눈물로 침상을 적시며 많은 기도를 하고 한결같은 믿음으로 주님을 바라보며 기다렸지만, 바람은 잔잔해지지 않고 배는 여전히 나아가지 않습니다. 그러다가 아예 배가 뒤집혀 물에 빠져버리기도 합니다. 허우적거리며 아무리 살려달라고 비명을 질러대도 예수님은 어디 계신지 보이지 않는 것 같은, 너무나 안타까운 경우를 당한 사람들이 우리 주변에 많습니다.

이런 사람들에게 주님은 우리가 풍랑 속에 있을 때 찾아오셔서 건져주신다는 말씀이 무슨 위로가 될까요? 아직도 제 귀에 맴도는 목소리가 있습니다. "목사님! 저는 하나님께 버림받고 사람에게 버림받은 사람입니다." 얼마나 충격적인 말인지 지금도 제 마음의 벽을 이리 치고 저리 치면서 돌아다니는 메아리로 남아 있습니다. 그것도 평범한 사람이 아니라 유명한 목사님의 부인에게서 들은 말이었습니다. 남편 목사님은 18년 전 한창 일할 나이에 하나님의 부름을 받고 세상을 떠났습니다. 아버지의 이해할 수 없는 죽음에 몸을 가눌 수 없도록 충격을 받은 둘째 아들은 하나님을 욕하면서 교회를 등지고 말았습니다. 18년이 넘도록 어머니는 밤낮없이 눈물로 기도하며 아들이 돌아오기를 기다렸지만 안타깝게도 아들은 변사체로 발견되고 말았습니다.

남편이 2년 동안 병상에 누워 있을 때는 그래도 믿음으로 이겨나갔습니다. '하나님의 뜻이 있을 것이다, 하나님이 선하게 인도하실 것이다'라고 믿으며 모든 슬픔을 참고 견뎌냈습니다. 그러나 눈물의 아들은 망하지 않는다는 말을 붙잡고 기도하면서 하나님이 언젠가는 책임져주실 것이라고 굳게 믿은 것이 다 허사로 돌아가버렸습니다. 싸늘한 시체가 되어 돌아온 아들 앞에 섰을 때는 이 사모님의 믿음도 절망 속으로 빠지고 말았습니다. 모든 것을 하나님께 걸었지만 하나님은 자신의 인생을 망쳐버렸다고 느꼈습니다. 이런 형편에 놓여 있는 믿음의 형제자매들은 물 위를 걸어오신 예수님이 나와 무슨 상관이냐는 식으로 생각할 수도 있습니다.

며칠 전 어떤 형제로부터 편지를 받았습니다. 그는 유수한 회사의 중견 간부로 행복하게 살고 있었습니다. 그러나 사업을 하던 동생의 빚보증을 선 것이 잘못되어 하루아침에 부모의 재산을 다 날리고 자기가 땀 흘리며 모아둔 재산까지 송두리째 빼앗겼습니다. 이제는 봉급마저 압류를 당했습니다. 형제가 편지에 이렇게 썼습니다. "목사님, 저희는 5대째 기독교 집안입니다. 아버지는 장로고 어머님은 권사고 저는 유아 세례를 받았습니다. 이런 집안에 어찌 이렇게 하나님의 심판이 임할 수 있는지 저는 이해할 수 없습니다."

그 형제는 자기 집안에 임한 풍랑을 하나님의 심판으로 해석했습니다. 심판이라는 말을 쓴 그 심정을 이해할 수 있습니다. 너무나 견디기 어려운 고통 앞에서 하나님이 자기를 심판하시는 것처럼 느꼈기 때문입니다. 그처럼 어려운 시기에 그는 저의 책《고통에는 뜻이 있다》를 읽으면서, 서울에 가면 제가 시무하는 교회에 나가야겠다는 생각을 했다고 합니다. 마침 직장이 서울로 발령이 나서 교회에 등록했습니다. 지금도 하루하루 살기가 얼마나 힘이 드는지 날이 밝는 것이 겁날 정도라고 합니다. 빚쟁이한테 시달리지, 당장 필요한 것은 많은데 월급도 고스란히 압류당해서 돈 구경이라고는 전혀 못하지, 얼마나 가슴 아프고 괴롭겠습니까?

다 알 수 없는 하나님의 뜻

이처럼 격심한 풍랑 속에서 건짐을 받지 못한 듯이 보이는 형제자매들에게, 제자들을 도와주시기 위해 물 위를 걸어오신 예수님이 어떻게 위로의 메시지가 될 수 있을까요? 실제로 현실은 믿음이 좋은 사람들도 이해할 수 없는 풍랑을 만나 배가 뒤집히는 어려움을 당하게 함으로써 우리를 당혹스럽게 만듭니다. 이런 질문들을 쏟아내놓도록 우리를 몰아세웁니다. '내가 아는 예수님, 내가 경험한 예수님은 그런 분이 아닌데 왜 저 형제에게는 그토록 무심하실까? 왜 그렇게 냉정하실까? 왜 몸을 숨기고 계실까? 주님을 향해 가슴을 쥐어뜯으며 부르짖어 기도하는데도 왜 실망만 안겨주실까? 왜 그들의 많은 기도가 주소 불명으로 되돌아오는 편지처럼 보이게 만들까?' 그런데 제가 이런 생각을 가지고 성경을 읽다 보니 하나님께 비슷한 실망감을 느낀 사람들이 구약에도 많았고 신약에도 많았다는 것을 알게 되었습니다.

시편의 기자는 인생의 풍랑을 만났을 때 아무리 주님께 기도해도 응답이 없자 "주여 깨소서 어찌하여 주무시나이까 일어나시고 우리를 영원히 버리지 마소서 어찌하여 주의 얼굴을 가리시고 우리의 고난과 압제를 잊으시나이까"(시 44:23-24)라고 부르짖었습니다.

이해할 수 없는 고통을, 그것도 한순간으로 끝나는 것이 아니라 오래오래 지속되는 고통을 당해야 할 때 형제들이 저에게 와서 묻습니다. "목사님, 왜 그렇습니까? 왜 이렇죠? 하나님의 뜻이 무엇일까요?" 그러면 "저도 모르겠습니다"라는 말로 대답을 대신합니다. 주님을 그 무엇보다 사랑하며 주님의 뜻대로 살아보겠다고 애를 쓰는 사람들이 그처럼 이해할 수 없는 고통을 안고 씨름하는 것을 보면 저는 정말 그들이 왜 그런 고통을 당해야 하는지 알 수 없습니다. 욥의 고난을 다 이해하지 못하듯이, 하나님의 숨은 선한 뜻이 있다는 것은 분명히 알겠지만, 그것이 구체적으로 무엇인지 대답할 수 없습니다.

이와 같이 거룩한 백성이 이 세상에서 고통을 당하는 이유를 우리는 다 설명할 수는 없습니다. 그러나 분명히 우리가 말할 수 있는 몇 가지 진리가 있습니다.

하나님과 세상을
혼돈하지 말라

첫째는, 하나님과 세상을 혼돈하지 말라는 것입니다. 세상은 불공평한 일들, 이해할 수 없는 일들이 얼마든지 일어날 수 있는 장소입니다. 세상에 태어난 사람 중에서 예수님처럼 억울한 일을 많이 당한 자가 있을까요? 처음부터 끝까지 이해할 수 없는 일들만 당하시다가 억울한 누명을 쓰고 십자가에서 죽으신 분이 예수님입니다. 그러므로 하나님조차 억울하게 대접받은 곳이 세상이라면 누구나 억울한 일을 당할 수 있다는 사실을 분명히 알아야 합니다.

양심이라고는 전혀 찾아볼 수 없고 바늘로 찔러도 피 한 방울 나지 않을 것처럼 보이는 냉혈동물 같은 사람들은 잘살고 장수하는가 하면, 하나님의 뜻대로 살려고 하는 선한 사람들은 비참하게 살다가 짧은 인생으로 세상에서 모습을 감추는 비극을 봅니다. 이처럼 불공평하고 억울한 것이 이 세상의 삶입니다.

그렇지만 세상이 아무리 요지경처럼 보인다고 하더라도 세상과 하나님을 혼돈한 나머지 하나님이 불공평하다고 생각하면 안 됩니다. 만약에 우리가 이것을 혼돈하면 우리의 믿음이 뿌리째 뽑혀버립니다. 시편 103편 6절처럼 우리 하나님은 절대로 불공평하신 분이 아닙니다.

여호와께서 공의로운 일을 행하시며 억압 당하는 모든 자를 위하여 심판하시는도다.

이해할 수 없는 고통 속에서 하루하루를 힘겹게 살고 있다 하더라도 하나님은 불공평하지 않다는 진리만은 인정하고 있어야 믿음으로 견딜 수 있습니다.

하나님은 쉬지 않고 돌보신다

둘째는, 우리가 심한 풍랑을 만나 괴로워할 때 예수님이 우리의 고통을 아시고 우리와 함께 계시며 도우신다는 것입니다. 풍랑을 만나 씨름했던 제자들은 예수님께서 물 위로 걸어오실 때 눈으로 볼 수 있었고 위로의 말씀을 하실 때 귀로 들을 수 있었습니다. 그러나 죽음을 이기고 부활하신 예수 그리스도는 영으로 계시기 때문에 눈에 보이는 모습으로 찾아오실 필요가 없습니다. 따라서 보이지 않는다고 그가 멀리 계시는 것이 아니며 들리지 않는다고 말씀하지 않으시는 것이 아닙니다. 또한 도와주시는 손이 보이지 않는다고 해서 팔짱을 끼고 계신 것도 아닙니다. 하나님은 우리가 고통 속에 있을 때에도 이미 주목하시고 곁에 계십니다. 비록 지금은 어떠한 도움도 없는 것처럼 보여도 주님은 여전히 나를 돕고 계십니다.

요한복음 14장 18절은 이렇게 말씀합니다. "내가 너희를 고아와 같이 버려두지 아니하고 너희에게로 오리라." 세상에서 고아만큼 불쌍한 아이가 어디 있겠습니까? 내 품에 안겨 쌔근쌔근 잠들어 있는 아이를 보면서, '내가 죽으면 이 아이는 어떻게 될까?' 하는 생각만으로도 저절로 눈물이 핑 돌 때가 있습니다. 아무리 불쌍하다고 해도 부모 없는 고아만큼 불쌍한 사람은 없다고 생각합니다. 그런데 주님께서는 우리를 고아와 같은 처지에 내버려두지 않겠다고 분명히 말씀하셨습니다.

우리가 어떤 형편에 놓이든지 간에, 하나님은 나를 아시고 나와 함께 계시고 나를 보이지 않는 손으로 도와주십니다. 만약 그분의 도움이 없었다면 우리 모두는 현재와 같은 형편에도 서 있을 수 없었을 것입니다. 우리가 하나님을 향해 불평하고 상한 마음을 털어놓을 수 있는 지금 이 자리에까지 오게 된 것도 보이지 않는 하나님의 손이 나를 떠받치고 있었기 때문에 가능합니다. 만약 그렇지 않았다면 우리는 지금의 처지에도 있지 못할 것입니다.

우리의 기대와는
다르게 주시는 하나님

셋째는, 잃는 것이 있으면 얻는 것도 있다는 사실입니다. 불과 몇 시간 전만 해도 제자들은 무리와 함께 예수님을 둘러싼 채 "나사렛 예수 우리의 왕!"이라고 소리를 지르며 환호했을 것입니다. 이때 흥분을 감추지 못하고 예수님이 백성들의 요구를 받아들이기를 누구보다도 더 간절한 마음으로 소망한 사람들이 바로 제자들이었습니다. 그들은 예수님이 이 무리의 요청을 받아들여서 이스라엘의 왕이 되기만 하면 이제 자기들의 신세가 활짝 펴지리라 생각했을 것입니다. 너무나 간절한 기대를 가지고 주님의 입에서 나오는 말씀을 기다렸는데, 예수님은 백성들의 요구를 일언지하에 거절하시며 훌훌 털어 버리고는 산으로 올라가셨습니다. 제자들이 얼마나 실망했을지 상상이 가지 않습니까? 그들은 너무도 낙심한 채 배를 탔을 것입니다. 게다가 풍랑까지 만났으니 제자들의 심정이 어떠했을까요?

　이와 같은 제자들의 마음을 꿰뚫어 보신 예수님은 그들을 위로하시며 그들에게 더 나은 것을 주고자 바다 위로 걸어가셨습니다. 제자들은 세상 임금을 잃어버림으로써 세상에서 꿈꾸던 영화를 한순간에 다 놓쳐버렸습니다. 그러나 바다 위로 걸어오시는 예수님을 보면서 영원한 임금을 만났습니다. 영원한 나라의 영광을 회복했습니다. 제자들은 작은 것을 잃었지만 훨씬 큰 것을 얻었습니다.

　하나를 잃으면 다른 것을 얻는 영적 원리를 일컬어 '모든 것이 합력하여 선을 이룬다'는 말을 합니다. 그런데 이것은 말처럼 그렇게 단순하지 않습니다. 우리는 돈을 잃으면 돈을 다시 손에 쥐어야 주님이 나를 도와주셨고 내 기도에 응답하셨다고 고백합니다. 건강을 잃으면 건강을 다시 찾았을 때에야 비로소 주님이 바다 위를 걸어서 나를 찾아오시고 도와주셨다고 고백하며 찬양합니다. 잃어버린 것을 그대로 회복해야만 주님이 도우셨다고 생각합니다. 조금도 틀린 생각이 아닙니다. 또 그와 같이 해주실 때도 참 많습니다.

　그러나 중요한 것은 그렇게 되지 않을 때도 굉장히 많다는 것입니다. 내가 갑을 잃어버리고 갑을 다시 얻기를 소원했지만, 주님은 갑을 주시지 아니하고 을을 주실 때가 있습니다. 돈을 잃었습니까? 돈을 잃어버린 대신에 건강을 주실 때가 있습니다. 돈이 없어서 출셋길이 막혔습니까? 출세 대신에 능력 있는 하나님의 자녀로 살게 하시는 경우도 많습니다. 세상에서 하나를 잃었습니까? 그러면 하나님으로부터 더 큰 하나를 얻게 될 것입니다. 내게 중요한 어떤 것을 잃어버려서 괴로워하고 슬퍼하며 주님께 기도할 때가 있습니다. 그러나 아무리 믿음으로 매달리고 기도해도 주님께서 그것을 회복시키시지 않을 때가 있습니다. 그럴 때 내가 주님의 도움을 받지 못했다고 낙심해서는 안 됩니다. 내가 모르는 다른 것을 주님이 주고 계심을 믿어야 합니다.

새 하늘과 새 땅에서의 회복

또 하나, 기억해야 할 것이 있습니다. 새 하늘과 새 땅이 우리 앞에 임하면, 하나님은 우리가 잃었던 것을 철저하게 보상해주시고 회복하지 못한 것을 완전히 회복시켜주십니다. 역사의 시간은 주님이 오시는 그날 멈출 것입니다. 그때 새 하늘과 새 땅이 우리 앞에 펼쳐지면 우리는 예수님처럼 신령한 몸을 입고 부활해서 주님과 영원히 사는 백성으로 신분과 형편이 바뀝니다. 그런 날이 오면 우리의 마음을 괴롭히던 슬픔도 눈 녹듯이 사라질 것입니다. 마음속에 숨어 있던 하나님에 대한 섭섭한 감정도 설 땅을 잃어버리고 쫓겨날 것입니다. 모든 상한 감정이 완전하게 치유받을 것입니다. 그날에는 잃어버린 것처럼 보였던 것들이 다시 회복되고 불완전한 것들이 완전하게 되는 기쁨을 맛보게 될 것입니다.

이 영광스러운 나라가 우리 앞에 기다리고 있기에 성경은 이렇게 말씀합니다. "만일 그리스도 안에서 우리가 바라는 것이 다만 이 세상의 삶뿐이면 모든 사람 가운데 우리가 더욱 불쌍한 자이리라"(고전 15:19). 이것을 달리 표현하면, 하나님의 자녀는 이 세상에서 어떤 꼴이 되어도 세상 사람들로부터 불쌍하다고 동정을 받아서는 안 된다는 말입니다.

가난해서 고통을 겪고 있습니까? 그러나 그것 때문에 세상 사람들에게 동정을 받지 마십시오. 우리 가정에 내가 이해할 수 없는 고통이 불어닥쳤습니까? 부끄러워하지 마십시오. 왜냐하면 우리 앞에 새 하늘과 새 땅의 영광이 놓여 있기 때문입니다.

생각하건대 현재의 고난은 장차 우리에게 나타날 영광과 비교할 수 없도다(롬 8:18).

수년 동안 죽도록 사랑했던 남자와의 결혼을 하루 앞둔 처녀가 있습니다. 그녀는 설레는 마음으로 다음 날 있을 결혼식을 준비하고 있었습니다. 그런데 자기를 질투하던 두 여자가 찾아와 머리를 쥐어뜯고 발로 차면서 온갖 행패를 부렸습니다. "너 어디 제대로 시집이나 갈 수 있나 한번 보자. 네가 행복하게 살도록 우리가 가만히 둘 줄 알아?" 밤새도록 시달리면서 얼마나 많이 울고 불안에 떨었는지 모릅니다. 그런데 누군가 흔들어서 눈을 떴더니 꿈이었습니다. 눈부신 햇살이 창 틈으로 들어와 연분홍빛 볼을 살살 간지르는 감미로운 아침이었습니다. 이럴 때 이 신부의 마음이 어떠할까요? 그 꿈 때문에 오히려 그 처녀의 마음은 더욱 기쁨이 넘치고 더 행복해질 수 있습니다. 꿈속에서 머리를 뜯겼든지 밤새 괴롭힘을 당했든지 그게 무슨 상관입니까? 모든 것은 다 꿈에서 일어난 것이고, 이제는 결혼식장으로 가는 행복만이 남아 있을 뿐입니다.

새 하늘과 새 땅에서 주님 앞에 서면 이 세상에서 고통을 많이 당한 사람일수록 더 행복할 수 있습니다. 그리고 모든 고통과 서러움을 꿈에서 본 듯 잊을 수 있습니다.

순교자가 하나님 나라에서 제일 행복한 자로 하늘의 별처럼 빛나는 이유가 있습니다. 세상에서는 이해할 수 없는 고통으로 시달렸지만, 끝까지 그 믿음을 잃지 않고 주님을 바라보았더니 세상에서의 모든 고통이 꿈에서 본 듯 잊혀졌기 때문입니다. 이 세상에서 주님을 위해 겪은 고생이 크면 클수록 천국에서 주님과 누리는 행복도 커져갈 것입니다.

하나님은 세상에서 고통당하는 자녀가 "하나님, 어찌하여 나를 버리시나이까. 나를 도와주옵소서"라고 하면 "얘야, 내가 재림하는 날 새 하늘과 새 땅이 임하면 너의 모든 고통은 다 보상을 받게 될 거야. 그때가 되면 내가 갑절로 채워주마."라고 대답하십니다. 하나님은 어떤 숨은 뜻을 가지고 자녀가 고생하는 것을 잠깐 그대로 두시는 것인데 그 이유는 천국에 가야 알 수 있습니다.

우리 가운데 이해할 수 없는 고통을 짊어지고 하루하루 사는 분들이 많습니다. 그러나 결코 세상과 하나님을 혼돈하지 마십시오. 세상은 불의하지만 하나님은 공의로우십니다. 세상은 불평등하지만 하나님은 공평하십니다. 어떤 처지에 있든지 주님께서 내 곁에 계시고 나를 돕고 계신다는 사실을 믿으시기 바랍니다.

또 한 가지 기억해야 할 것은 세상에서 한 가지를 잃으면 하나님으로부터 더 큰 것을 얻는다는 사실입니다. 하나님 앞에 있으면 결코 손해 보는 법이 없습니다. 하나님의 말씀대로 새 하늘과 새 땅이 오면 모든 것이 회복됩니다. 말로 다할 수 없는 행복이 우리를 기다리고 있습니다. 세상에서 주님을 위하여 고생하고 고통을 당한 사람일수록 그를 위해 준비하신 기가 막힌 위로가 있을 것입니다. 이것을 믿으며 오늘도 바다 위를 걸어오신 주님을 마음에 모시고 남은 여생을 찬송하면서 사는 사람이 되기를 바랍니다.

21

무엇을 위해 찾는 예수인가?

요한복음 6장 26-27절

26 예수께서 대답하여 이르시되 내가 진실로 진실로 너희에게 이르노니 너희가 나를 찾는 것은 표적을 본 까닭이 아니요 떡을 먹고 배부른 까닭이로다 27 썩을 양식을 위하여 일하지 말고 영생하도록 있는 양식을 위하여 하라 이 양식은 인자가 너희에게 주리니 인자는 아버지 하나님께서 인치신 자니라

사랑에 깊이 빠진 남녀는 황홀한 감정을 가지고 결혼을 합니다. 결혼만 하고 나면 마냥 행복하고 온 세상이 항상 장밋빛처럼 보일 줄로 생각합니다. 그런데 1~2년을 함께 살아보면 비로소 결혼의 진면목이 서서히 보입니다. 맘에 안 드는 상대의 행동도 자주 눈에 띄고, 생각이 달라 다투기도 하고, 또 어떤 경우에는 성격 차이로 진통을 겪기도 합니다. 더욱이 결혼은 인생의 고달픈 노정을 언제나 함께해야 하는 책임을 서로가 떠맡는 것인데, 그런 것은 깊이 생각해보지도 않고 일단 결혼부터 합니다. 그래서 조금만 험한 파도를 만나도 함께 노를 젓는 것이 괴롭고 힘들다며 포기하고 파경에 이르기도 하는 것입니다. 결국 인생의 중요한 순간이자 행복해야 될 첫 고비를 비참하게 끝내는 경우를 종종 보게 됩니다.

황홀하게 시작했던 사랑이 깨진 유리 조각처럼 서로에게 상처만 안겨주는 것으로 끝나는 이유가 어디에 있습니까? 이것은 결혼의 목적이 무엇인가를 사전에 정확하게 숙지하지 못하고 흥분된 감정에 들떠서 결혼을 하기 때문입니다. 목적을 정확하게 알지 못할 때 오는 비극은 단지 결혼에서만 일어나는 일이 아닙니다. 인생을 살

때에도 목적 의식이 없는 사람들은 결국 후회하고 절망에 빠지는 경우를 많이 볼 수 있습니다.

예수님을 믿는 것도 마찬가지입니다. 우리가 예수님을 믿는 목적이 무엇입니까? 처음부터 그것을 분명히 알고 믿기 시작한 사람은 많지 않습니다. 그러나 적어도 세례를 받았거나 신앙생활을 한 지 4~5년 정도 되었으면 왜 예수님을 믿는지 성경을 통해서 분명하게 안 다음, 그것을 붙들고 신앙생활을 해야 합니다. 그런데 그렇지 못한 분들이 적지 않습니다.

수준 낮은 신앙

본문에는 제대로 알지 못한 채 예수님을 따르다가 나중에 실망하는 무리가 나옵니다. 배가 고플 때 예수님께서 떡 다섯 덩이와 물고기 두 마리를 가지고 그들을 배불리 먹이시는 이적을 베풀자, 사람들은 이제 예수님만 계시면 먹을 걱정은 안 해도 될 것이라 생각하고 크게 흥분했습니다. 다음 날도 오늘처럼 기적의 식사를 할 수 있을 것이라는 들뜬 마음으로 잠자리에 들었습니다. 날이 새자마자 그들은 배를 타고 어제 모였던 곳으로 벌 떼처럼 달려왔습니다. 지난밤에 예수님이 제자들만 건너편으로 보내시고 혼자 산으로 올라가시는 것을 보았기 때문에 예수님이 분명히 그곳에 계실 줄 알았습니다. 그러나 아무리 찾아도 예수님을 발견할 수 없었습니다.

그래서 다시 배를 타고 건너편 가버나움 동네로 몰려갔습니다. "예수님을 본 적 없소? 여기 예수님 안 왔소?" 하고 수소문하면서 이리저리 찾다가 드디어 예수님을 만났습니다. 사람들의 어투에서 예수님을 만난 것이 너무나 반가운 나머지 어린애처럼 좋아하고 있다는 느낌을 받습니다.

> 바다 건너편에서 만나 랍비여 언제 여기 오셨나이까 하니(25절).

그들은 예수님을 다시 만난 것이 감격스러워서 반갑게 인사를 했는데, 이들의 인사를 받는 예수님의 태도는 너무도 차가웠습니다. 그들이 예수님을 찾는 목적이 빵을 먹는 데 있다는 것을 아셨기 때문입니다. 아마 그들은 지금 배가 고팠을 것입니다. 날이 새기가 바쁘게 바다를 건너가면서까지 예수님을 찾다보니 시간은 벌써 10시, 11시 가까이 되었을 것입니다. 아침도 못 먹었는데 점심때가 다가오니 아마도 배가 많이 고팠을 것입니다. 오늘도 예수님이 빵 한 조각을 가지고 우리에게 얼마나 풍성한 식사를 대접하실까 하는 생각만이 그들의 관심사였습니다. 그들의 마음을 읽으신 예수님께서 냉정하게 말씀했습니다.

> 예수께서 대답하여 이르시되 내가 진실로 진실로 너희에게 이르노니 너희가 나를 찾는 것은 표적을 본 까닭이 아니요 떡을 먹고 배부른 까닭이로다(26절).

예수님은 그들에게 썩을 양식을 위해서 부지런히 좇아다니지 말고 영생의 양식을 구하는 데 열심을 내라고 말씀하신 것입니다.

이 무리는 예수님께서 보시기에 가장 저급한 수준의 사람들이었습니다. 차라리 이적 기사를 행하는 것을 보기 위해서 예수님을 좇는 사람은 오히려 수준이 높은 편에 속할 정도입니다. 물론 다른 성경에 보면, 이적 기사만을 추구하고 거기에 흥미를 느끼고 좇아 다니는 군중을 향해 주님께서 "왜 이적 기사를 보고도 믿지 않느냐"라고 책망하시는 말씀이 나오기는 합니다(마 11장). 그러나 이적 기사를 보기 위해서 따라다니는 것이 떡을 얻어먹기 위해 따라다니는 것보다는 그나마 낫습니다. 지금 모인 사람들은 순전히 자기의 배를 채우기 위해서 따라다니고 있습니다. 이들은 주님께서 보시기에 가장 질이 낮은 사람들입니다.

무엇을 위해 좇는가

많은 사람이 처음에는 자신의 이기적인 욕심을 채우고자 교회에 드나듭니다. 병 고침을 받기 위해서 나올 수도 있고, 세상에서 출세하는 데 도움을 얻고자 교회를 찾을 수도 있습니다. 이것이 꼭 나쁘다고 말할 수는 없습니다. 우리는 인간이기 때문에 현실적인 욕구나 필요를 완전히 초월하고 사는 사람은 아무도 없습니다. 처음에는 그렇게 교회에 나오기도 하는 것입니다. 그러나 예수님을 오래 믿었으면서도 여전히 떡을 찾는 수준에 머물러 있는 사람들이 있습니다. 예수님은 이런 사람들을 책망하십니다. 이들에게는 하나님이 중심이 아니라, 영생을 얻는 것이 목적이 아니라, 마음에 원하는 육신적인 욕구가 우상이 되어버렸습니다. 문제는 하나님 중심으로 신앙생활을 하지 않고 자기중심으로 신앙생활을 한다는 데 있습니다.

우상이 무엇입니까? 교회를 다니고 예수님을 믿는다고 하면서도 마음에 예수님보다 더 귀한 것이나 사랑하는 것이 있다면 그것이 바로 우상입니다. 이것은 육신의 떡을 얻고자 예수님을 찾아온 사람들의 마음과 다를 바가 없습니다. 이런 행태는 에스겔서에 잘 표현되어 있습니다.

요한복음 1 요한이 전한 복음

이는 그 입으로는 사랑을 나타내어도 마음으로는 이익을 따름이라(겔 33:31).

입으로는 아무리 "하나님 사랑합니다, 예수님 사랑합니다" 해도 그 마음은 자기의 욕심을 좇고 있다는 말씀입니다. 예수님께서 이런 태도를 나무라고 계시는 것입니다.

우리도 자칫하면 예수님을 믿는다고 하면서도 실제로는 떡을 위해 예수님을 좇는 무리처럼 될 수 있습니다. 사도행전 8장을 보면, 마술사 시몬이 점쟁이 노릇을 집어치우고 예수님을 믿는 사건이 나옵니다. 시몬은 예수님을 믿었고 세례를 받았습니다. 그리고 전심으로 전도자 빌립을 따라다니며 표적과 큰 능력을 체험했습니다. 이 정도면 그의 믿음에 하자가 없는 것처럼 보입니다. 그러나 사람이 보기에는 아무런 문제가 없는 시몬이지만, 그 마음에 예수님을 좇는 동기와 목적이 잘못됐다는 것이 백일하에 드러났습니다. 그래서 베드로가 그의 마음을 들여다보고는 "너는 악독이 가득하여 불의에 매인 바 되었도다"(행 8:23)라고 책망했습니다.

성숙한 신앙인 만들기

오랫동안 신앙생활을 했어도 마음은 여전히 자기중심적인 사람이 있습니다. 자신의 욕심을 위해 예수님을 찾는 것은 비극이 아닐 수 없습니다. 예수님은 이런 사람을 일컬어 썩을 양식을 위해서 믿는 사람이라고 말씀하셨습니다.

어린 자녀가 자녀가 "아빠, 아이스크림 사 먹게 500원만 주세요" 하면 "오냐, 가서 사 먹으렴" 하고 돈을 줍니다. 아이들이 어릴 때에는 돈을 달라고 하면 귀여워서 주지 않습니까? 그러나 고등학생이

"아빠, 친구들과 놀게 만 원만 주세요" 하면 처음에는 주지만, 날마다 친구들과 놀기 위해서 돈을 달라고 한다면 더 이상 주지 않을 것입니다. 부모라면 누구나 자녀가 원하는 대로 다 해주는 것은 자녀를 망치는 지름길이라는 것을 알기 때문에, 때로는 자녀가 원하지만 거절함으로써 사람을 만들려고 하는 것입니다.

C. S. 루이스는 하나님이 초신자에게는 관용을 베푸시며 너그러우신 것 같다는 말을 했습니다. 초신자들이 "주님, 주세요"라고 기도하면 하나님이 그것을 손에 쥐여주십니다. 그래서 예수님을 믿은 지 얼마 되지 않은 사람들은 너무나 행복해합니다. "목사님, 제가 기도했는데 얼마나 응답을 잘 받는지 모릅니다. 예수 믿고 나서 다섯 가지도 더 응답을 받았어요" 하고 자랑스럽게 말하면, "정말 감사한 일입니다. 하나님께 영광 돌리십시오" 하면서도 속으로는 '이 사람은 아직도 많이 자라야겠구나' 생각되는 것이 사실입니다.

그러나 우리가 예수님을 믿고 믿음이 자라서 대학교 1학년 수준이 되면 하나님께서는 우리를 성숙한 신앙인으로 만들기 위해 구하는 대로 주시지 않을 때가 많습니다. 그런 나이에 있으면서도 계속 떡을 얻어먹겠다고 하나님께 보채면 하나님은 쉽게 주시지 않습니다. 그럴 때 그는 반드시 실망합니다. 그런 사람은 심령이 치유되지 못한 상태라서 시간이 흐르면 예수님을 떠나는 경우가 많습니다. 요한복음 6장 66절을 봅시다. "그때부터 그의 제자 중에서 많은 사람이 떠나가고 다시 그와 함께 다니지 아니하더라." 한때는 그렇게 쫓아다녔던 사람들이 다시는 예수님과 함께하지 않았습니다.

예수님을 믿는 목적을 분명히 해야 합니다. 우리가 예수님을 믿는 목적은 영원한 형벌을 면치 못할 우리를 구원하기 위해 십자가에서 죽으신 예수님을 붙듦으로 죄를 용서받고, 하나님의 자녀가 되

요한복음 1 요한이 전한 복음

고, 영생을 얻는 복을 누리기 위해서입니다. 그러므로 이 복을 소유하고 사는 거룩한 백성이 되기 위해서는 때로 예수 믿는 것 때문에 세상에서 가진 것을 빼앗기더라도 뒤로 돌아서면 안 됩니다. 예수님이 우리에게 주신 놀라운 영생의 복, 하늘의 복, 하나님의 자녀라는 영광을 놓치지 않기 위해서는 좁은 길이나 험한 길도 마다하지 않고, 기도 응답이 없어도, 환난 중에라도 기뻐하면서 끝까지 예수님을 좇겠다는 마음으로 살아야 합니다.

예수님을 믿는 이유와 목적을 분명히 아는 자로서 날마다 믿음을 지키며 살아가는 하나님의 아들, 딸이 되기를 주님의 이름으로 축원합니다.

22

믿는 것이 하나님의 일

요한복음 6장 22-29절

22 이튿날 바다 건너편에 서 있던 무리가 배 한 척 외에 다른 배가 거기 없는 것과 또 어제 예수께서 제자들과 함께 그 배에 오르지 아니하시고 제자들만 가는 것을 보았더니 23 (그러나 디베랴에서 배들이 주께서 축사하신 후 여럿이 떡 먹던 그곳에 가까이 왔더라) 24 무리가 거기에 예수도 안 계시고 제자들도 없음을 보고 곧 배들을 타고 예수를 찾으러 가버나움으로 가서 25 바다 건너편에서 만나 랍비여 언제 여기 오셨나이까 하니 26 예수께서 대답하여 이르시되 내가 진실로 진실로 너희에게 이르노니 너희가 나를 찾는 것은 표적을 본 까닭이 아니요 떡을 먹고 배부른 까닭이로다 27 썩을 양식을 위하여 일하지 말고 영생하도록 있는 양식을 위하여 하라 이 양식은 인자가 너희에게 주리니 인자는 아버지 하나님께서 인치신 자니라 28 그들이 묻되 우리가 어떻게 하여야 하나님의 일을 하오리이까 29 예수께서 대답하여 이르시되 하나님께서 보내신 이를 믿는 것이 하나님의 일이니라 하시니

6 · 25 전쟁이 터지고 한두 달이 지나지 않아 많은 피난민이 거제도 바닷가로 몰려들었습니다. 제가 자랐던 곳이기 때문에 처참한 몰골을 한 피난민들이 잘 곳과 먹을 것을 구하러 다니던 모습을 지금도 생생하게 기억합니다. 그들이 겪은 가난과 절망은 저처럼 바로 옆에서 지켜본 세대가 아니고서는 결코 상상할 수도 없을 것입니다. 얼마나 참혹하고 처절했는지 모릅니다. 이때 세계 각국에서 보낸 구호 물자들이 도착하기 시작했는데, 많은 교회가 그 구호 물자를 배급하는 창구 역할을 했습니다. 미국의 교회들이 구호 물자를 보내면서 주로 한국에 있는 교회를 통해 나누어 주도록 했기 때문입니다.

이런 이유로 많은 사람이 교회를 찾아왔습니다. 겉으로 보기에는 다 하나님을 참되게 믿는 것 같았고 또 그들 중에는 주일 예배뿐만 아니라 새벽 기도회까지 열심히 다니는 사람들도 있었습니다. 목사님에게 믿음 좋은 사람으로 인정받으면 옷가지 하나라도 더 얻을 수 있었고 우유 한 통이라도 더 받을 수 있었던 것이 사실입니다. 전쟁이 막바지에 이르면서 구호 물자의 수량이 점점 줄어들었고, 나중에는 교회에서 더 이상 구호 물자를 나누어 줄 수 없게 되었습니다. 그러자 교회를 다녀봐야 더 이상 얻을 게 없다고 생각했던 사람들은 하나둘씩 떠나기 시작했습니다. 그렇게 잘 믿는 것처럼 보였던 사람들이 언제 그랬냐는 식으로 교회를 등졌습니다. 이런 사람들을 보면 본문에 나오는 무리와 비슷하다는 생각을 합니다.

눈을 뜨자마자 배를 타고 갈릴리 바다 건너편으로 달려가 예수님을 찾아 헤매던 군중은 거기서 예수님을 찾지 못하자 다시 배를 타고 가버나움으로 가서 동네 이곳저곳을 찾아 헤매다가 드디어 예수님을 만났습니다. 그들은 너무나 반가운 나머지 "오! 선생님, 언제 여기 오셨습니까?" 하고 인사했습니다. 그러나 예수님께서는 이렇게 반가워하는 무리의 마음속에 무엇이 있으며 그들의 소원이 무엇인가를 꿰뚫어 보셨습니다. 예수님의 눈에는 그들이 구호 물자 하나라도 더 얻기 위해서 교회를 열심히 다닌 사람들과 똑같아 보였을 것입니다. 보리떡 다섯 개와 물고기 두 마리로 배불리 먹었던 그들은 오늘도 무언가 먹을 것을 주시리라는 기대를 품고 예수님을 찾았습니다. 그들은 예수님에 대해서는 흥미가 없었고 오직 먹는 일에만 관심을 가졌던 사람들입니다. 예수님께서는 자신을 반기는 무리를 보시고 냉정하게 말씀하셨습니다.

> 썩을 양식을 위하여 일하지 말고 영생하도록 있는 양식을 위하여 하라 이 양식은 인자가 너희에게 주리니 인자는 아버지 하나님께서 인치신 자니라(27절).

썩을 양식을 위하여 일하지 말라는 말씀은, 먹어도 먹어도 배가 고픈 빵 조각 때문에 예수님을 찾아다니지 말고 영원히 살 수 있는 생명을 얻기 위해 예수님을 찾으라는 뜻입니다.

요한복음 1 요한이 전한 복음

위임받은 구원자

영생을 얻기 위해 예수님을 찾는 것은 바른 행동입니다. 왜냐하면 예수님은 하나님께 인치심을 받은 분이기 때문입니다. 인을 쳤다는 말은 하나님께서 세상을 구원하기 위해 자신의 모든 권리를 대신할 수 있도록 도장을 찍어서 위임장을 주셨다는 뜻입니다. 옛날에 왕이 특사를 보낼 때 자기 반지에 있는 도장을 찍어 위임을 표시했습니다. 왕의 도장을 찍은 이 위임장만 가지고 있으면 어디서든지 왕이 보낸 특사로서의 권한을 행사할 수 있었습니다. 예수님이 바로 이런 분입니다. 하늘과 땅의 모든 권세를 위임받고, 세상의 모든 죄인을 구원할 수 있는 특권을 위임받아 이 땅에 오신 유일한 구원자입니다. 그러므로 예수님 외에는 어떤 구원자도 이 세상에 없습니다.

> 예수께서 이르시되 내가 곧 길이요 진리요 생명이니 나로 말미암지 않고는 아버지께로 올 자가 없느니라(요 14:6).

예수님이 이처럼 분명하게 자기만이 세상의 구원자라고 말씀하신 이유는, 오직 예수님만이 하나님께 인치심을 받았기 때문입니다. 그러므로 예수님을 찾았던 무리는 배가 고프면 빵도 요구하고 몸이 아플 때는 병도 고쳐달라고 해야 되겠지만, 궁극적으로는 죄 사함과 구원을 받기 위해 예수님을 찾아야 했습니다. 예수님이 "썩을 양식을 위하여 일하지 말고 영생하도록 있는 양식을 위하여 하라"고 말씀하시자 그들은 이렇게 물었습니다. "우리가 무엇을 하여야 하나님의 일을 하는 것이 됩니까? 하나님이 요구하시는 일을 우리가 어떻게 하면 할 수 있습니까?"

이는 대단히 중요한 질문입니다. 모든 사람들의 마음 밑바닥에는 자기가 하나님을 위해서 무언가 할 수 있다는 의식이 깔려 있습니다. 예를 들면 이런 것입니다. '하나님이 나에게 영생을 주신다고 하면 그걸 어떻게 공짜로 받을 수 있겠는가? 그 영생을 받기 위해서는 무엇인가 함으로써 값을 치러야 한다. 천국이 있다면 그곳으로 들어갈 비자를 얻기 위해 무엇인가 선한 일을 해야 하지 않겠는가?' 이런 생각을 우리 모두 가지고 있다는 말입니다. 이것을 신학적인 용어로 인간의 '공로 의식'이라고 합니다.

하나님이 혐오하시는
공로 의식

공로 의식은 너무도 뿌리가 깊고 강해서 성령의 초자연적인 역사를 통해 뽑지 않으면 제거할 수 없습니다. 공로 의식은 다양하게 표출됩니다. 선한 일을 하면 하나님을 만족시킬 수 있다는 의식, 인간이라면 누구든지 선한 일을 할 수 있다는 교만함, 하나님은 사람이 일대일로 상대할 수 있는 존재라고 보는 터무니없는 시각, 하나님과 우리 사이도 무엇인가 주고받는 이해관계가 되어야 한다는 의식 등입니다. 그래서 많은 사람들이 구원을 받기 위해 무엇인가를 해야 하며 또 할 수 있다고 생각합니다. 그러나 성경을 보면 하나님께서 사람들의 공로 의식을 얼마나 혐오하고 계시는지 알 수 있습니다.

인간은 하나님 앞에서 아무런 가치가 없는 존재입니다. 물론 인간은 선한 일을 할 수 있습니다. 믿는 사람이든지 믿지 않는 사람이든지 또 문명이 발달한 나라에 사는 국민이든지 미개한 나라에 살고 있는 국민이든지 간에 어느 정도의 선한 일은 할 수 있습니다. 그것은 하나님께서 이 세상에 주신 일반 은총입니다. 그런 선함이 없다면 인간 사회는 완전히 지옥이 되고 말았을 것입니다.

내 눈에 선하다고 해서 하나님도 그것을 선하게 보실 것이라고 생각하면 안 됩니다. 내가 선한 일을 했다고 해서 그 선행이 하나님께 인정받을 수 있다고 생각하는 것은 큰 잘못이요 교만입니다. 그럼에도 많은 사람이 이처럼 잘못된 생각으로 무엇인가를 해보려고 합니다. 그래서 "우리가 하나님을 위해 무엇을 해야 합니까?" 하는 건방진 질문을 던지는 것입니다.

물론 인간이 선한 일을 할 수 있다는 생각은 인간 실존을 위해 없어서는 안 되는 본질입니다. 사람은 할 일이 있기 때문에 살 의미가 있습니다. 할 일이 있다는 것은 살아야 할 이유가 있다는 뜻이고 할 일이 없다는 것은 살 이유가 없다는 말도 됩니다.

어떤 평론가들은 노벨 문학상을 받은 세계적인 문학가 헤밍웨이가 육십도 안 된 나이에 권총 자살을 한 이유를 바로 여기에서 찾았습니다. 많은 사람들이 헤밍웨이를 위대한 문호로 추앙하고 따랐지만, 헤밍웨이는 웬일인지 더 좋은 작품을 쓸 수 없었습니다. 이전보다 더 좋은 작품을 쓸 수 없다고 생각하니 세상에서 더 이상 할 일이 없었고, 살아야 할 이유도 발견하지 못했습니다. 그래서 권총으로 자살을 했다는 것입니다. 인간에게는 일이 이만큼 중요합니다.

벤저민 프랭클린은 "일은 백 년을 살 것같이 하라. 일하는 농부는 앉아 있는 신사보다 존귀하다"라고 말했습니다. 그만큼 일이라는 것은 인간에게 자존감을 주고 보람을 느끼게 합니다. 할라인이라는 문학가는 "거둬들인 모든 곡식이 다 썩어버리고 슬픔이 사람을 폐허로 만들지라도, 할 일만 있으면 그대는 다시 한번 살아볼 의미를 찾을 수 있다"라고 했습니다. 아무리 절망스러워도 할 일만 있으면 살

이유가 있다는 이야기입니다. 이처럼 인간은 일에 대한 신념이 강합니다. 그러므로 어떤 점에서는 일이란 사람들의 우상이요, 종교가 될 수 있습니다.

때로는 보람되고 선한 일을 한 것이 자신을 추켜세우도록 만드는 유혹거리가 되기도 합니다. 남들이 좀처럼 하지 못하는 독특한 일을 하면 그것이 자기의 의를 드러내는 공로가 됩니다. 그리고 그것으로 인해 자기가 마치 하나님이나 된 것처럼 착각합니다.

이런 식으로 사람들은 '내가 하나님을 위해 무언가 할 수 있다. 그리고 내가 무언가 하면 그것을 하나님이 인정해주실 것이다'라는 생각을 하는 것입니다. 여기에서 더 나아가면, 구원도 자기가 행한 일이나 선한 공로의 대가로 받을 수 있다고까지 생각합니다. 그래서 예수님을 찾아온 무리가 "어떻게 하여야 하나님의 일을 할 수 있습니까?"라는 교만한 질문을 던진 것입니다.

예수님만 붙드는 것이 할 일

예수님은 사람들의 무지한 질문을 들으시고 이렇게 대답하십니다.

> 예수께서 대답하여 이르시되 하나님께서 보내신 이를 믿는 것이 하나님의 일이니라 하시니(29절).

이 구절은 이렇게 풀어서 말할 수 있습니다. "너희들이 하나님을 위해 일한다는 것은 결코 있을 수 없는 일이다. 너희들이 하나님을 위해 할 일은 없다. 그저 하나님께서 보내신 나를 믿기만 하면 그것이 하나님 보시기에 선한 일이다."

믿는 것이 하나님의 일이라는 예수님의 말씀에는 두 가지 중요한 의미가 담겨 있습니다. 첫째, 예수님을 믿기 위해 우리는 어떤 일도 할 필요가 없다는 것입니다. 인간이 예수님을 믿고 구원받는 데는 공로나 선한 행위가 전혀 필요하지 않으며, 오직 믿음 하나만으로 충분합니다. 또한 그 믿음이 하나님께는 선한 일로 인정받는다는 말입니다.

　　로마서 4장 4절을 봅시다. "일하는 자에게는 그 삯이 은혜로 여겨지지 아니하고 보수로 여겨지거니와." 만약 일을 해서 삯을 받으면 그것은 결코 은혜가 될 수 없습니다. 그러나 일을 하지 않을지라도, 선한 행위나 공로가 없을지라도, 그런 사람을 의롭다 하시고 영생을 주시는 이를 믿는 그 믿음을 하나님은 의로 여기십니다. 그러므로 예수님을 믿는 사람은 일한 것도 없이 하나님께 의롭다고 인정받으며 영생을 얻습니다.

　　구원을 위해 우리가 할 수 있는 일은 아무것도 없으며 또 할 필요도 없습니다. 오직 예수님을 믿기만 하면 됩니다. 왜냐하면 내가 할 일을 예수님께서 이미 다 하셨기 때문입니다. 하나님께서 인정할 수 있는 모든 선한 행위를 예수님께서 이미 다 하셨습니다. 하나님께서 요구하시는 죄의 대가와 죄악에 대한 형벌을 예수님이 십자가에서 나 대신 지불하고 감당하셨습니다. 내가 해야 되겠다고 생각하는 그 무엇도 이미 예수님께서 다 하셨습니다. 그러므로 나는 할 일이 하나도 없습니다. 만약 우리가 하나님께 사랑을 받기 위해 무언가 해야 된다고 생각하면 그것은 큰 착각입니다. 우리는 예수님이 다 하신 일을 통해 하나님의 사랑을 받은 사람이 되었습니다. 따라서 나를 대신해 모든 일을 해주신 예수님만 붙드는 것이 우리가 할 일입니다. 이것이 바로 믿음입니다.

행함으로
온전케 되는 믿음

둘째, 믿음은 입으로만 "주여, 주여" 하는 것 이상의 의미를 가지고 있습니다. 흔히들 믿음을 값싼 부적처럼 그냥 달고 다니는 사람들이 있습니다. 믿는다는 말은 요란하게 하면서도 믿는 사람다운 열매가 보이지 않습니다. 성경 공부는 많이 하는데 삶에서 말씀대로 순종하는 모습이 잘 나타나지 않고, 교회 안에서 봉사는 남달리 눈에 띄게 하는데 가정에서나 직장에서는 예수 믿는 향기가 나지 않습니다. 그러면서도 "주여, 주여" 하면서 믿는다고 생각합니다.

믿음은 구원을 얻게 하는 모든 일을 무효화합니다. 믿음은 구원을 얻기 위해 우리가 해야 할 일이 아무것도 없도록 만들어버립니다. 그러나 구원을 받은 후에는 다릅니다. 믿음은 우리가 엄청난 일을 하게 만듭니다. 구원 얻을 때 믿음은 우리가 아무 일도 못 하게 만들지만, 구원받은 다음에는 우리를 죽도록 충성하게 만듭니다. 데살로니가교회를 보십시오. 데살로니가 성도에게 일어난 믿음의 역사 때문에 아름다운 소문이 방방곡곡으로 퍼져나갔습니다. 믿음으로 하게 된 일들 때문에 사방에 소문이 났다는 말입니다.

그러므로 구원받은 사람에게 믿음은 입으로 "주여, 주여" 하는 것 이상을 의미합니다. 이 믿음은 우리를 죽도록 충성하게 하며 우리를 위해 죽으신 예수님을 위해 헌신하도록 만듭니다. 그러므로 이 믿음은 우리가 생각하는 것보다 훨씬 더 큰 일입니다.

야고보서 2장 22절은 "네가 보거니와 믿음이 그의 행함과 함께 일하고 행함으로 믿음이 온전하게 되었느니라"라고 했습니다. 행함으로 믿음이 온전케 된다는 말을 영어 성경에서는 '믿음과 행함이 함께 일한다'고 표현합니다. 에베소서 4장 11절 이하를 보면 하나님께서 교회에 사역자를 주신 목적 두 가지가 나오는데, 첫째는 성도들의 신앙 인격이 바로 세워지도록 하기 위함이며, 둘째는 모든 성도가 봉사의 일을 하도록 하기 위함입니다. 이처럼 믿음은 예수님을 위해 죽도록 충성하게 만들어줍니다.

우리는 예수님의 엄청난 죽음의 은혜 때문에 아무것도 한 것 없이 믿음으로만 구원을 받았습니다. 나를 위해 돌아가신 예수님을 믿는 우리는 이제 어떻게 살아야 될까요? 그 은혜에 조금이나마 보답하는 삶을 살아야 하는 것이 너무도 당연합니다. 나를 대신해 십자가에 달려 돌아가셨다고 고백하면서 그분을 위해서는 손가락 하나 움직이지 않겠다고 한다면 그리고 나의 욕심을 채우는 것만 생각하면서 날마다 "주여, 주여"만 한다면 진정한 하나님의 자녀일 수 없습니다. 예수님을 나의 주 나의 하나님으로 믿습니까? 그렇다면 그 믿음 때문에 가만히 앉아 있을 수 없을 것입니다.

주변을 돌아봅시다. 예수님을 믿는 믿음 때문에 다른 사람보다 덜 가졌으면서도 몸을 아끼지 않고 봉사하는 사람들이 있습니다. 어떤 젊은이는 자기의 인간적인 욕망을 다 뿌리치고 복음을 위해 한생을 헌신합니다. 어떤 사람은 평생 모은 재물을 주의 복음을 위해 조금도 아낌없이 내놓습니다.

믿음은 입으로 "주여, 주여" 하는 것 이상입니다. 하나님이 기뻐하시는 일이라면 살아도 주를 위해 살고 죽어도 주를 위해 죽겠다는 정신으로 자신의 전부를 던집니다.

예수님을 믿고 교회에 열심히 다니는 이유가 혹시라도 여전히 떡을 얻기 위해서는 아닌지 자신을 돌아보아야겠습니다. 세상의 즐거움과 행복만을 생각하면서 썩을 양식을 위해 예수님을 찾는 자가 되어서는 안 됩니다. 영원한 생명 얻기를 사모하십시오. 그러기 위해서는 예수님을 믿어야 합니다. 구원을 위해서는 다른 것이 필요하지 않습니다. 인간의 다른 어떤 공로도 생각하지 마십시오.

이미 영생을 얻은 하나님의 자녀라면 믿음은 나를 죽도록 충성하는 사람으로 만든다는 사실을 기억하기 바랍니다. 좋은 믿음을 가지고 있다면 누구보다도 더 주를 위해 헌신하고 충성합니다. 그래서 예수님은 믿는 것이 하나님의 일이라고 말씀하셨습니다. 복된 믿음을 가지고 일사각오로 충성할 수 있기를 바랍니다.

23

생명의 떡 예수

요한복음 6장 30-36, 47-59절

30 그들이 묻되 그러면 우리가 보고 당신을 믿도록 행하시는 표적이 무엇이니이까, 하시는 일이 무엇이니이까 31 기록된 바 하늘에서 그들에게 떡을 주어 먹게 하였다 함과 같이 우리 조상들은 광야에서 만나를 먹었나이다 32 예수께서 이르시되 내가 진실로 진실로 너희에게 이르노니 모세가 너희에게 하늘로부터 떡을 준 것이 아니라 내 아버지께서 너희에게 하늘로부터 참 떡을 주시나니 33 하나님의 떡은 하늘에서 내려 세상에 생명을 주는 것이니라 34 그들이 이르되 주여 이 떡을 항상 우리에게 주소서 35 예수께서 이르시되 나는 생명의 떡이니 내게 오는 자는 결코 주리지 아니할 터이요 나를 믿는 자는 영원히 목마르지 아니하리라 36 그러나 내가 너희에게 이르기를 너희는 나를 보고도 믿지 아니하는도다 하였느니라 47 진실로 진실로 너희에게 이르노니 믿는 자는 영생을 가졌나니 48 내가 곧 생명의 떡이니라 49 너희 조상들은 광야에서 만나를 먹었어도 죽었거니와 50 이는 하늘에서 내려오는 떡이니 사람으로 하여금 먹고 죽지 아니하게 하는 것이니라 51 나는 하늘에서 내려온 살아 있는 떡이니 사람이 이 떡을 먹으면 영생하리라 내가 줄 떡은 곧 세상의 생명을 위한 내 살이니라 하시니라 52 그러므로 유대인들이 서로 다투어 이르되 이 사람이 어찌 능히 자기 살을 우리에게 주어 먹게 하겠느냐 53 예수께서 이르시되 내가 진실로 진실로 너희에게 이르노니 인자의 살을 먹지 아니하고 인자의 피를 마시지 아니하면 너희 속에 생명이 없느니라 54 내 살을 먹고 내 피를 마시는 자는 영생을 가졌고 마지막 날에 내가 그를 다시 살리리니 55 내 살은 참된 양식이요 내 피는 참된 음료로다 56 내 살을 먹고 내 피를 마시는 자는 내 안에 거하고 나도 그의 안에 거하나니 57 살아 계신 아버지께서 나를 보내시매 내가 아버지로 말미암아 사는 것같이 나를 먹는 그 사람도 나로 말미암아 살리라 58 이것은 하늘에서 내려온 떡이니 조상들이 먹고도 죽은 그것과 같지 아니하여 이 떡을 먹는 자는 영원히 살리라 59 이 말씀은 예수께서 가버나움 회당에서 가르치실 때에 하셨느니라

요한복음에 기록된 예수님의 말씀은 우리를 자주 당황하게 만듭니다. 요한복음 4장에서 예수님은 물을 길러 온 수가성 여인에게 생수를 주겠다고 말씀하셨습니다. 예수님 자신이 바로 생수라는 뜻으로 말씀하신 것입니다. 6장을 보면 배고픈 군중이 예수님을 향해서 먹을 것을 달라고 하자 "내가 생명의 떡이다"라고 말씀하셨습니다. 물 길러 온 사람에게 "내가 생수니 나를 마시라"고 하신 말씀이나 배고픈 사람에게 "내가 생명의 떡이니 나를 먹으라"고 하신 예수님의 말씀을 대하면 누구나 당황할 수밖에 없을 것입니다. 왜냐하면 예수님은 생수나 떡처럼 그릇과 쟁반에 담을 수 있는 물질이 아니기 때문입니다. 그분은 천지를 창조하신 하나님이며 인격자입니다. 그렇다면 예수님께서 이처럼 자신을 물과 떡으로 표현하신 이유가 무엇일까요?

사람들에게는 진리를 듣지 않고 진리가 아닌 것을 귀담아듣는 못된 습성이 있습니다. 바른 소리를 하면 알아듣지 못할 정도로 교만하고 완악하다는 말입니다. 사람은 너무도 무지해서 빛을 보고도 빛인 줄을 모릅니다. 세상을 구원하기 위해 오신 예수님께서 이런 사

람들을 볼 때 마음이 얼마나 답답하셨겠습니까? 그래서 예수님은
이 세상에 하나님이신 자신이 육신의 몸을 입고 오신 이유를 사람
들에게 이해시킬 수만 있다면 자기는 하찮은 한 조각의 보리떡이
되어도 좋고 급하게 마시는 한 그릇의 물이 되어도 좋다고 여기신
것입니다. 여기에서 우리는 자신을 낮출 수 있는 데까지 낮추시고
우리를 찾아오신 주님을 다시 한번 보게 됩니다.

이른 아침부터 예수님을 찾아다니던 군중은 오병이어로 수많은
사람들을 먹이신 예수님을 보면서 광야 생활 40년 동안 만나로 이
스라엘 백성을 먹였던 모세를 연상했습니다.

> 기록된 바 하늘에서 그들에게 떡을 주어 먹게 하였다 함과 같이 우리
> 조상들은 광야에서 만나를 먹었나이다(31절).

이 말은 "옛날에 모세는 광야에서 우리 조상에게 40년 동안 만나
를 주어 멸망당하지 않게 했기 때문에 우리 민족의 위대한 지도자
가 되었습니다. 당신도 우리의 메시아가 되기를 원하시면 지금 만나
를 내려 우리가 먹게 하옵소서"라는 뜻입니다.

유대 랍비들이 성경에도 없는 교훈을 가지고 백성을 오랫동안 가
르쳐왔기 때문에 그들이 이런 식으로 말하는 것도 무리는 아닙니다.
랍비들은 이스라엘의 위대한 지도자였던 모세가 하늘에서 만나를
내려 조상들을 먹여 살린 것처럼, 제2의 모세라고 할 수 있는 메시
아가 이 세상에 오시면 그는 분명히 하늘로부터 만나를 내려 모든
백성을 먹여 살릴 것이라고 가르쳤습니다. 그래서 사람들은 메시아
가 오면 무화과나무와 포도나무의 열매를 따면서 고생하지 않아도
되고, 땀 흘려 농사를 짓지 않아도 평생 배부르게 먹고 건강하게 살

면서 이 땅에 파라다이스를 이룰 것이라고 생각했습니다. 그렇기 때문에 오병이어로 오천 명을 먹이시는 예수님이 바로 랍비들이 말한 제2의 모세일지 모른다고 여겼던 것입니다. 또한 예수님께 "표적을 보여주시오. 모세가 만나를 내려서 이스라엘 백성을 먹인 것처럼 하늘로부터 떡이 내려와서 우리를 배부르게 하는 표적을 보여주시오"라고 아우성을 쳤던 것입니다.

이런 요구를 하는 군중을 향해서 예수님은 "내가 그 떡이다. 내가 바로 하늘에서 내려온 만나다. 나를 먹으라"고 말씀하셨습니다. 요한복음 6장 35절과 48절에서도 그 말씀이 계속 반복해서 나옵니다. 이 말을 들은 사람들은 너무나 당황한 나머지 여기저기서 수군거리기 시작했습니다. 급기야 나중에는 "흥, 저 사람은 요셉의 아들 예수가 아니냐. 우리가 그 부모를 뻔히 알고 있는데 자기가 하늘에서 내려온 떡이라니 도대체 무슨 헛소리야"라고 비웃었습니다.

내 살과 피를
먹고 마시라

군중이 비아냥거렸지만, 예수님은 한 발자국도 뒤로 물러나지 않으셨고 오히려 그들을 더 당황하게 하는 말씀을 하셨습니다.

> 예수께서 이르시되 내가 진실로 진실로 너희에게 이르노니 인자의 살을 먹지 아니하고 인자의 피를 마시지 아니하면 너희 속에 생명이 없느니라 내 살을 먹고 내 피를 마시는 자는 영생을 가졌고 마지막 날에 내가 그를 다시 살리리니 내 살은 참된 양식이요 내 피는 참된 음료로다(53-55절).

다시 말하면 "밥을 먹듯 나의 살을 뜯어 먹고 물을 마시듯 내 피를 마시라. 그러면 다시는 배고프지 않고 목마르지도 않으며, 영원히 죽지도 않으리라"라고 하신 것입니다. 정상적인 사고를 하는 사람이라면 이런 끔찍한 말을 듣고 당황하지 않을 수 없습니다.

무리는 이런 말씀을 듣고 예수님을 정신 나간 사람으로 여겼습니다. "이제 보니까 정신이 나갔어. 어떻게 제 살과 피를 우리에게 주어 먹게 하겠다는 거야." 그러고는 한 사람, 두 사람씩 떠나버렸습니다. 구름 떼처럼 몰려왔던 사람들이 삽시간에 썰물처럼 빠져나갔습니다. 심지어 그동안 예수님을 따라다니면서 충성을 다했던 제자들 중에서도 이탈자가 생겼습니다.

> 그때부터 그의 제자 중에서 많은 사람이 떠나가고 다시 그와 함께 다니지 아니하더라(요 6:66).

여기서 말하는 제자는 예수님께서 택하신 열두 제자가 아니라 예수님을 충성스럽게 따라다니면서 봉사했던 사람들을 가리킵니다. 예수님은 한 번의 설교로 수천 명의 군중을 잃어버렸습니다. 때로는 이런 설교가 참된 설교입니다.

사람들은 아무리 옳은 말이라고 하더라도 듣기 싫은 소리이면 귀를 막고 떠나버립니다. 이런 경향은 오늘날도 마찬가지입니다. 듣기 싫은 소리를 하거나 비위에 상하는 말을 들으면 귀를 막아버리고 교회를 떠나는 사람들이 있습니다.

하지만 예수님의 말씀을 들은 모든 사람들이 다 떠난 것은 아니었습니다. 예수님의 말씀 앞에서는 언제나 말씀을 받아들이는 사람과 거부하는 사람 이렇게 두 부류로 나뉩니다. 오늘날에도 마찬가지입니다. 예수님의 말씀을 정신 나간 소리로 치부하고 떠나는 사람이 있는 반면, 생명의 말씀으로 받아들이면서 예수님을 좇는 사람이 있습니다. 모든 무리가 다 떠나고 충성스럽게 따르던 제자들마저 떠났을 때 예수님께서는 열두 제자들에게 물으셨습니다.

··· 너희도 가려느냐(요 6:67).

그러자 시몬 베드로가 대답합니다.

··· 주여 영생의 말씀이 주께 있사오니 우리가 누구에게로 가오리이까 (요 6:68).

베드로처럼 살을 먹으라고 하든지 피를 마시라고 하든지 간에 예수님의 입에서 나오는 말씀이면 생명의 말씀으로 받아들이고 떠나지 않는 사람이 있습니다. 어떤 사람에게는 정신 나간 소리로 들리는 예수님의 말씀이 다른 사람에게는 생명의 말씀으로 들리는 것입니다. 이것을 일컬어 '들음의 기적'이라고 합니다. 당신은 어느 편에 속합니까? 예수님의 말씀이 나에게 유리할 때에는 받아들이지만 듣기 싫은 소리로 바뀌면 결정적인 순간에 돌아서는 사람은 아닙니까?

육체의 목숨, 비오스

예수님께서 자신을 생명의 떡이라고 말씀하신 이유가 무엇입니까? 헬라어에서 생명을 뜻하는 단어는 두 가지로, '비오스'(bios)와 '조에'(zoe)입니다. '비오스'는 심장의 맥박이 뛰는 동안 유지되는 육체의 목숨을 가리킵니다. 모태로부터 태어나

늙어 죽을 때까지 온몸의 기능이 정상적으로 활동할 동안만 우리로 살아 있게 하는 것이 육신의 목숨입니다. 이 목숨을 잃지 않으려면 1년에 1톤 이상의 음식과 물을 계속 먹어야 합니다. 이런 의미에서 우리가 먹는 밥은 곧 육신의 생명입니다. 우리가 마시는 물도 육신의 생명입니다. 우리는 이 생명이 얼마나 소중한지 압니다. 하나님이 주신 것이기 때문에 소중합니다. 이 생명을 잃으면 세상에서의 모든 삶이 끝나기 때문에, 우리는 이 생명을 대단히 소중하게 여깁니다. 이는 하나님이 우리에게 주신 본성적인 생명에 대한 애착이기에 잘못된 것이 아닙니다.

그러나 예수님을 찾아온 군중을 비롯해 오늘날 대부분의 사람들이 갖고 있는 가장 큰 문제는 육신의 목숨인 '비오스'가 전부인 줄 알고 있다는 데 있습니다. 그래서 사람들은 이 목숨을 유지하는 것에 모든 생각의 최우선순위를 두고 있습니다. 얼마나 소중하게 여겼는지 그것이 그만 우상이 되어버렸습니다. 이 목숨을 유지하게 해주는 돈이 세상의 그 어떤 것보다 가치 있다고 판단합니다. 그래서 사람들은 마호메트든, 석가모니든, 예수든, 누구든 상관없이 이 세상에서 건강하고 배부르고 행복하게 살게만 해준다면 하나님으로 믿고 섬기겠다는 생각을 가지고 있습니다. 예수님을 찾아온 군중이 바로 이런 사람들이었습니다.

거의 모든 사람이 이런 생각을 가지고 종교를 찾습니다. 이런 생각을 하는 사람들에게 "내 살을 먹어라, 내 피를 마셔라, 그리하면 영원히 살 것이다"라는 예수님의 말씀이 들릴 리 없습니다. 심장이 뛰는 순간은 나를 유지시키는 이 생명이 나의 전부라고 생각하는 사람에게는 자기가 생명의 떡이라는 예수님의 말씀이 귀에 들리지 않을 것입니다.

영적이고 영원한 생명, 조에

　　　　　　반면에, 사람에게는 영적인 생명을 의미하는 '조에'가 있습니다. '조에'라는 단어는 요한복음에서만 36회 이상 나옵니다. 영적인 생명은 이중적인 의미를 가지고 있습니다. 하나는 생명의 원천이 되신 하나님과 교제하면서 그분과 화목하고 교제하는 것 자체가 '조에'입니다.

　아담과 하와는 에덴동산에서 말로 다 할 수 없을 만큼 풍성한 생명의 삶을 살았습니다. 세상을 창조하신 하나님, 생명의 원천이요 뿌리 되신 하나님이 항상 그들과 교제하고 계셨기 때문입니다. 눈만 뜨면 하나님의 음성을 들을 수 있었고, 해가 지고 서늘해지는 시간이면 하나님께서 자기들을 찾아오시는 소리를 들었습니다. 아담과 하와는 하나님께서 찾아오시는 소리를 들을 때마다 어린아이처럼 달려가 품에 안기는 행복을 누리며 살았습니다. 이것을 우리는 낙원의 삶이라고 말합니다. 하나님과 교제하면서 그분의 품에 안겨 사는 삶이 바로 '조에'입니다. 여기에는 근심이나 고통도 없으며 질병도 죽음도 없습니다.

　그런데 안타깝게도, 아담과 하와는 하나님이 되고 싶은 욕심에 끌려 하나님의 명령을 어기고 에덴동산에서 쫓겨났습니다. 하나님과 관계가 단절되었고 끝내는 원수가 되었습니다. 그 후부터 하나님 앞에 인간은 죽은 존재였습니다. 갓 태어난 어린아이, 한 달도 안 된 핏덩어리를 보고 하나님은 죄와 허물로 죽은 생명이라고 말씀합니다. 죄인의 자식으로 태어나서 하나님을 모르는 세상에 내동댕이쳐졌기 때문에 그는 하나님 보시기에 죽은 자입니다. 그러므로 이런 상황에서 우리가 하나님과 다시 손을 잡을 수만 있다면, 하나님과 다시 교제를 나눌 수만 있다면, 우리가 하나님을 언제든지 아버지로 부르면서 달려가 그 품에 안길 수만 있다면 그리고 하나님의 풍성한 생명의 복을 내 것으로 삼을 수만 있다면, 우리는 영적인 생명을 다시 얻을 수 있습니다. 이것이 바로 '조에'입니다.

또한 '조에'는 영생이라는 의미를 가지고 있습니다. 죽음이 가까이하지 못하는 하나님 나라에 들어가 영원히 하나님과 더불어 사는 것입니다. 이는 장래에 우리가 맛볼 수 있는 아름다운 약속의 복입니다. 54절의 "마지막 날에 내가 그를 다시 살리리니"는 하나님과 영원히 사는 생명을 주시겠다는 말씀입니다. 58절의 "이 떡을 먹는 자는 영원히 살리라"도 영원히 죽지 않고 주님과 더불어 산다는 뜻입니다. 이러한 영생을 일컬어 '조에'라고 합니다.

이처럼 죄와 허물로 죽은 우리가 생명 되신 하나님께 나아갈 수 있는 길은 예수 그리스도밖에 없습니다. 예수님만이 우리를 하나님과 화목하게 할 수 있습니다. 육신의 생명을 위해 날마다 밥을 먹고 물을 마셔야 하듯이, 영원히 사는 생명을 누리려면 하나님과 다시 화목하고 하나님과 교제해야 합니다. 이를 위해서 우리는 눈만 뜨면 예수님을 찾고 또 찾아야 합니다. 그래야만 예수님이 우리에게 잃어버린 영적 생명을 되찾아주십니다. 이런 의미로 예수님은 자신을 생명의 떡이라고 말씀하신 것입니다.

더 중요한 것은 영생

우리에게 가장 중요한 것은 육신의 생명이 아닙니다. 하나님을 알고 하나님과 동행하는 영적 생명 그리고 하나님과 더불어 사는 영원한 생명입니다. 이것보다 귀중한 것은 천하에 없습니다. 온 천하를 다 얻고 행복한 삶을 100년이나 산다 해도 하나님과 화목하고, 하나님과 교제하며, 하나님과 더불어 영원히 사는 이 '조에'를 얻지 못했다면 그처럼 불쌍한 사람도 없을 것입니다. 영적 생명의 귀중함과 복을 모르기 때문에 사람들은 심장이 뛰면서 유지되는 목숨이 전부인 줄 알고 거기에만 매달려 처량할 정도로 안타까워하는 것입니다.

병원의 중환자실에 가보십시오. 생명을 한 시간 더 연장하기 위해 얼마나 피눈물 나는 몸부림을 치고 있는지 모릅니다. 어떤 사람은 일 년만이라도 생명을 연장하기 위해 서슴없이 자기가 가진 모든 것을 송두리째 포기합니다. 우리가 육신의 생명을 가지고 이 세상에 사는 한 생명에 집착하는 이러한 모습은 너무도 당연한 일일 것입니다. 그러나 육신의 생명이 끊어지면 모든 것이 다 없어지는 줄로 알고 마지막 한 순간이라도 그 생명을 붙들어보고자 몸부림치며 떨고 있는 사람을 보면, 측은하고 안타까운 마음을 금할 수 없습니다. 그들이 육신의 생명보다 더 소중한 영적 생명을 모르기 때문에 그렇습니다.

마이클 잭슨은 전 세계에 모르는 사람이 없을 정도로 유명한 가수입니다. 젊은이들에게는 우상과도 같은 존재입니다. 지난 세월 동안 그는 세상에서 누릴 수 있는 영화와 인기와 부를 전부 누리면서 살았습니다. 마이클 잭슨은 자기가 150세까지 살아야 한다고 말합니다. 그는 오래 살기 위해서 위생에 지나칠 정도로 신경을 쓴다고 합니다. 세균에 감염될까 봐 상당한 시간 동안 마스크를 착용하고, 담배를 피우다가 카펫에 떨어뜨리면 카펫에서 균이 옮을까 봐 담배 꽁초도 줍지 않는다고 합니다. 집에서나 밖에서나 얼마나 자주 손을 씻는지 모릅니다. 그리고 젊어지기 위해서 100퍼센트 농축 산소가 들어 있는 튜브 속을 하루에도 몇 번이나 들어갔다 나온다고 합니다. 그가 이토록 육신의 생명에 집착하는 이유가 어디 있습니까?

'조에'를 모르기 때문입니다. '조에'의 생명을 모르는 사람은 '비오스'라는 목숨에 자신의 모든 것을 다 쏟으면서 매달릴 수밖에 없습니다. 그러나 아무리 몸부림치고 애를 써도 육신의 생명은 끝이 있다는 것을 기억하기 바랍니다.

그러면 예수님은 어떤 사람에게 이 소중한 '조에'의 생명을 주십니까?

> 예수께서 이르시되 나는 생명의 떡이니 내게 오는 자는 결코 주리지 아니할 터이요 나를 믿는 자는 영원히 목마르지 아니하리라(35절).

예수님께로 와서 예수님을 믿는 자에게 이 영원한 생명을 주신다고 약속하셨습니다. 예수님을 믿는 자만이 영생을 얻을 수 있다는 뜻입니다. 하나님은 지금도 우리를 향하여 말씀하십니다. "인간에게 중요한 것은 영적 생명이다. 그러므로 내가 이 영적 생명을 너희들에게 주겠으니 예수 그리스도를 믿기만 하라!" 이 시간 마음을 열고 생명의 떡이신 예수님을 믿기 바랍니다. 예수님을 믿으면 하나님께서 영원히 사는 복을 주십니다. 이와 같은 복을 받으면 세상에서 잠깐 있다가 사라지는 육신의 목숨인 '비오스'에 죽기 살기로 매달리는 처절한 모습을 보이지 않아도 될 것입니다.

십자가에서 살을 찢기시고
피 흘리신 주님을 믿는 믿음

본문에서 우리는 믿음에 대한 중요한 진리를 깨달을 수 있습니다. 우리는 '믿는다'는 말을 깊이 생각하지 않고 예사로 여길 때가 많습니다. 그러나 본문에는 우리의 믿음을 되돌아

보고 깊이 생각하게 하는 진리가 담겨 있습니다.

> 내 살을 먹고 내 피를 마시는 자는 영생을 가졌고 마지막 날에 내가
> 그를 다시 살리리니(54절).

35절의 '내게 와서 믿으면'이라는 내용이 "내 살을 먹고 내 피를 마시는 자"로 바뀌었습니다. 믿음은 예수님의 살을 먹고 피를 마시는 것이라고 말합니다. 믿음은 그저 고개를 끄덕이는 것이 아니며, 어려서부터 많이 들었기 때문에 의심하지 않고 긍정하는 자세를 말하는 것도 아닙니다. 믿음은 입으로만 "주여, 주여 믿습니다!" 하는 것이 아닙니다. 주님의 말씀에 따르면, 믿음은 훨씬 더 진지하고 강도 높은 우리의 반응을 의미합니다.

믿음은 예수님의 살을 먹고 피를 마시는 것입니다. 그 내용이 너무도 충격적이어서 이스라엘 백성이 살을 먹고 피를 마시라는 예수님의 말씀을 듣자 도망간 것도 이해가 됩니다. 왜 예수님께서는 이렇게 끔찍한 말씀을 하셨을까요? 예수님께서 믿음을 자기 살을 먹고 피를 마시는 것으로 표현하신 이유는, 얼마 후면 자기가 십자가에서 죽으실 것을 내다보고 계셨기 때문입니다.

예수님은 세상 죄를 지고 가는 어린양으로서, 우리 죄를 위해 십자가에 못 박혀 살을 찢기고 피를 흘려야 할 운명을 눈앞에 두고 있었습니다. 하나님으로부터 쫓겨나 죄와 허물로 영원히 죽은 우리를 다시 하나님 앞으로 인도하여 하나님과 화해하게 하려고, 하나님과 더불어 영원한 생명을 누리게 하려고, 친히 십자가에 달려 살을 찢기고 피를 흘리시면서 우리의 죄를 대신 짊어지셨습니다. 이 죽음을 앞두고 계셨기에 십자가에서 살을 찢기고 피를 흘리신 주님을 받아

들이는 것이 믿음이라고 말씀하신 것입니다.

그러므로 "나의 죄를 대신하여 하나님의 아들이신 죄 없는 예수님께서 살을 찢기고 피를 흘려 생명을 희생하셨습니다. 주여, 내가 이 사실을 믿습니다. 주님의 죽음은 나의 죽음입니다. 주님이 나 대신 살을 찢기신 것이고, 주님이 나 대신 피를 흘리신 것입니다. 주여, 내가 믿습니다" 하며 떨리는 가슴으로 주님의 십자가를 부둥켜 안고 감격하면서 신앙을 고백하는 것이 믿음입니다. 예수님의 살을 먹고 피를 마시는 것이 믿음이라는 말씀입니다.

아이작 왓츠의 키는 서양 사람으로서는 평균에 한참 못 미치는 150센티미터에 불과했습니다. 게다가 눈도 작고, 피부도 창백한 잿 빛이었다고 합니다. 그는 자기가 벌레 같은 존재라고 생각했었던 것 같습니다. 그러나 자기를 대신해 십자가에서 살을 찢기고 피를 흘리신 예수 그리스도를 발견하자마자 그 은혜와 사랑에 감격해서 감동적인 찬송시를 썼습니다.

> 웬 말인가 날 위하여 주 돌아가셨나
> 이 벌레 같은 날 위해 큰 해 받으셨나
> 내 지은 죄 다 지시고 못 박히셨으니
> 웬일인가 웬 은혠가 그 사랑 크셔라
> 나 십자가 대할 때에 그 일이 고마워
> 내 얼굴 감히 못 들고 눈물 흘리도다

이런 감격과 고백을 일컬어 예수님의 살을 먹고 피를 마시는 믿음이라고 합니다. 이것이 주님께서 우리에게 원하시는 믿음입니다.

당신의 믿음은 어떤 믿음입니까? 제자훈련을 하면서 찾아낸 확실한 사실 한 가지가 있습니다. 몇 년을 믿었든지, 예수 믿는 가정에서 몇 대 손으로 태어났든지 간에 지금껏 한 번도 예수님이 나를 대신해 십자가에서 살을 찢기고 피를 흘림으로 나의 죽었던 생명이 다시 살았다는 감격을 느껴보지 못했다면, 또한 그것으로 인해 주님 앞에 뜨거운 눈물을 흘리며 감사하지 못했다면 그 사람은 자신의 믿음을 재점검해야 합니다. 세상 어느 누가 나를 대신해서 살을 찢기고 피를 흘리겠습니까? 오직 예수님뿐입니다. 가족이나 친구나 그 누구도 나를 살리기 위해 대신 죽은 사람은 없습니다.

우리가 아이작 왓츠처럼 십자가를 발견하고 그 십자가 앞에 조용히 무릎 꿇고 엎드렸을 때 들리는 음성이 있습니다.

"사랑하는 내 아들아, 사랑하는 내 딸아, 내 살을 먹고 내 피를 마셔서 네가 살 수만 있다면 나는 한 점의 살도 아끼지 않고 다 찢겨 주마. 네가 살 수만 있다면 한 방울의 피도 아끼지 아니하고 다 쏟아 주마. 사랑하는 자여, 마음껏 마시고 살아라. 마음껏 먹고 살아라. 그래서 영원히 살아라. 내 사랑하는 자여."

조용히 눈을 감고 영의 눈으로 십자가를 바라보면서 영혼의 귀를 열면, 주님의 부드러운 음성을 들을 수 있습니다. 이 음성을 듣는 것이 믿음입니다. 이런 음성을 들으면 누구든지 가슴이 벅차고 마음이 떨립니다. 아무리 냉혈동물 같은 사람이라도 눈에서 샘이 터지듯 눈물이 솟습니다. 자기가 얼마나 죄인인가를 생각하면서 그 크신 하나님의 사랑 앞에 무릎 꿇고 엎드리는 체험을 하게 됩니다.

> 하늘을 두루마리 삼고 바다를 먹물 삼아도
> 한없는 하나님의 사랑 다 기록할 수 없겠네
> 하나님의 크신 사랑 그 어찌 다 쓸까

저 하늘 높이 쌓아도 채우지 못하리

하나님 크신 사랑은 측량 다 못하네

영원히 변치 않는 사랑 성도여 찬양하세

이런 찬송이 십자가 앞에서 나도 모르게 샘처럼 솟아오르는 자는 예수의 살을 먹고 예수의 피를 마신 믿음을 가진 것입니다.

우리에게 영원한 생명, 하나님과 다시 화목하게 하는 은혜를 주시기 위해 살을 찢기고 피를 흘려주신 예수 그리스도를 진심으로 발견하면 주님의 약속처럼 목마름이 사라집니다. 배고픔이 사라집니다. 죽음을 두려워하지 않게 됩니다. 가장 소중한 것을 얻었기 때문에, 모든 것을 내포한 최고의 진리를 소유했기 때문에 두려움도 사라지고, 욕심도 사라지고, 세상에 대한 미련도 사라집니다. 이 세상의 부귀와 영화는 영원한 생명 앞에서 아무것도 아닙니다.

우리는 전직 대통령 두 사람이 나란히 법정에 선 안타깝고 부끄러운 역사를 가지고 있습니다. 그러나 여기에서 큰 영적 교훈을 배울 수 있습니다. 세상에서 70, 80년을 사는 동안 한생을 왕좌 위에서 보냈든지, 세상의 아름다운 여자를 다 소유했든지, 황금 덩어리를 굴리면서 살았든지 그것은 하나님 앞에서 조금도 중요하지 않습니다. 재판관 앞에 죄수복을 입고 선 대통령에게, 과거에 새도 떨어뜨리는 권세를 가지고 살았다는 사실과 세상에서 그 누구도 부럽지 않은 영화를 누리며 살았다는 사실은 아무런 의미도 없습니다. 법정에 선 그에게는 그것이 자랑이기보다는 오히려 수치요 부끄러운 일에 지나지 않습니다.

우리도 잘못하면 하나님 앞에 갔을 때 그 꼴이 됩니다. 우리 모두는 예수님 앞에 서서 심판을 받습니다. 만약 내게 예수님의 살을 먹

요한복음 1 요한이 전한 복음

고 피를 마시는 믿음이 없어서 예수님을 통해 영원히 사는 영생을 얻지 못하고, 하나님과 손잡는 화목의 은혜를 미리 얻지 못한 채 그 자리에 섰다면 죄수복 입은 두 대통령과 조금도 다를 바가 없을 것입니다. 수백 억의 재산을 쌓아놓고 살았다는 것이 무슨 가치가 있으며, 평생 대통령의 권세를 부리고 살았다는 것이 무슨 의미가 있겠습니까? 하나님이 영원한 죽음을 선포하시면 마귀가 끌고 가는 것만 남는 사람에게, 세상에서 잘살았다는 것은 티끌만 한 가치도 없는 일입니다.

우리에게 정말 중요한 것은 하나님과 화목하는 것이요 영생인데 안타깝게도 많은 사람들이 이것을 모른 채 죽어가고 있습니다. 이를 너무도 답답하게 여기신 예수님께서는, 모든 사람에게 배신을 당하고 외면을 당하고 비웃음을 당하면서까지도 "내 살을 먹고 내 피를 마심으로 영생을 얻으라"고 말씀하셨습니다. 육신의 목숨이 전부인 줄 알고 세상의 부귀와 영화에 안달하면서 발버둥치며 죽어가는 우리가 얼마나 답답하셨으면, 십자가에서 자기 살을 찢기고 피를 흘리는 죽음의 고통을 겪으시면서까지 "내 살을 먹고 내 피를 마시라"고 말씀하셨겠습니까?

이 시간 성령께서 은혜를 주셔서 나를 위해 십자가에서 살을 찢기고 피를 흘려주신 예수 그리스도의 살을 먹고 피를 마시는 믿음을 소유하게 되길 바랍니다. 이 믿음을 가지고 영생의 그날을 바라보면서 나그넷길이 비록 힘들고 십자가가 무겁지만 기쁨으로 걸어가는 하나님의 은총이 임하기를 바랍니다.

24

아버지께서 내게 주신 자들

요한복음 6장 37-40, 64-71절

37 아버지께서 내게 주시는 자는 다 내게로 올 것이요 내게 오는 자는 내가 결코 내쫓지 아니하리라 38 내가 하늘에서 내려온 것은 내 뜻을 행하려 함이 아니요 나를 보내신 이의 뜻을 행하려 함이니라 39 나를 보내신 이의 뜻은 내게 주신 자 중에 내가 하나도 잃어버리지 아니하고 마지막 날에 다시 살리는 이것이니라 40 내 아버지의 뜻은 아들을 보고 믿는 자마다 영생을 얻는 이것이니 마지막 날에 내가 이를 다시 살리리라 하시니라 64 그러나 너희 중에 믿지 아니하는 자들이 있느니라 하시니 이는 예수께서 믿지 아니하는 자들이 누구며 자기를 팔 자가 누구인지 처음부터 아심이러라 65 또 이르시되 그러므로 전에 너희에게 말하기를 내 아버지께서 오게 하여주지 아니하시면 누구든지 내게 올 수 없다 하였노라 하시니라 66 그때부터 그의 제자 중에서 많은 사람이 떠나가고 다시 그와 함께 다니지 아니하더라 67 예수께서 열두 제자에게 이르시되 너희도 가려느냐 68 시몬 베드로가 대답하되 주여 영생의 말씀이 주께 있사오니 우리가 누구에게로 가오리이까 69 우리가 주는 하나님의 거룩하신 자이신 줄 믿고 알았사옵나이다 70 예수께서 대답하시되 내가 너희 열둘을 택하지 아니하였느냐 그러나 너희 중의 한 사람은 마귀니라 하시니 71 이 말씀은 가룟 시몬의 아들 유다를 가리키심이라 그는 열둘 중의 하나로 예수를 팔 자러라

본문은 장로교의 뼈대를 이루는 다섯 가지 신앙 원리를 다루고 있습니다. 이 다섯 원리의 영문 첫 글자를 따면 튤립(TULIP)이 되는데, 튤립이라는 꽃 이름과 연관지으면 기억하기 쉽습니다.

T는 'Total depravity'의 첫 글자입니다. 이는 '전적 타락' 혹은 '전적 무능'으로 번역할 수 있습니다. U는 '무조건적 선택'을 의미하는 'Unconditional election'의 첫 글자입니다. L은 '제한 속죄'를 뜻하는 'Limited atonement'의 첫 글자입니다. I는 '불가항력적인 은혜'를 뜻하는 'Irresistible grace'의 첫 글자이고, P는 '성도의 견인'(堅人)을 가리키는 'Perseverance of the saints'의 첫 글자입니다. 이 다섯 가지 신앙 원리의 첫 글자만 따서 합치면 튤립(TULIP)이 됩니다. 그래서 하나님이 우리에게 주신 구원의 은혜가 얼마나 소중한가를 기억하려면 튤립이라는 꽃 이름을 떠올리면 됩니다.

전적 부패, 무조건적 선택, 제한 속죄, 불가항력적인 은혜 그리고 성도의 견인, 이 다섯 가지 신앙 교리를 흔히 '칼빈주의'라고도 합니다. 예수님의 말씀을 이처럼 신학적으로 체계를 세워 정리했던 인물이 칼빈이기 때문입니다. 예수님께서 말씀하신 이 중요한 구원의 진리는 사도 바울의 서신서에서도 수없이 반복됩니다. 또한 그 후로 하나님께서 하늘의 별처럼 들어 사용하셨던 어거스틴, 루터, 츠빙글리, 스펄전, 아브라함 카이퍼 그리고 박형용 박사나 박윤선 박사 같은 분들이 변함없이 가르쳐온 진리입니다.

이 놀라운 교리는 장로교에서만 통하는 이야기가 아닙니다. 개혁 교단을 비롯하여 침례교, 회중교, 오순절, 감리교 그리고 성공회 안에도 이 교리를 그대로 고백하고 믿는 지도자들이 많고, 또 교단별로 그 교리를 그대로 수용하는 데도 많습니다. 그런데도 이것을 장로교의 중심 교리라고 말하는 이유는, 장로교가 이 교리를 하나님이 주신 놀라운 선물로 알고 감격스럽게 고백하며 받아들이는 면에 있어 다른 교단보다 한발 앞섰기 때문입니다.

전적으로 부패한 인간

첫째 원리인 '전적 타락'(Total depravity), 혹은 '전적 무능'은, 인간은 전적으로 부패해서 구원을 받는 데 무력하다는 의미를 담고 있습니다. 인간은 완전히 타락했기 때문에 자력으로는 구원받을 수 없는 존재입니다.

나를 보내신 아버지께서 이끌지 아니하시면 아무도 내게 올 수 없으니…(요 6:44).

이 말은 하나님이 이끌어주셔야만 예수 믿고 구원받을 수 있다는 뜻입니다. 어떤 인간도 하나님이 이끌어서 예수 믿도록 하지 않으면 자기 힘으로는 결코 믿을 수 없습니다. 그만큼 인간은 전적으로 타락했고 무능한 존재이기 때문입니다.

기록된 바 의인은 없나니 하나도 없으며 깨닫는 자도 없고 하나님을
찾는 자도 없고(롬 3:10-11).

그러므로 사람들이 예수님을 믿지 않는 이유는 믿을 능력이 없기
때문입니다. 남편이 안 믿는다고 안달하는 부인들이 있습니다. 옆집
아저씨는 믿는데 당신은 왜 못 믿느냐고 아무리 다그쳐도 소용없습
니다. 자기 힘으로는 믿을 수 없기 때문입니다. 어느 정도로 믿을 수
없는지 예수님의 말씀을 들어봅시다.

그러나 내가 너희에게 이르기를 너희는 나를 보고도 믿지 아니하는도
다 하였느니라(36절).

예수님은 보이지 않는 하나님이 손으로 만져볼 수 있고, 귀로 들
을 수 있고, 눈으로 볼 수 있는 사람의 모습으로 세상에 보여주신 분
입니다. 그런데도 사람들은 그분을 믿지 못했습니다. 이와 같은 비
극은 아담과 하와가 하나님 앞에 불순종하고 범죄하는 순간부터 사
람들에게 임했습니다.

그러면 인간이 도대체 얼마나 부패했길래 자기 힘으로는 하나님
을 찾을 수 없는 것일까요? 이것은 본질상의 문제입니다. 예를 들어
보겠습니다. 인간과 원숭이의 조상이 같다고 믿는 사람들을 일컬어
진화론자라고 합니다. 이 진화론을 하나님처럼 떠받들고 믿는 사람
이 많습니다. 진화론을 믿는 학자들은 원숭이와 사람의 조상이 같다
면 둘 사이에 가시적인 상관관계가 있을 것으로 생각했습니다. 그래
서 진화론자 두 사람이 이를 증명하고자 원숭이를 대상으로 실험을
했습니다.

그들은 '삐끼'라고 이름 붙인 침팬지를 아이처럼 자기 집에 입양해서 6년 동안 말을 가르쳤습니다. 영장류로 분류되는 동물 중에서 인간 다음으로 지능이 높다고 하는 침팬지가 6년 후에 하는 말은 맘(mom), 파파(papa), 컵(cup), 업(up) 이 네 마디뿐이었습니다. 그것도 자세히 귀를 기울여야 알아들을 수 있을 정도였습니다. 학자들은 침팬지가 정말로 사람과 같은 조상에게서 진화되었다면 학습에 기울인 노력에 비례해 최소한의 기대 수준은 만족시켜야 할 텐데 전혀 기대에 못 미치는 것을 보니 어떤 이유가 있을 것이라고 생각했습니다. 그래서 침팬지의 구강 구조를 조사했습니다. 어느 언어에서나 말을 하려면 세 가지 모음인 '이', '에', '우'는 발음할 수 있어야 한다고 합니다. 그러나 침팬지는 세 모음을 발음할 수 없었습니다. 침팬지에게는 '이'나 '우'나 '에'를 발음할 수 있는 인두가 없기 때문입니다. 이것은 본질상의 문제입니다. 따라서 아무리 노력한다 해도 도저히 할 수 없는 것입니다.

죄인의 자손으로 태어난 인간이 하나님을 향해서 '아버지', 예수님을 향해서 '주여' 하고 고백하지 못하는 이유도 이렇게 고백할 수 있는 인두가 없기 때문입니다. 이것을 일컬어 전적 타락, 전적 무능이라고 합니다. '내가 믿으려고 마음만 먹으면 얼마든지 믿을 수 있지'라고 생각하는 사람이 있는지 모르지만 그것은 절대로 불가능한 일입니다.

하나님의 조건 없는 선택

두 번째는 '무조건적 선택'(unconditional election)입니다. 사람이 전적으로 무능해서 예수님을 믿을 수 없다고 한다면 세상에서 믿는 사람이 한 사람도 없어야 합니다. 그런데 주일이면 전 세계의 수십 억 성도들이 교회에 나와 하나님께 예배를 드립니다. 이런 이변에 대해 예수님은 다음과 같이 설명하셨습니다.

> 아버지께서 내게 주시는 자는 다 내게로 올 것이요 내게 오는 자는 내가 결코 내쫓지 아니하리라(37절).

하나님 아버지께서 예수님에게 주시는 자들은 그분께로 나아가서 믿고 구원받을 수 있다는 말입니다. 그들이 누구인지는 요한복음 17장 6절에 나와 있습니다. 예수님께서 마지막으로 기도하실 때 "그들은 아버지의 것이었는데 내게 주셨으며"라고 말씀하셨습니다. 하나님께서 자신의 소유였던 자들을 예수님에게 주셨고, 예수님에게 주신 자들은 그분을 믿게 된다는 뜻입니다. 하나님은 수많은 사람들 가운데 일부를 자신의 소유로 선택하셨고, 이들을 예수님에게 맡기셨습니다. 그래서 예수님이 그들을 구원하시는 것입니다.

하나님께서 많은 사람들 중에 자기 소유가 될 자들을 언제 선택하셨습니까? 에베소서 1장 4절을 보면 창세전에 그리스도 안에서 선택하셨다고 합니다. 온 우주 만물이 생기기 전에 하나님께서 자기 백성을 선택하셨다는 말입니다.

우리의 생각으로는 도무지 이해하기 어려운 개념입니다. 하나님이 세상을 창조하시기 전부터 나를 아시고 선택하셨다는 말씀은, 세상의 어떤 개념으로도 이해할 수 없습니다. 우리가 이것을 이해하기 위해서는 한 가지를 먼저 기억해야 합니다. 하나님은 시간에 구애받지 않는 초월자라는 사실입니다. 그분에게는 과거도 없고 현재도 없고 미래도 없습니다. 달리 말하면, 하나님의 시간은 언제나 현재입니다. 그러므로 태초가 우리에게는 수만 년 전일 수도 있겠지만 하나님에게는 항상 현재입니다. 그런 의미에서 창세전에 나를 선택하셨다는 말을 우리 입장에서만 생각하지 말고 받아들여야 합니다.

창세 이전에 하나님께서 사람들을 선택하셨다면 어떤 조건으로 하셨을까요? 에베소서 1장 5절을 보면 하나님의 "기쁘신 뜻대로" 선택하셨다고 합니다. 다른 조건은 없습니다. 우리의 형편을 보아 어쩔 수 없이 내린 선택이 아닙니다. 우리에게 선한 구석이 있어서 선택한 것이 아닙니다. 하나님께서 자신의 선하신 뜻대로 무조건 선택하셨다는 말입니다.

그런데 하나님처럼 거룩하시고 완전하신 분이 선택해서 부르신 사람들을 보면, 조금은 엉뚱한 데가 있습니다. 소설가 프레드릭 뷰크너가 이것을 잘 표현하고 있습니다. 뷰크너는 구약성경에서 하나님이 특별히 택하여 사용한 사람들을 "얼룩덜룩한 잡종들"이라고 표현했습니다. 잡종은 순종에 비해서 질이 떨어지고 값도 떨어지는 존재입니다. 그런데 하나님이 구약에서 선택한 사람들은 전부 얼룩덜룩한 잡종들 같습니다.

왜 인간성이 좋고 마음이 넓으며 정직했던 에서를 하나님은 아니라고 밀어내시고, 비열한 사기꾼과 같은 야곱을 택하셨을까요? 술 먹고 벌거벗은 채로 드러누워 민망하기 짝이 없는 모습을 보인 노아를 하나님은 무엇 때문에 선택하셨을까요? 어째서 사람을 죽여놓고 미디안으로 도망간 모세를 끝까지 추적해서 결국 하나님이 원하시는 일을 하도록 하셨을까요?

유대 민족을 보십시오. 민족들 중에 가장 작고 연약한 민족에 지나지 않습니다. 종교적인 성향을 가지고 있지만, 조금만 상황이 바뀌어도 어느 민족보다 빨리 타락합니다. 그들의 행동으로만 판단한다면 하나님이 미워할 수밖에 없는 백성입니다. 그럼에도 하나님이 유대 민족을 택하셔서 그들을 통해 약속한 메시아를 보내셨습니다. 우리의 지식으로는 도무지 이해하기 어려운 일입니다.

하나님의 이와 같은 선택을 한마디로 요약한다면, '무조건적인 선택'이라고 할 수 있습니다. 하나님께서 예수를 믿게 하려고 자기 소유로 선택한 사람도 마찬가지라고 생각합니다. 어떻게 해서 하나님이 저 같은 사람을 택해 예수 믿게 하시고 목사까지 시키셨는지 아무리 생각해도 도무지 설명할 길이 없습니다. 이것은 하나님이 좋아서 했다니까 그냥 받아들이는 것이지 다른 해답을 찾을 수 없습니다. 하나님께서 우리의 어떤 점이 좋아서 선택하신 것이 아닙니다. 내가 예수 믿게 된 것은 오로지 하나님이 나를 조건 없이 선택하셨기 때문입니다.

제한 속죄

세 번째는 '제한 속죄'(Limited atonement)입니다. 선택을 받은 사람의 수가 제한되어 있다는 말입니다. 사람을 가리지 않고 누구나 다 구원하는 것이라면 '선택'이란 말을 사용할 필요가 없습니다. 선택이라는 말은 전부가 포함될 수 없는 한계를 가질 때 쓰는 말입니다. 그러므로 선택을 받은 자들이 있다는 말은 선택을 받지 못한 자들이 있음을 전제합니다. 결국 선택의 수는 한정될 수밖에 없습니다.

장로교에서 굉장히 중요하게 다루는 웨스트민스터 신앙고백서가 있습니다. 그 고백서에서는 이렇게 선택된 자들의 수가 확정적이고 결정적이어서 조금도 가감할 수 없다고 말합니다. 선택된 자의 수는 더할 수도 없고 뺄 수도 없이 이미 결정되어 있다는 뜻입니다. 그 수가 얼마인지는 하나님만이 아십니다. 요한계시록에 십사만 사천이라는 상징적인 숫자가 나와 있지만 그 수가 실제로 어느 정도인지는 아무도 모릅니다.

어떤 사람들은 십일조의 개념을 들어서 하나님이 선택하신 사람의 수가 전체 인류의 10퍼센트쯤 될 것이라고 말하기도 합니다. 그러나 저는 그렇게 생각하지 않습니다. 하나님이 선택한 사람들의 수가 한정된 것은 사실이지만, 그 수는 굉장히 많을 것이라고 생각합니다. 왜냐하면 예수님이 승천하시기 전에 제자들을 앞에 놓고 이렇게 말씀하셨기 때문입니다. "모든 민족을 제자로 삼아"(마 28:19), "온 천하에 다니며 만민에게 복음을 전파하라"(막 16:15).

모든 민족이 주를 찬양하는 날이 올 것입니다(롬 15:11). 우리 예수님은 만왕의 왕입니다. 우리 예수님은 하늘과 땅의 모든 권세를 다 손에 쥐시고 주권을 행사하시는 최고의 통치자요 의로운 통치자입니다. 그 통치자가 다스릴 나라는 엄청나게 커서 백성의 수가 하나님이 아브라함에게 예언하신 대로 하늘의 별처럼, 바다의 모래처럼 많을 것입니다.

그러므로 하나님의 백성이 많을 것이 틀림없지만, 분명한 것은 선택된 사람들만이 그 나라에 들어올 수 있다는 사실입니다. 그리고 그처럼 제한적으로 선택된 사람들 속에 내가 속해 있다는 사실은 기적 같은 이야기가 아닐 수 없습니다.

불가항력적인 은혜

네 번째는 '불가항력적인 은혜'(Irresistible grace)입니다. 37절은, 하나님께서 선택하여 예수님에게 주시는 자는 한 사람도 빠짐없이 다 예수님께 와서 믿음을 고백하고, 죄 사함을 받고, 구원을 얻는다고 말씀합니다. 44절, 65절은 "내 아버지께서 오게 하여주지 아니하면 아무도 올 수 없다"고 말씀합니다. 하나님 아버지께서 이끌지 않으시면 아무도 올 수 없다는 것은, 하나님이 예수님에게로 갈 수 있도록 이끌어줄 때는 누구든지 구원을 받는다고 바꾸어 말할 수 있습니다.

인간은 모두 전적으로 부패하여 자기 힘으로는 하나님을 믿을 수 없습니다. 이는 본질적인 문제이기 때문에 인간의 힘으로는 아무리 애써도 벗어날 수 없습니다. 그런데 우리가 어떻게 예수님께로 갈 수 있습니까? 아담과 하와로부터 이어진 죄의 본성을 가지고 태어난 사람에게 아무리 회개하고 예수 믿으라고 해도 듣지 않을 것이 뻔하기 때문에, 하나님이 드디어 자기 소유로 선택한 사람들에게는 본질적으로 문제를 해결해주셨습니다. 그것이 중생입니다. 하나님은 아예 그가 선택한 자들을 새로 태어나게 만드신 것입니다.

우리는 본래 예수 믿고 구원받을 인두가 없는 사람인데 새로 태어나서 예수 믿고 구원받을 인두를 갖게 하셨습니다. 그래서 성경은 '새로운 피조물'이라고 말합니다. 예수 믿는 사람은 한 사람도 예외 없이 성령께서 그 마음을 새롭게 만들어주셔서 하나님을 아버지라고 부를 수 있도록 본질적으로 해결해주셨기 때문에 비로소 하나님 앞에 나오는 것입니다. 어느 누구도 이것을 거부할 수 없습니다. 하나님이 새로 낳겠다 하시면 그 사람은 새롭게 태어나야지, 절대로 태어나지 않겠다고 해도 소용없습니다. 어머니 배 속에 있는 아이가 아무리 발버둥을 쳐도 엄마가 낳겠다고 해야 태어나는 것과 마찬가지입니다. 이것을 일컬어 불가항력적인 은혜라고 말합니다.

당신은 어떻게 예수님을 믿게 되었다고 생각합니까? 옆에서 하도 귀찮게 권해서 믿을까 말까 한참 망설이다가, 간청하는 사람이 애처롭고 불쌍하게 보여 그저 인심 쓰는 척하면서 믿겠다고 한 것이 지금까지 이어져 교회를 다니게 되었고, 그러다가 믿음이 생겼다고 생각할지도 모르지만, 사실은 그렇지 않습니다. 당신은 하나님께서 미리 정해놓으신 각본에 따라 예수님을 믿은 것에 불과합니다. 당신이 믿은 것은, 하나님이 저항할 수 없는 은혜를 알지 못하는 사이에 부어주셨기 때문입니다. 복음을 들을 상황을 주님께서 마련해주셨기에 부모를 통하여, 아내를 통하여, 혹은 친구를 통하여 복음을 들을 수 있는 자리까지 오게 된 것입니다. 또한 복음을 들을 때 마음을 열 수 있는 분위기를 하나님이 다 조성해주셨기 때문입니다. 거부할 수 없고 대항할 수 없도록 모든 준비를 다 해주신 것입니다.

때가 되어서 내가 꼭 믿어야 된다고 판단하시면 어떤 처지에 있든지 상관없이 복음을 들을 환경을 만들어주시고, 내 안에 믿을 수 있는 마음을 불어넣어 주셔서 결국은 예수님을 믿게 하십니다. 이것을 일컬어 불가항력적인 은혜라고 합니다. 누가 번갯불을 한 잔의 물로 끌 수 있겠습니까? 누가 폭우를 손바닥으로 막을 수 있겠습니까? 마찬가지로 하나님이 은혜를 주시면 그 은혜를 거부하고 도망갈 수 있는 사람은 아무도 없습니다.

사도 바울을 보십시오. 그는 예수 때문에 유대교가 망하게 되었다고 생각했습니다. 예수를 생각만 해도 이가 갈리고 자다가도 벌떡 일어났습니다. 어떻게 하든지 예수교를 완전히 말살시키겠다고 작정한 사람이었습니다. 그러나 하나님은 사도 바울을 이미 선택해서 자기 소유로 삼으셨습니다. 그렇게도 예수를 미워했던 바울조차 하나님께서 선택하셨기 때문에 반드시 하나님 앞에 서야 했습니다. 하나님은 다메섹 도상에서 그를 거꾸러뜨리고 눈까지 멀게 해서 자신에게로 끌고 왔습니다.

바울처럼 똑똑하고 자기 의를 고집했던 사람도 하나님의 선택 앞에는 무력하기 이를 데 없었습니다. 결국은 평생 자기가 그토록 미워했던 예수를 위해 사는 사람으로 바뀌고 말았습니다. 이것을 일컬어 불가항력적인 은혜라고 말합니다. 우리에게도 정도의 차이는 있지만 이와 같은 은혜가 있었기 때문에 예수님을 믿게 된 것입니다.

성도의 견인,
끝까지 책임지시는 은혜

다섯 번째는 '성도의 견인'(Perseverance of the saints)입니다. 성도의 견인이란 하나님께서 자기가 좋아서 선택하여 믿게 하신 자들은 끝까지 책임지시고 구원하신다는 말입니다.

> 아버지께서 내게 주시는 자는 다 내게로 올 것이요 내게 오는 자는 내가 결코 내쫓지 아니하리라(37절).

결코 내쫓지 않겠다는 말씀은 끝까지 책임지고 구원하신다는 뜻입니다. 한 번 선택한 사람은 어떤 경우에도 결코 내쫓지 않고 구원하는 것이 하나님의 뜻입니다. 39절에서 예수님은 주님을 보내신 이의 뜻을 행하기 위해서 이 땅에 오셨다고 말씀하셨습니다.

> 나를 보내신 이의 뜻은 내게 주신 자 중에 내가 하나도 잃어버리지 아니하고 마지막 날에 다시 살리는 이것이니라.

하나님께서 예수님을 이 땅에 보내신 뜻은, 구원하기로 작정한 사람을 한 사람도 잃어버리지 않고 끝까지 구원에 이르도록 하는 것입니다. 하나님이 선택해서 자기 것으로 소유한 사람은 어떤 방법을 통해서든지 구원하시고, 일단 구원하신 사람은 반드시 하나님 나라에 들어가도록 끝까지 책임져주십니다. 너무도 황홀하고 놀라운 말씀이 아닐 수 없습니다. 하나님이 선택해서 예수님을 믿게 된 사람은 나중에 죄를 범해도 죄 때문에 멸망될 수 없습니다. 왜냐하면 하나님께서 절대 그 사람을 놓치지 않기 때문입니다.

예수님을 믿은 후에도 계속 죄를 범하면 어떻게 될까요? 실컷 두들겨 맞고서라도 결국에는 천국으로 들어가게 되어 있습니다. 예수님을 믿고 나서도 세상의 유혹을 받아 한동안 교회를 떠나 자기 마음대로 살면서 하나님을 섬기지 않고 신앙생활을 포기할 수 있습니다. 그렇다 하더라도 그가 하나님이 택한 사람이 분명하다면 언젠가는 반드시 돌아오게 되어 있습니다. 믿는 자가 교회를 떠나 세상에서 방황하면 하나님은 그에게 여러 가지로 경고하십니다. 경고를 하셨는데도 안 돌아오면 비상수단을 쓰십니다.

제가 시무하는 교회에 슬픔을 당한 가정이 있습니다. 남편이 젊은 나이에 교통사고를 당해서 세상을 떠났습니다. 그는 전도폭발 훈련까지 받았던 사람이었지만 마음을 열지 않았던 것으로 보입니다. 그런데 그가 세상 떠난 다음 호주머니에서 딸이 그에게 보낸 전도편지가 발견되었습니다. 그는 분명히 그것을 읽었을 것입니다. 읽은 다음에 어떤 일이 일어났는지는 알 수 없습니다.

어떤 경우에는, 우리가 싫어하는 방법을 통해서라도 하나님은 그 영혼을 구원하십니다. 육신을 꺾어서라도 그 영혼을 구원하시는 일이 있다는 말입니다. 하나님이 자기 소유로 선택하신 사람이기 때문에 누구에게도 절대 뺏기지 않는 것이 하나님의 뜻입니다.

이처럼 하나님께서는 한 번 작정하시고 선택하여 자기 소유로 삼으신 사람은 아무리 믿지 않으려고 도망을 가더라도 붙들어서 믿게

요한복음 1 요한이 전한 복음

하십니다. 예수님을 믿은 다음 자꾸만 하나님께 반항하고 그분의 뜻을 거역할지라도 포기하지 않으시고 꼭 구원하십니다. 이러한 '튤립'의 진리를 생각하면 하나님의 자녀 된 것이 얼마나 놀랍고 고마운 일인지 감격할 수밖에 없을 것입니다.

생각할수록 신비로운 구원

예수님의 비유 중, 오후 다섯 시에 포도원에 들어가서 겨우 한 시간 동안 일하고 하루 일당을 받은 사람의 이야기가 있습니다. 그가 주인의 너그러움에 얼마나 감격했을지는 보지 않아도 눈에 선합니다. 그런 감격이 우리 마음에 있어야 합니다.

여의도순복음교회의 조용기 목사님과 이야기를 나누다가 그분의 신앙 간증을 듣고 감동을 받은 적이 있습니다.

"옥 목사님, 저는 오순절교회의 목사지만 칼빈주의자입니다. 우리는 신앙고백을 장로교와 똑같이 합니다. 내가 어떻게 해서 예수를 믿었을까 생각해볼 때 장로교에서 말하는 하나님의 선택, 불가항력적인 은혜 말고는 도무지 설명할 길이 없습니다. 그래서 저는 자연히 장로교 신자와 같은 고백을 합니다. 폐병에 걸려 거의 죽은 목숨인, 산송장이나 다름없는 새파란 십대 후반의 소년에게 무슨 소망이 있었겠습니까? 누가 그런 사람에게 관심을 가지겠습니까? 그런데 하나님께서 누군가를 보내시어 예수를 믿게 하시고, 더욱이 세계에서 가장 큰 교회의 담임목사로 세우시고, 오대양 육대주를 다니며 복음을 전하도록 하신 것을 가만히 생각해보면, 이것은 하나님이 좋아서 무작정 하신 일이지 나에게 어떤 좋은 면이 있어서 그것 때문에 하셨다고는 도무지 생각할 수 없습니다. 그래서 저는 이 은혜가 너무나 감격스러워 지금도 시간만 나면 뛰어다니면서 복음 전하기를 원합니다."

그 이야기를 들으면서 그분의 가슴에 성령의 불이 있다는 것을 느꼈습니다. 그런데 이것은 조 목사님만의 간증이 아니라, 우리 모두에게 해당되는 이야기입니다. 생각하면 할수록 하나님의 구원은 신비롭습니다.

천국에 가면 날마다 해도 싫증 나지 않고 하면 할수록 더 하고 싶은 일이 몇 가지 있는데, 그 가운데 하나가 하나님을 찬양하고 경배하는 것이라고 합니다. 이런 말을 들으면, 1시간 예배 드리는 것도 갑갑해서 힘이 드는데 천국에서는 날마다 하나님을 찬송하고 경배를 드린다니 얼마나 지겹고 힘들까 생각할지 모르지만, 튤립의 진리를 묵상하면 충분히 그럴 수 있겠다고 여겨집니다.

천국에서는 말할 수 없이 좋고 행복하기 때문에 늘 벅찬 감동이 밀물처럼 밀려올 것입니다. 아마도 우리는 '내가 얼마나 복이 많으면 천국에 올 수 있었을까'라는 생각을 하게 될 것입니다. 그럴 때마다 당신 곁에 계시는 성령님이 이렇게 말씀하실 것입니다. "하나님이 널 무작정 좋아하시고 선택하셔서 네가 믿지 않으려고 도망 다녔을지라도, 불가항력적인 은혜로 말미암아 예수님을 믿게 하셨기 때문에 여기에 들어온 것이다." 아마도 그런 말을 들을 때마다 참으로 부끄럽고 황송해서 무릎을 꿇고 하나님의 은혜에 감사하며 찬송하게 될 것입니다.

우리는 이렇게 큰 복을 받았습니다. 튤립의 은혜를 다시 한번 마음에 되새기십시오. 튤립 한 송이를 사서 꽃병에 꽂고 쳐다보십시오. 전적으로 타락해서 무능한 나를 하나님께서 선택하시고, 내가 도망가려고 해도 도망갈 수 없도록 불가항력적인 은혜로 예수님을 믿게 하시고, 천국까지 들어가도록 하신 이 놀라운 하나님의 은혜 때문에 내가 구원을 얻게 된 것입니다.

이런 은혜를 마음에 간직하고 살면 세상의 짐이 무거워도 찬송할 수 있습니다. 마음에 슬픔이 몰려와 울다가도 하나님 앞에 감사할 수 있습니다.

아 하나님의 은혜로 이 쓸데없는 자
왜 구속하여 주는지 난 알 수 없도다
내가 믿고 또 의지함은
내 모든 형편 아시는 주님
늘 보호해주실 것을 나는 확실히 아네

하나님의 은혜를 부르고 또 불러도 세상에서 내가 느끼는 감정은 하늘에서 느끼는 감정의 천만분의 일도 되지 않겠지만, 이 힘으로 무거운 인생의 짐도 지고 슬픔도 극복할 수 있습니다. 이해할 수 없는 인생의 어려운 벽을 만나도 이 힘으로 능히 뛰어넘을 수 있습니다. 이 놀라운 튤립의 교리가 주는 은혜를 마음에 담기 바랍니다.

성경구절 색인

요한복음 1 요한이 전한 복음

6:67	367
6:68	367
7:5	31
8:28	117-118
8:56	20
8:57	21
8:58	21
10:1-16	169
10:38	157
13:1	6
14:6	353
14:8	32
14:9	32
14:10-11	33
14:16	58
14:18	333
15:1-8	169
15:19	176
16:7	58
17:16	385
20:31	14

○사도행전

1:13	85
2:17	59
8:23	345
7:48-50	258
17:23	16

○로마서

4:4	357
5:5	194
5:8	192
5:20	35
8:18	337
8:32	192
8:37	196
12:3	205
15:11	388
14:7-8	141
3:10-11	383

○고린도전서

2:13	159
5:7	140
5:10	140
10:31	141
12:13	59
15:19	336

○고린도후서

2:15	173
5:17	161
7:1	100-101
8:15	318

○에베소서

1:4	385
1:5	386
3:18-19	185
3:18	185
4:11	359
4:17	245
4:22-24	246
4:25	245
4:30	60

○데살로니가후서

1:9	186

○디모데전서

1:14	35
1:15	35

○히브리서

11:1	33

○야고보서

1:18	160
2:2	358

○요한일서

3:9	176

○요한계시록

3:19	41
5:12	252

국제제자훈련원은 건강한 교회를 꿈꾸는 목회의 동반자로서 제자 삼는 사역을 중심으로
성경적 목회 모델을 제시함으로 세계 교회를 섬기는 전문 사역 기관입니다.

옥한흠 전집 강해 04

요한복음 1 요한이 전한 복음

초판 1쇄 발행 2000년 12월 6일
개정2판 1쇄(17쇄) 발행 2020년 1월 20일

지은이 옥한흠

펴낸이 오정현
펴낸곳 국제제자훈련원
등록번호 제2013-000170호(2013년 9월 25일)
주소 서울시 서초구 효령로68길 98(서초동)
전화 02)3489-4300 **팩스** 02)3489-4329
이메일 dmipress@sarang.org

ISBN 978-89-5731-804-1 04230
ISBN 978-89-5731-785-3 04230(세트)

※ 책값은 뒤표지에 있습니다. 잘못된 책은 구입하신 곳에서 교환해드립니다.